Janine Courtillon
Christine Guyot-Clément

campus

méthode
de français

4

Remerciements

Les Éditions CLE INTERNATIONAL *et les auteurs remercient de leur aimable autorisation pour les* **extraits radiophoniques** *:*

• *Mesdames et Messieurs* Frédéric Bonnaud, Noëlle Bréham, Paule Chavasse, Kathleen Evin, Colette Fellous, Stéphane Grandt, Laurent Joffrin, Sophie Joubert, Kriss, José-Manuel Lamarque, Alexis Maillard, Patricia Martin, Sandrine Mercier, Malika Mezghach, Viviane Noël, Catherine Pont-Humbert, Alain Veinstein, Marc Voinchet ainsi que Radio France et l'INA.

• *Mesdames et Messieurs* Anne Andreu, Marie du Bouchet, Philippe Claudel, Laurent Cohen Tanugi, Raphaël Confiant, Alain Corbin, Daniel Dobbels, Axel Kahn, Christian Lacroix, Édouard Lecerf, Jean Leymarie, Philippe Lioret, Amin Maalouf, Jacques Maillot, Guy Martin, Dominique Méda, Didier Pleux, Sonia Rykiel, Joël de Rosnay, Yves Saint-Laurent, Pascal Thomas, une mère d'enfant.

Direction éditorial : Michèle Grandmangin
Édition : Odile Benon Tanoh
Conception graphique, couverture : Laurence Durandau
Mise en page, correction : Jean-Pierre Delarue
Iconographie : Marie-Christine Petit
Documentation Radio France : Violette NGuyen, Véronique Vecten, Jeanine Vitale

Introduction

Objectifs de Campus 4

Les objectifs sont d'acquérir les niveaux de compétence suivants :

– **Compréhension orale :** niveau du DELF B2 au DALF C1.
– **Compréhension écrite :** niveau du DELF B2 au DALF C1.
– **Expression orale :** niveau DELF B2 + participation à une discussion ou à un débat, exposé oral.
– **Expression écrite :** niveau DELF B2 + essai argumenté sur un thème.

Selon le temps consacré à l'étude des contenus et l'investissement personnel de l'étudiant, celui-ci pourra être à même de préparer ou de se présenter à l'examen du DELF B2 et DALF C1.

• **Deux grands types de documents sonores et écrits** sont présentés aux étudiants dans Campus 4 :

– des documents « grand public », d'accès relativement aisé, destinés à la communication sur des sujets d'intérêt socioculturel général, tels que la mode, la gastronomie, les loisirs, les voyages, les programmes de télévision...

– des documents écrits par des spécialistes sur des thèmes impliquant la réflexion et favorisant le débat. Ils sont destinés à permettre à l'étudiant de s'exercer à l'expression de points de vue argumentés.

Les savoir-faire visés sont, à ce niveau, mieux définis en terme d'habileté *(skills)* qu'en terme d'actes de parole : le savoir-faire le plus développé devrait être celui de la compréhension de l'écrit puis de l'oral. Nous avons tout particulièrement cherché à développer un savoir-faire de production qu'on peut appeler de « l'écrit oralisé », qui s'acquiert à partir d'activités de reformulation à l'oral de contenus de textes écrits que l'on vient de lire. Ce savoir-faire permet d'obtenir la base linguistique nécessaire pour arriver aux niveaux de compétences C1 et C2 du DALF.

Organisation des unités

• De 1 à 4 pages « oral » : transcription des documents sonores et activités de compréhension et production orale.
• De 6 à 11 pages « écrit » : textes accompagnés de questions de compréhension et d'activités linguistiques et communicatives. Un travail approfondi sur ces textes est proposé dans le *Cahier d'exercices*.
• De 2 à 4 pages « DELF-DALF » + BILAN : rubrique d'informations (« Le saviez-vous ? ») accompagnée d'activités plus précisément adaptées à la préparation de certaines épreuves du DELF/DALF (par exemple, analyse de sondages, synthèse orale) et BILAN (supports oral et écrit).

Contenus du livre de l'élève

• **10 unités** dont chacune développe une thématique selon le modèle ci-dessus.
• **Les documents sonores** sont des extraits de conversations entre Français et des enregistrements d'émissions de Radio France (entretiens, interviews, tables rondes).
• **Les documents écrits** sont des extraits de magazines, de revues, d'ouvrages grand public ou à caractère littéraire ou scientifique. Quelques textes proviennent de sites Internet.
• Le livre contient également un **précis grammatical** reprenant des procédés grammaticaux et syntaxiques complexes extraits des textes proposés dans les unités.

Méthodologie

La méthodologie est simple et centrée sur l'apprenant. Elle peut se résumer en une phrase :
« Comprendre et mémoriser pour parler et écrire. »
Ce qui signifie que l'étudiant sera directement mis en situation d'écouter et de lire pour comprendre, puis de s'exprimer à l'oral et à l'écrit pour débattre et pour rédiger des textes. Pour cela, il sera accompagné plutôt que dirigé par le professeur.
La compréhension se fait en interaction (élèves-élèves-professeur) plutôt qu'en remplissant des grilles. Elle est motivée par l'intérêt des textes qui sont choisis parce qu'ils présentent une problématique : pour ou contre l'Internet, les applications des découvertes biologiques, la mondialisation, etc. et donc qu'ils peuvent facilement faire l'objet de débats et d'exposés écrits.
Nous avons choisi de fonder l'apprentissage sur le désir de communiquer, la découverte et la pratique de la communication plutôt que sur l'étude systématique des procédés et moyens grâce auxquels on communique. C'est pourquoi les textes ont été sélectionnés pour leur qualité d'écriture afin qu'ils servent de modèles pour alimenter une réflexion adulte sur des problèmes contemporains.

Janine Courtillon
Christine Guyot-Clément

Les éléments de Campus 4

Le livre de l'élève

• 10 unités thématiques : oral – écrit – DELF/DALF et bilan
• transcriptions des documents sonores
• précis grammatical

Le cahier d'exercices

Le cahier propose des exercices de grammaire, des analyses de texte et un grand nombre d'exercices d'écriture et de réécriture à des fins d'acquisition de la compétence discursive.

Deux CD ou deux cassettes audio

- de 1 à 3 documents sonores par unité (extraits de conversations et d'émissions de radio)
- bilans sonores

Le livre du professeur

Le livre du professeur comporte les corrigés de la plupart des activités accompagnant les textes du livre de l'élève ainsi que de nombreuses références culturelles.

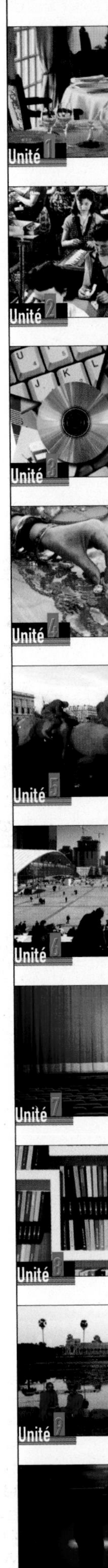

tableau des contenus

tableau des contenus

tableau des contenus

tableau des contenus

tableau des contenus

UNITÉS THÉMATIQUE/OBJECTIFS	DOCUMENTS ORAUX	DOCUMENTS ÉCRITS	DELF B2 / DALF C1
Unité 9 • Loisirs et voyages • *Décrire un pays :* *- impressions* *- archéologie / histoire* *- aspects sociologiques* • *Analyse sociologique des loisirs*	• **Voyages et temps libre** *p. 126* - Conversation : *Aimez-vous les voyages ? Comment voyagez-vous ?* - Table ronde sur le temps libre et les vacances des Français avec : • un voyagiste • un historien (étude sur le temps libre en France) (France Inter)	• **Une soirée de télévision en France** *p. 129* • **Comment choisissez-vous vos voyages ?** *p. 130* - New York, la ligne bleue des gratte-ciel - East Village, un village dans la ville - Malte, un pays méconnu - Malte et les géants, le mystère des origines - En Jordanie, retrouver la mémoire du Proche-Orient - Avoir vingt ans en Jordanie • **Le temps libre, une conquête du XXe siècle** *p. 136* ***Dominante des activités d'écrit*** *Analyse sémantique et culturelle de descriptions élaborées*	• **Les jeunes et le sport** *p. 138* ***Activités :*** Exposé oral • **Bilan** *p. 139*
Unité 10 • Des choix pour le XXIe siècle • *Argumenter* • *Comparer différents modes d'argumentation*	• **Quel avenir pour l'homme ?** *p. 142* - Conversation : *Est-ce que vous êtes optimiste par rapport à l'avenir de l'homme sur cette terre ?* - Table ronde avec Axel Kahn, Joël de Rosnay Extrait de l'émission « Les nouvelles interventions de l'homme sur le vivant » (France Culture) - Extrait de la conférence « Le nouvel ordre numérique » de Laurent Cohen Tanugi (France culture) → Bilan	• **Irons-nous dans l'espace ?** *p. 146* • **La biologie ou le meilleur des mondes possibles ?** *p. 147* - Allons-nous vers un siècle de transgressions et la disparition de l'Homo sapiens ? • **Mondialisation : allons-nous vers un monde unique ?** *p. 150* • **Le culte d'Internet, une nouvelle religion ?** *p. 153* (Entretien avec Philippe Breton) • **Une nouvelle religion : la foi dans l'opinion publique** *p. 155* (Alexis de Tocqueville, *De la démocratie en Amérique*) ***Dominante des activités d'écrit*** *Mise en forme d'arguments*	• *p. 157* - La souris, meilleure amie de l'homme ? - Usages d'Internet *(statistiques)* ***Activités :*** Commentaire oral Interprétation des statistiques données sur l'usage d'Internet • **Bilan** *p. 158*

Unité 1

La nourriture et la table en France

La nourriture et la table

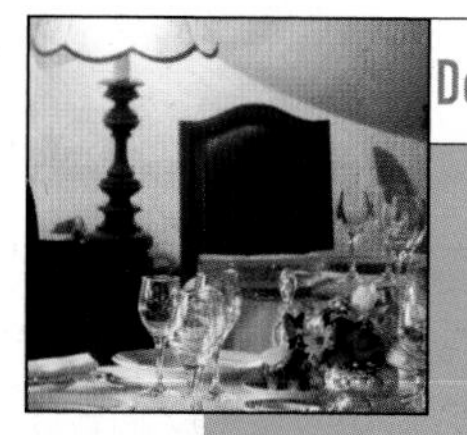

Document 1 Conversation

Jean-Pierre : Alors, qu'est ce qu'un bon repas pour vous, premier thème de la matinée, Patrick ?

Patrick : Qu'est-ce qu'un bon repas ? Euh… moi, pour moi d'abord c'… enfin, ce qui est important dans un repas c'est que ce soit suffisamment équilibré, c'est-à-dire euh manger de tout… c'est-à-dire une entrée, un plat, des féculents, des légumes, une viande, des œufs, du poisson, du fromage et puis euh et puis un dessert voilà c'est manger un petit peu de tout…

Béatrice : Et c'est toi qui prépares tout là hein… Parce que c'est facile à dire mais (*Rires*), c'est pas forcément facile à réaliser (*Rires*).

P : Oui, non, c'est pas forcément facile à réaliser, c'est pas si compliqué en fait, je pense qu'il suffit de manger un petit peu de tout, c'est-à-dire prendre un fruit, manger un peu… un peu de salade… euh euh faire un œuf ou enfin c'est-à-dire c'est pas forcément quelque chose de très compliqué mais pour moi… ce qui est IMPORTANT c'est que ce soit euh suffisamment équilibré, pas manger trop de la même chose… voilà par exemple…

Mara : Peu importe les recettes alors…

P : Oui oui oui oui pour moi, enfin… pour moi… la cuisine c'est pas très… la qualité poussée à l'extrême c'est pas très, c'est pas très important quoi.

M : Ah ah tandis que moi pour moi un bon repas c'est vraiment me régaler… avec des choses délicieuses euh… avec des recettes un petit peu recherchées… des sauces euh… tu vois… c'est quelque chose…

JP : De compliqué…

M : De goûteux vraiment, faut que ce soit bon, bon dans le vrai sens du terme…

JP : Oui parce qu'un bon repas ça peut être aussi quelque chose de très simple hein… un steak, un bon steak…

B : Oui voilà des produits… (*voix superposées*) Oui…

B : Le produit d'abord…

M : Voilà…

B : Sans élaboration particulière…

M : Voilà… une bonne viande… Si tu peux manger une viande nature, grillée, juste comme ça mais il faut que la qualité de la viande soit formidable.

JP : Mais c'est vrai qu'un, un bon repas c'est aussi… un bon partage.

B : Ouiii…

JP : Ça fait partie de…

B : D'abord. (*Rires*)

JP : Ce sont les amis qui sont autour de la table… c'est un partage…

P : On peut faire aussi un bon repas tout seul, non ?

JP : Moi, non ? J'y arrive pas.

P : Ah oui ? Moi oui.

M : Ah oui… Oui oui oui…

Oui alors, est-ce que… est-ce qu'on peut concevoir un bon repas euh chez soi ou est-ce que c'est uniquement dans un restaurant avec euh avec le service qui va avec ou ça peut être aussi chez soi ?

JP : Ah y a le décorum oui c'est vrai qu'il il peut y avoir le décorum…

M : Moi, je dis partout euh…

JP : Oui oui…

M : Ce qui est important c'est l'ambiance… c'est ce que tu vas manger… que ce soit vraiment bon… et puis effectivement euh… l'atmosphère mais partout il y a des restaurants qui sont formidables où tu passes des des repas fantastiques hein…

B : Oui et puis c'est surtout l'occasion de manger des choses qu'on ne prépare pas soi-même, y a quand même des cuisines un peu compliquées euh et puis il y a aussi le fait de ne pas imposer un goût unique aux gens… et que chacun puisse prendre ce qu'il aime… ce qu'il préfère… là on est sûr que… que tout le monde est content…

JP : Mais un bon repas ça peut aussi être un sandwich… avec des amis…

B : Avec du bon pain… avec quelque chose de bon dedans (*Rires*) dans un bel endroit… sans mouches, sans guêpes…

JP : Au bord d'un lac euh, devant devant des…

B : Un paysage grandiose…

JP : Oui, un paysage grandiose…

JP : Avec des odeurs de fleurs… les petits oiseaux qui passent… et tout (*voix superposées*) oui oui oui et tout…

JP : Alors faut que ce soit un bon sandwich hein…

Portraits sensibles
« Guy Martin jeune chef cuisinier »
France Inter, 9 avril 2003

Vous allez entendre un extrait d'une émission créée par Kriss, diffusée sur France Inter à 13 heures, moment de haute écoute.

Kriss se déplace chez les personnes dont elle brosse le portrait.

Elle dirige l'interview de manière à mettre en valeur non seulement la profession mais aussi les qualités « sensibles » de la personne interviewée : sensibilité aux choses et aux êtres, d'où le titre donné à son émission *Portraits sensibles*.

Ici, la sensibilité s'exerce sur le rapport qu'entretient Guy Martin avec les ingrédients, les produits français qui composent ses plats et aussi son « équipe », sans laquelle il n'aurait pas autant de plaisir à exercer son métier. Jeune chef cuisinier au « Grand Véfour », il est un cuisinier « connu » et « reconnu » des Parisiens gastronomes.

Document 2 Interview

Kriss : Quand on travaille autant à un tel niveau, on a beau dire que c'est pour l'autre… c'est d'abord pour soi… enfin… moi c'est ce que je pense…

Guy Martin : Non mais… bien sûr mais bien sûr mais en même temps, c'est toujours partagé, c'est toujours partagé avec une équipe, on est en harmonie ensemble.

K : Vous arrivez à remettre ça tous les jours… c'est pas évident ?

G M : Le sujet n'est jamais le même… de toute façon… même sur la même recette, elle évolue toujours forcément… et sur la même recette les ingrédients n'ont jamais le même temps de cuisson… c'est jamais… c'est pas mathématique… hein… euh… donc… euh… à chaque fois qu'on regarde la cuisson d'un poisson ou d'un plat qui mijote en cocotte… vous soulevez le couvercle il y a déjà toutes les odeurs qui arrivent… et tout… c'est les volutes, c'est formidable et puis en regardant la texture de la viande ou en la touchant, on s'aperçoit quel degré de cuisson mais c'est jamais la même chose… donc c'est sans cesse renouvelé et c'est un bonheur… vous savez… là… par exemple vous parlez des asperges… il y a les premières asperges qui arrivent c'est formidable… c'est vraiment formidable, c'est le printemps qui est là… il fait beau… euh… quand vous avez les turbots, les rougets qui arrivent, les volailles de Bresse… c'est vraiment un bonheur, je vous promets… c'est un bonheur, c'est un émerveillement… et pourtant il y a déjà quelques années que je fais ce métier moi je me lasse pas… je suis heureux de… parce que derrière chaque produit il y a ces hommes, il y a ces paysans, il y a une histoire… c'est… je dirais que c'est légitime… il y a quelque chose… c'est aussi de donner de la gaieté dans un monde où… qui est un peu difficile quand même… quand même.

K : Quand même, quand même, beauté contre malheur, gaieté contre conneries, restons entre parenthèses s'il vous plaît, moi, la mâcheuse de carambars et de brins d'herbe, la diva des repas sur le pouce, je regardais chaque plat de Guy Martin arriver, son dessin dans l'assiette, sa promesse d'un autre plaisir, sa grâce, son équilibre aérien. Et je restai un instant suspendue, émue vraiment de cette émotion forte qui vous vient quand tout est juste, aussi beau que la vie, aussi volatile qu'elle, simple, beau, généreux et léger.

activités de compréhension

1. Compréhension générale.

a. Guy Martin travaille-t-il seul ?

b. Aime-t-il faire son métier ?

c. Quel est le sentiment éprouvé par Kriss à la vue de la cuisine de Guy Martin ?

2. Après plusieurs écoutes, notez les expressions qui indiquent que Guy Martin :

a. aime travailler en équipe.

b. est passionné par son métier.

c. aime les produits saisonniers.

d. ne s'ennuie jamais.

e. a une haute idée de son travail.

f. veut donner du bonheur aux gens.

3. Notez les expressions de Kriss pour répondre à ces questions :

a. Kriss est-elle une bonne cuisinière ?

b. Quels sont les sens de Kriss qui sont en éveil quand elle parle des plats de ce grand cuisinier ?

expression orale

1. Quels sont les plats que vous préférez ? Les sucrés ou les salés ?

2. Comment présenteriez-vous la cuisine de votre pays ? Quel plat choisiriez-vous ?

3. En fonction de vos goûts, faites plusieurs groupes de discussion et ensuite, présentez à la classe la cuisine que vous aimez en donnant des exemples de recettes ou de plats.

Ensemble vous chercherez, comme Kriss l'a fait lors de son émission, les adjectifs ou les mots les plus évocateurs de sensations liées au goût et à la vue.

pour en savoir plus

• **Un livre :** *Guy Martin, un artiste au Grand Véfour* de Guillaume Lecasble, Éditions du Seuil.

• **Le restaurant :** Le Grand Véfour, 17 rue du Beaujolais, 75001 Paris.

• http://www.relaischateaux.fr : sur ce site, vous verrez la salle de restaurant du Grand Véfour à Paris où Guy Martin est chef cuisinier.

Manières de table

François Grosrichard
« Le paysan, le repas et le lien social »,
Le Monde, 19 juin 2004

Se nourrir en France

Au moment des vacances d'été, les citadins retrouvent l'air de la campagne et les odeurs de la ferme, la mer, la montagne et leurs richesses. Ils replongent avec gourmandise dans la ruralité et changent leur rapport au temps. L'une des plus vives attentes des victimes du stress des métropoles sera de prendre son temps, de savourer son écoulement en retissant un lien social avec ceux avec qui ils ont choisi de passer ce temps de vacances. Que ce soit avec leurs amis chez qui ils sont invités ou chez l'habitant des gîtes ruraux ou encore avec les tables d'hôtes mises à leur disposition par les propriétaires de châteaux ou de très belles demeures qui essaiment dans toutes les provinces, les Français se rencontrent à nouveau autour de la table pour consommer des produits frais du terroir et réapprennent à goûter des saveurs oubliées.

prendre son temps à table

Prendre le temps de déguster un vin, de faire traîner une soirée autour de victuailles alléchantes et de produits fermiers, de partager un plat typique, de ne pas regarder sa montre à l'heure de l'apéritif. Bref, voilà que la nourriture fournie par l'agriculture va prendre un autre sens que celui – toujours essentiel évidemment – de source de vie. Bien choisi, bien présenté, bien cuisiné, le produit alimentaire peut être l'étincelle qui fait naître la convivialité et l'occasion matérielle qui crée ou recrée le lien social. « Traditionnellement les Français s'invitent entre eux autour d'un repas qu'ils cuisinent eux-mêmes. La cuisine a toujours valeur de cadeau… le repas est un lieu d'échanges de paroles et d'émotion où l'on restaure et où l'on pourrait restaurer un tissu social. » dit Dominique Chardon, secrétaire général de la FNSEA[1] et producteur bio du Gard.

l'apéritif à la française

Voilà en tout cas, l'idée bien cernée. Le repas, la nourriture et la boisson, les conversations qui s'en suivent sont des sources d'un bien devenu rare : la convivialité.

En Bretagne, on organise des journées d'échanges avec le public de bord de vieux voiliers pour marier patrimoine maritime et histoire agricole. On ne compte plus les colloques sur « Vin, santé et alimentation », avec directeur de recherches au CNRS[2], cardiologues, sociologues et spécialistes de l'art de vivre pour mieux se connaître, s'informer, partager ce qui est bon, sans manières.

Le point culminant de cette nouvelle évolution sociologique a sans doute été la récente campagne lancée simultanément par dix-sept villes du monde et intitulée « L'apéritif à la française ». Il s'agissait, bien sûr, de trouver un moyen de relancer l'exportation de produits alimentaires et de boissons nationales, mais aussi, de mettre en avant une tradition bien française, où se mêlent rencontres, sympathie, amitié, plaisir, convivialité, peut-être même de la joie.

Le ministre de l'Agriculture H.G. a personnellement donné son aval à ces cérémonies en allant à Moscou, le 4 juin dernier vanter le modèle et le savoir-faire français. « L'apéritif semble s'être détaché des amarres du déjeuner et du dîner, au point parfois se s'y substituer » a-t-il ainsi déclaré. « D'apéritifs dînatoires en pots : pots de l'amitié, de départ en retraite, au vin d'honneur qui rythment notre vie institutionnelle, l'apéritif, moment privilégié est un peu comme les préludes des musiciens romantiques, une œuvre en soi… ».

notes
1. la FNSEA : la Fédération nationale des syndicats d'exploitants agricoles.
2. le CNRS : le Centre national de la Recherche scientifique.

Michel Jeanneret
« La gourmandise sous haute surveillance »,
La Gourmandise. Délices d'un péché,
dirigé par Catherine N'Diaye, collection Mutations,
Éditions Autrement, Paris, 1993

La conversation à table

La politesse n'est pas seulement une histoire de maintien ; elle implique aussi l'élégance et l'à-propos dans le discours. Le bon usage, dans le monde, passe par un savoir-vivre qui est aussi un savoir-parler.
Inscrire la conversation au menu, la vanter comme un condiment nécessaire, ce sera donc, pour les législateurs de la table, une revendication majeure : le dialogue soustrait le repas à la sphère purement sensorielle et, dans l'espace que la gourmandise risquait d'investir, assure la participation de la raison. Il en va ici de la dignité de l'homme. Les animaux peuvent se gorger en silence ; les hommes, eux, ont à nourrir un corps et un esprit. La parole conviviale jouera, de la sorte, un rôle parallèle à celui de la cuisine : comme une sauce savamment accommodée, elle marque l'apport de la culture et l'intervention de l'art dans un domaine autrement livré aux débordements de la nature. [...]
Le dialogue rapproche les mangeurs que la gourmandise tend au contraire à isoler. Il importe donc que chacun, autour de la table, se sente à l'aide et participe à l'entretien. On évitera la loquacité, qui monopolise l'attention, et le laconisme, qui jette un froid. La bonne conversation gomme les différences, efface les hiérarchies et surmonte les inhibitions. On choisira par conséquent des thèmes adaptés aux compétences et aux goûts de tous les interlocuteurs. On rira, mais sans se moquer, on s'efforcera de stimuler l'esprit, mais sans l'accabler. Un débat trop sérieux, trop ardu ou pointu, risquerait de diviser la compagnie. Non que la philosophie doive être bannie des salles à manger ; elle sera reçue à condition de mettre de l'eau dans son vin, d'aborder les problèmes de la vie courante et de s'accommoder à la liberté des propos ambiants. Pédante, elle décourage ; avenante, elle participe de la plénitude de la fête. [...]
Cet aspect de la parole conviviale est essentiel : on parlera de tout et de rien ; on passera librement d'un sujet à un autre, d'un registre à un autre, afin que chacun y trouve son bien. La variété des thèmes et des tons empêchera que quiconque confisque l'entretien ; donner à chaque dîneur le droit ou, mieux, le désir de s'exprimer, c'est faire en sorte que sa bouche soit occupée à autre chose que seulement savourer, mastiquer, avaler.

repérages

Recherchez dans chaque texte les expressions correspondant aux paraphrases suivantes :

Se nourrir en France

a. Goûter avec plaisir le temps qui passe.
b. De très belles maisons qui sont dispersées partout en France.
c. Le ministre de l'Agriculture a autorisé cette action pour soutenir les produits français.

La conversation à table

a. Être poli à table, ce n'est pas seulement savoir bien se tenir mais aussi savoir parler à bon escient.
b. Les hommes de loi du savoir-vivre de la table exigent que la conversation soit l'invitée privilégiée du repas sans laquelle il ne serait que goinfrerie.
c. On fera en sorte qu'un beau parleur ne monopolise pas la parole et que le silence ne glace pas l'atmosphère.
d. Converser permet d'effacer ce qui est différent, aplanit les statuts entre supérieur et inférieur et aide à vaincre la timidité.
e. On apprendra à sourire sans moquerie, à solliciter l'intelligence sans la forcer.
f. L'important est que chacun se sente à l'aise.
g. Faire en sorte que chacun ait l'opportunité de participer à la conversation pour qu'il ne se contente pas seulement de manger.

expression orale

Comment jugez-vous ces propos de savoir-vivre si vous les comparez à vos habitudes d'être à table ?
Parlez-vous en mangeant ? Quels sont les interdits et/ou les codes de savoir-vivre dans votre famille, dans votre pays ?

expression écrite

1. Faites le résumé du texte « La conversation à table ».
Travaillez par groupes. Notez les mots-clés. Reformulez oralement l'information du texte. Rédigez votre résumé commun.

2. Rédigez pour le journal de classe, un article d'une quinzaine de lignes.
Vous donnerez des conseils de politesse, de savoir-vivre dans une situation de la vie quotidienne choisie par vous, pour éduquer un hôte étranger aux us et coutumes de votre pays (art de l'hospitalité, manières de saluer, manières d'offrir un cadeau...).

Des produits républicains

Son histoire garde une part de mystère, sa composition fait débat, mais non loin de Carcassonne, une « académie » se charge de défendre le bon vieux cassoulet.

Philippe Broussard
« Maître Cassoulet »,
Le Monde, 1er et 2 août 2004 (Horizons série)

Le cassoulet, délice universel

Autant l'avouer : nous en rêvions. Pensez donc : un déjeuner avec les membres de l'Académie universelle du cassoulet ! Un déjeuner sur leurs terres, plein Sud, en pays occitan. Il nous tardait de les voir à l'œuvre, ces compagnons de bombance[1] ! De les observer face à la cassole[2] fumante, d'épier leurs regards gourmands, leur façon d'attaquer la bête… Goûteraient-ils la couenne ou le jarret de porc ? Écraseraient-ils les haricots du bout de la fourchette ou les dégusteraient-ils en l'état, ventrus et juteux ? Et comment en parleraient-ils, de ce plat gaillard[3] dont raffolaient Victor Hugo[4] et Aristide Briand[5] ?

Eux seuls, académiciens assermentés, pourraient nous dévoiler ses secrets, sa légende. À défaut de trancher l'énigme de l'authenticité, source d'un Clochemerle[6] sans fin entre Carcassonne[7] et Castelnaudary, ils nous apprendraient peut-être aussi comment le cassoulet, le plat des grands-mères de France, a conquis Paris, voire – et il faut les croire – l'univers. […]

C'est Jean-Claude Rodriguez qui eut l'idée, en 1997, de créer cette assemblée de gastronomes. Il en existe bien une autre à trente minutes de route, fondée en 1970 et baptisée Grande Confrérie du cassoulet de Castelnaudary. La démarche, si respectable soit-elle, paraît cependant différente, et centrée sur cette ville voisine, souvent rivale, où les conserveries jouent un rôle clé. Or, les académiciens, gens de goût et de principes, n'apprécient guère que leur Dieu soit ainsi mis en boîte, même s'il s'en vend, bon an mal an, 17 000 à 18 000 tonnes… […]

Trois villes prétendent faire le meilleur qui soit. Chacune a sa recette, son dogme. Carcassonne y met volontiers de la perdrix, tout au moins en période de chasse. Toulouse préfère l'agneau. Quant à Castelnaudary, où l'authenticité est défendue comme ballon en mêlée[8], elle revendique son titre de « capitale » de la spécialité. De fait, il y est sans doute né. Reste à savoir quand…

Certains historiens de table y voient un lointain héritage des Arabes qui, au VIIe siècle, auraient importé ici la fève blanche, ancêtre du haricot. D'autres font plutôt référence à Catherine de Médicis[9] (XVIe siècle) et à l'influence supposée d'une spécialité du val d'Aoste, les haricots au gras. Troisième hypothèse, remontant cette fois à la guerre de Cent ans (1337-1453) et au siège de la ville de Castelnaudary : la légende veut que le prévôt de la cité, soucieux de donner aux hommes la force de repousser l'assaillant anglais, ordonna de rassembler tous les morceaux de viande disponibles et de les mélanger à des haricots. Ainsi ragaillardis, les habitants eurent raison de l'ennemi, repoussé jusqu'aux rives de la Manche… […]

La voici justement, cette cassole fumante et désirable. Le vin aidant – un Corbières rouge, Château de l'Horte –, l'euphorie gagne les convives. « C'est ça, la magie du cassoulet ! » « Quand on en mange un, tous les ennuis s'en vont, on est dans un autre monde ! » assure André Jauriac, ex-entrepreneur en bâtiment. « On déguste, on se régale et si ça dure deux heures, ça dure deux heures », jubile François Chastang, l'ancien banquier qui écrase les haricots du bout de sa fourchette, à la façon des paysans. « Cette onctuosité, vous ne pourrez jamais la trouver dans un cassoulet en boîte. Et quand on y met de la perdrix, on touche au sublime, au raffinement total ! »

Les Parisiens ont découvert ces plaisirs rustiques au XIXe siècle. Peu à peu, Paris y prend goût. En 1889, un restaurant du faubourg Montmartre *La Poule d'or*, le propose chaque jeudi à ses clients. […] Léon Gambetta (1838-1882), né à Cahors (Lot), se réjouissait toujours de voir arriver la cassole comme Armand Fallières (1841-1931), président de la République qui imposa le cassoulet à la table de l'Élysée. Depuis, celui-ci n'a jamais perdu son image républicaine.

« C'est un plat fédérateur, conclut Frédéric Duhart, de l'université de Tours. Parti d'un terroir restreint, il est devenu emblématique de toute une région. Pour les Parisiens, le cassoulet, c'est le Sud-Ouest. Et pour les étrangers, c'est la France ! »

notes

1. faire bombance : faire un festin.
2. une cassole (de *cassolo*, mot occitan de la région de Toulouse signifiant « une terrine ») : une terrine de grès qui sert à faire cuire le cassoulet (ragoût languedocien de filets d'oie, de canard, de porc ou de mouton avec des haricots blancs).
3. gaillard (adjectif et nom, du mot celtique *gallia* = force) : plein de vie, du fait de sa robuste constitution, de sa bonne santé.
4. Victor Hugo (1802-1885) : écrivain et homme politique.
5. Aristide Briand (1862-1932) : homme politique et diplomate, Prix Nobel de la Paix en 1926.
6. Clochemerle : roman paru en 1934, écrit par Gabriel Chevallier (1895-1969), dans lequel il décrit de manière humoristique la province française (plus particulièrement le Beaujolais).
7. Carcassonne et Castelnaudary, cités médiévales de la région de Toulouse (http://www.ville-castelnaudary.fr et http://www.ville-carcassonne.fr).
8. ballon en mêlée : ballon ovale du jeu préféré du Sud-Ouest, le rugby ; la mêlée est un moment important du jeu entre les deux équipes qui s'affrontent pour essayer de s'accaparer le ballon.
9. Catherine de Médicis (née à Florence en 1519, morte à Blois en 1589), fille de Laurent II de Médicis dit « le magnifique » et de Madeleine de la Tour d'Auvergne, elle épouse en 1533 le futur Henri II dont elle aura dix enfants : trois d'entre eux seront rois de France : François II, Charles IX, Henri III.

activité de compréhension

1. La gastronomie (du grec *gastronomia* = art de la bonne chère : cuisine, vins, ordonnance des repas...) en terre de France est liée à l'histoire et à la politique.
Vous montrerez que cela est vérifié pour le cas du cassoulet en relevant les exemples du texte concernant ces deux domaines.

2. Lexique de la gourmandise
En France, il n'y a pas de plaisir culinaire sans conversation : plaisir des mots justes pour évoquer le plaisir que procure le plat en bouche.
Relevez les mots qui expriment le plaisir gourmand du journaliste pour célébrer ce plat régional et ceux des convives autour de la « cassole » de cassoulet !

production orale

1. Résumez oralement, au choix :
a. la manière dont le cassoulet est devenu un emblème républicain ;
b. la manière dont ce plat local et régional a conquis la capitale de la France.

2. Avez-vous dans votre pays un plat typique dont vous pourriez raconter l'histoire ?
A-t-il emprunté les mêmes chemins que ceux du cassoulet : allant de la province vers la capitale ? ou bien est-ce le contraire ?
Vous en ferez un exposé oral à vos camarades. Ce qui entraînera une discussion mutuelle au cours de laquelle vous aurez soin de choisir les mots les plus adéquats pour exprimer et partager vos goûts culinaires.

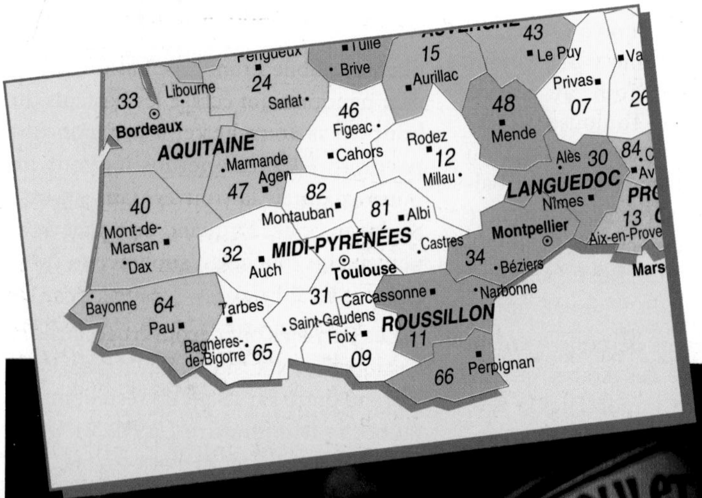

Avec l'aimable autorisation de
La Boule d'Anges des Marchés[1]
Les Aventuriers du Goût[2]

Pain et histoire

La Révolution

C'est le besoin de pain qui déclencha la Révolution française.

Les très mauvaises conditions climatiques de l'année 1788-1789 alliées à des conditions économiques dramatiques vont provoquer une des plus importantes famines de l'histoire. Au mois de mai 1789, le prix du pain atteint des sommets et personne ne peut plus se le payer. Les émeutes éclatent dans toutes les villes de province. Et lorsque le 14 juillet 1789 le peuple en colère s'empare de la Bastille, c'est pour y saisir surtout le stock de blé qui était supposé y être entreposé. Pendant le mois d'août, les privilèges féodaux sont abolis. Une sécheresse abominable s'abat sur le pays. Le pain devient encore plus hors de prix qu'il n'était. Les responsables sont tout désignés. Le 5 octobre, une armée de femmes, d'hommes et d'enfants littéralement affamés marchent sur Versailles et tentent de s'emparer du roi, de la reine et du dauphin rebaptisés « le boulanger, la boulangère et le petit mitron ». Des boulangeries sont attaquées et le peu de farine disponible est rapidement pillé.

Le 19 juillet 1791, l'Assemblée Constituante impose des prix obligatoires au pain et autorise les boulangers à cuire un seul type de pain : le « pain d'égalité » fait d'une farine mélangée de trois quarts de blé et un quart de seigle avec le son.

C'est encore au nom de l'égalité que le blé supplantera en France toutes les céréales.

En 1796, la famine n'est toujours pas totalement réduite mais le pain blanc, apanage des riches, est devenu officiellement le pain de tous les Français.

Évolutions techniques aux XIXe et XXe siècles

Les techniques concernant la fermentation, le pétrissage et la cuisson évoluèrent en même temps.

Dans le domaine des méthodes de fermentation : l'utilisation de la levure de bière, dès 1665, devait conduire, près de deux siècles plus tard, à une sorte de

levure idéale inventée par un distillateur de Vienne. La levure issue de cette méthode se révéla si fiable qu'elle fut utilisée en Europe jusqu'en 1904.

Mais ce fut un boulanger polonais qui franchit un pas décisif en trouvant le moyen de se passer de levain. Cette méthode connue sous le nom de *poolish* permettait d'obtenir un pain moins acide connu sous le nom de « pain viennois ». Son succès en France fut considérable jusqu'aux années 1920. Puis il fut remplacé par un nouveau « pain fantaisie », tout en longueur, à la croûte fine et craquante et à la mie couleur crème, légère et alvéolée, célèbre sous le nom de « baguette », « bâtard », ou « ficelle ».

Évolution de la consommation au XXe siècle

Au XXe siècle, le pain a continué à jouer le rôle primordial qui a été le sien tout au long de l'histoire de l'humanité.

Au moment de la Première Guerre mondiale, il servit une fois de plus d'arme stratégique ; en avril 1917 notamment, lorsque les USA privèrent l'Allemagne et l'Autriche de blé, précipitant ainsi leur chute.

Pendant la crise économique des années 30, les Français défilaient dans les rues au cri de : « Du travail et du pain ! ».

Lorsque l'Allemagne nazie étendit son ombre sur le monde, ses dirigeants firent main basse sur tous les stocks européens de blé. On vit alors apparaître les tickets de rationnement et les pains de substitution : pain de farine de fèves, de riz, de maïs, d'orge et même de pomme de terre.

Il était loin, ce chef-d'œuvre de la boulangerie des années 30 appelé « baguette », qui fut à l'origine de la réputation mondiale du pain français !

Dans les années 50, une nouvelle technique de pétrissage dite « intensifiée » permet d'obtenir, grâce à une oxydation excessive de la pâte, un pain d'une blancheur immaculée. C'était exactement ce que réclamait l'époque lasse des pains grisâtres de la guerre, synonymes de mauvaise qualité et de rationnement. Mais cette blancheur aura un prix : la fadeur, l'inconsistance de la mie et surtout une conservation du pain réduite à quelques heures.

D'abord séduits, les Français se lassent vite de ce pain. Alors que dans les années 30, un Français consommait en moyenne 500 grammes de pain par jour, il n'en consomme plus que 200 grammes dans les années 70 et 60 grammes dans les années 80.

Retour à l'authenticité

Pain fabriqué en usine, pré-tranché et pré-emballé ou pain blanc cotonneux prétendument artisanal, le pain des années 60-70 n'a plus grand chose de commun avec le pain. Le coup final sera porté avec la technique de surgélation transformant bon nombre de boulangeries en « terminaux de cuisson ».

Au début des années 70 cependant, une réaction salutaire se produisit. En France, on vit réapparaître sous le nom de « miches de campagne » des pains dignes de ce nom.

Peu à peu, les boulangers redécouvraient les vertus des bonnes farines, de la cuisson au feu de bois, du levain naturel et de la pâte peu pétrie mais longtemps fermentée. Si bien que l'on peut aujourd'hui retrouver, un peu partout dans le monde, un pain de grande qualité gustative.

1. 124 avenue de Villiers, 75017 Paris (http://www.lbm.fr).

2. 46 rue de Lourmel, 75015 Paris.

expression orale

Partagez vos réactions après avoir lu le texte.

1. Mangez-vous du pain comme les Français ?
2. Quel est l'aliment qui le remplace ?
3. Comparez leur rôle alimentaire respectif : similitudes et différences.

La nourriture vue par des artistes

Philippe Delerm
La première gorgée de bière et autres plaisirs minuscules

La première gorgée de bière

C'est la seule qui compte. Les autres, de plus en plus longues, de plus en plus anodines, ne donnent qu'un empâtement tiédasse, une abondance gâcheuse. La dernière, peut-être, retrouve avec la désillusion de finir un semblant de pouvoir…

Mais la première gorgée ! Gorgée ? Ça commence bien avant la gorge. Sur les lèvres déjà cet or mousseux, fraîcheur amplifiée par l'écume, puis lentement sur le palais bonheur tamisé d'amertume. Comme elle semble longue, la première gorgée ! On la boit tout de suite, avec une avidité faussement instinctive. En fait, tout est écrit : la quantité, ce ni trop ni trop peu qui fait l'amorce idéale ; le bien-être immédiat ponctué par un soupir, un claquement de langue, ou un silence qui les vaut ; la sensation trompeuse d'un plaisir qui s'ouvre à l'infini… En même temps, on sait déjà. Tout le meilleur est pris. On repose son verre, et on l'éloigne même un peu sur le petit carré buvardeux. On savoure la couleur, faux miel, soleil froid. Par tout un rituel de sagesse et d'attente, on voudrait maîtriser le miracle qui vient à la fois de se produire et de s'échapper. On lit avec satisfaction sur la paroi du verre le nom précis de la bière que l'on avait commandée. Mais contenant et contenu peuvent s'interroger, se répondre en abîme, rien ne se multipliera plus. On aimerait garder le secret de l'or pur, et l'enfermer dans des formules. Mais devant sa petite table blanche éclaboussée de soleil, l'alchimiste déçu ne sauve que les apparences, et boit de plus en plus de bière avec de moins en moins de joie. C'est un bonheur amer : on boit pour oublier la première gorgée.

note
Né en 1950 à Auvers-sur-Oise (près de Paris), de parents instituteurs, Philippe Delerm a passé son enfance dans des « maisons d'écoles ». Il est professeur de lettres dans l'Eure. Il a beaucoup écrit et publié dix livres avant de connaître le succès avec *La première gorgée de bière et autres plaisirs minuscules*.

analyse

Étude des métaphores

Relevez les métaphores du texte en en faisant un commentaire oral.

Exemple : **l'or mousseux**

expression écrite

Choisissez un plat ou une boisson que vous appréciez tout particulièrement et écrivez un texte d'une quinzaine de lignes.

Vous aurez à cœur de vanter le plaisir que vous éprouvez à cette dégustation.

Guillaume Apollinaire
Poèmes retrouvés
Œuvres poétiques
Bibliothèque de la Pléiade,

Le repas

Il n'y a que la mère et les deux fils
Tout est ensoleillé
La table est ronde
Derrière la chaise où s'assied la mère
Il y a la fenêtre
D'où l'on voit la mer
Briller sous le soleil
Les caps aux feuillages sombres des pins et des oliviers
Et plus près les villas aux toits rouges
Aux toits rouges où fument les cheminées
Car c'est l'heure du repas
Tout est ensoleillé
Et sur la nappe glacée
La bonne affairée
Dépose un plat fumant
Le repas n'est pas une action vile
Et tous les hommes devraient avoir du pain
La mère et les deux fils mangent et parlent
Et des chants de gaîté accompagnent le repas
Les bruits joyeux des fourchettes et des assiettes
Et le son clair du cristal des verres
Par la fenêtre ouverte viennent les chants des oiseaux
Dans les citronniers
Et de la cuisine arrive
La chanson vive du beurre sur le feu
Un rayon traverse un verre presque plein de vin mélangé d'eau
Oh ! le beau rubis que font du vin rouge et du soleil
Quand la faim est calmée
Les fruits gais et parfumés
Terminent le repas
Tous se lèvent joyeux et adorent la vie
Sans dégoût de ce qui est matériel
Songeant que les repas sont beaux sont sacrés
Qui font vivre les hommes

La Desserte, harmonie rouge, 1908, Henri Matisse.
Huile sur toile, 180 x 220 cm.
Musée de l'Ermitage, Saint-Pétersbourg.

activités orales

1. Comment définiriez-vous l'atmosphère qui règne à cette table familiale ?
2. Imaginez le cadre : la province française, la saison, les personnages.
3. Cette scène de repas vous évoque-t-elle des tableaux de peintres français de cette période ?
4. Pensez-vous comme Guillaume Apollinaire que le repas familial soit sacré ?

écrit

La table parisienne vue par un Américain

D'après *Newsweek*[1], 24 mai 2004

Traduit de l'anglais par Janine Courtillon

« Tenez-vous-en au poulet roti. »

Un miracle français : le poulet rôti à la perfection, peau craquante, cuisses moelleuses, arôme délicieux. Il y a peu d'endroits sur terre où on peut se procurer un tel chef-d'œuvre culinaire, surtout maintenant que la France paraît avoir l'obsession des plats « déconstruits » et de la nourriture « fusionnelle ».

À Paris, au café ultra-chic les Délices, le talentueux chef Choukroun vous sert des plats goûteux, mais bizarres, entretenant fort peu de ressemblance avec les plats classiques des bistros d'antan. Le dîner, depuis quelque temps, consiste en une présentation de cinq ou six cuillers à soupe dans chacune desquelles repose un délicieux morceau de... quelque chose qui est difficile à identifier. Une serveuse attentionnée vous aligne les cuillers dans l'ordre recommandé par le chef. Ces nouveaux mets sont savoureux et pourtant j'ai plutôt l'impression d'avaler mes médicaments que mon dîner.

Si vous dînez à l'Atelier, de Joël Robuchon, le super chef des années 80 et 90, vous allez retrouver les vibrations hippies typiques de Los Angeles ; la cuisine se fait sous vos yeux, vous vous asseyez au comptoir, vous attendez un certain temps, vous payez le prix fort et vous avez droit à une quantité de petits plats qu'il vous faut couper et partager.

Couper et partager ? Où sommes-nous ? À Pizza Hut ? Où est le maître d'hôtel empressé et le bataillon silencieux des garçons affairés ? Le cliquetis des couverts Christofle contre la porcelaine Villeroy et Bosch ? Le doux gargouillis d'un Bordeaux qu'on verse dans un verre ballon en Baccarat ? Les pommes Duchesse, le turbot poché et le carré d'agneau aux morilles sur son lit de mâche ? Et tant que nous y sommes, où est mon poulet rôti ?

Il y a quelques années, lors de l'une des premières expériences que je fis de la haute cuisine française, je me souviens du regard intense du garçon, lorsque mes amis et moi, les yeux brillants, nous nous passions l'un à l'autre des petits morceaux de nos plats respectifs, essayant de goûter tout ce qui se trouvait à table. « Excusez-moi », avais-je dit au garçon, « nous voulons simplement goûter à tout ». Aujourd'hui au restaurant, on s'attend à ce que vous partagiez. En fait, si vous ne le faites pas, les garçons vous y invitent. Tout se passe comme si les Français, épuisés par leurs réflexes anti-américains, avaient décidé (Dieu sait pourquoi) d'adopter notre culture gastronomique.

Si je reviens à Paris et que je m'attable à nouveau à un restaurant, lorsque je me glisserai sur la banquette je m'attends à entendre la voix du garçon s'approchant de moi, me déclarer : « Salut ! Je m'appelle Jean-François, c'est moi qui vais vous servir ce soir. Puis-je vous apporter un panier de nos délicieux crackers ? »

On ne peut pas blâmer les Français de vouloir secouer l'image poussiéreuse de « Musée de la nourriture et de la table » qui est la leur depuis si longtemps. Le problème c'est que, lorsque les Français décident de changer l'ordre établi, on ne sait jamais où ils vont s'arrêter. Louis XIV n'a pas pu se contenter de construire un palais, il a fallu que ce soit Versailles. Pendant la Révolution, on ne s'est pas contenté d'éliminer Marie-Antoinette, il a fallu aussi passer Robespierre à la guillotine. Et quand les philosophes des années soixante sont tombés en dépression, il ne leur a pas suffi d'enfiler leur pyjama et d'avaler des sucreries, comme tout le monde. Ils ont inventé l'existentialisme.

Prenez Johnny Halliday, le rockeur français. On peut dire qu'à soixante ans et des poussières, il est véritablement le « classique poulet rôti » des rockeurs français. Et c'est ainsi qu'on l'aime. Mais que penser de cette récente photo de Paris Match, le montrant habillé à la dernière mode, assis à la terrasse d'un café de Los Angeles, l'air si vieux ! non qu'il le soit en réalité, mais parce qu'il avait tellement l'air de vouloir paraître jeune.

Qu'est-ce que cela a à voir avec le poulet rôti ? me direz-vous. Eh bien ceci : sous le ventre du poulet, là où les cuisses rejoignent la colonne vertébrale, se trouve un petit morceau de viande tendre qu'en anglais on appelle l'« huître », à cause de sa forme ovale et que les Français appellent le « sot-l'y-laisse ». C'est absolument succulent, et en effet il faudrait être idiot pour le laisser. Au fond, la véritable astuce pour rester moderne, c'est de savoir en quoi on excelle.

1. D'après Rob Long, « Viewpoint : Stick with Roast Chicken »

analyse

1. Classez dans une colonne les manières de table classiques des Français, et dans une autre les comportements modernes : noter l'attitude du personnel, le couvert et le service.

2. Classez de la même manière la nourriture classique et la nourriture moderne, et relevez les adjectifs qui caractérisent cette nourriture.

3. Pourriez-vous caractériser la nourriture et les manières de table de votre pays en les comparant aux habitudes françaises ?

4. Êtes-vous d'accord avec l'analyse faite par l'auteur en ce qui concerne l'extrémisme des Français en matière de changement ?

expression écrite

5. Vous pouvez aussi écrire un article collectif sur ces sujets pour le journal de votre école, par e-mail, ou pour un forum.

Gérard Mermet
Francoscopie
2003

Le Saviez-vous ?

L'Europe à table

Évolution de la dépense alimentaire dans les pays de l'Union européenne (en % de la consommation totale)

	1987	1999
- Portugal	27,4	24,0
- Irlande	20,6	22,4
- Espagne	20,2	21,0
- Italie	19,9	20,9
- Grèce	31,9	20,1
- Suède	17,2	18,3
- Danemark	15,0	17,3
- Finlande	18,3	17,1
- Autriche	16,0	16,0
- Belgique	16,5	15,6
- FRANCE	16,2	14,6
- Allemagne	12,5	13,9
- Royaume-Uni	12,4	13,5
- Pays-Bas	12,4	12,6
- Luxembourg	13,6	12,1

Eurostat

L'engouement pour les produits biologiques se poursuit.

42 % des foyers ont acheté des produits biologiques en 2000 ; 19 % des Français disent en consommer régulièrement, contre moins de 3 % en 1990. La croissance des dépenses a été de 10 % par an au cours des six dernières années.

Le nomadisme alimentaire se généralise.

Les Français prennent de plus en plus l'habitude de manger n'importe où : lieu de travail ; rue ; voiture ; transports en commun ; espaces publics... 32 % prennent leur repas de midi sans se mettre à table. 37 % mangent ou boivent dans la rue au moins une fois par mois. 32 % consomment parfois des produits amenés sur leur lieu de travail, contre 26 % en 1992. Un peu plus d'un sur quatre mange au moins une fois dans les transports en commun au cours d'une semaine.

La part des repas pris hors du foyer s'est accrue ; 70 % des Français ont mangé au moins une fois hors de leur domicile en semaine en 2001, contre 59 % en 1996. Un tiers des actifs rentrent chez eux pour déjeuner (surtout des habitants de petites villes, commerçants, artisans, petits patrons), mais 28 % fréquentent les restaurants d'entreprise et 35 % déjeunent sur leur lieu de travail. Au total, trois repas par semaine sont pris à l'extérieur contre deux en 1970.

Les connaissances nutritionnelles s'accroissent en même temps que l'obésité.

La montée de l'individualisme a favorisé une attitude générale d'autonomie ; chacun se sent aujourd'hui davantage responsable de son corps et de sa santé. Un nombre croissant de Français possède en outre des rudiments de diététique et se trouve en mesure de mieux équilibrer son alimentation. 56 % atteignent ainsi en un seul jour le niveau maximal de diversité alimentaire (présence de toutes les catégories répertoriées) contre seulement 34 % des Américains. La consommation de lipides (graisses) diminue, mais celle de glucides (sucres et alcool) augmente (étude Suvimax, 1999).

On observe une volonté croissante de ne pas grossir. Depuis 1997, les Français ont réduit leur apport calorique moyen de 100 Kcal par jour pour les femmes et de 60 pour les hommes.

Plus de deux kilos par jour

Évolution des quantités consommées de certains aliments (en kg ou litres par an)

	1980	1999
- Pain	80,6	57,4
- Pommes de terre	95,6	68,0
- Légumes frais	70,4	92,2
- Bœuf	15,6	14,9
- Volailles	14,2	23,8
- Œufs	11,5	15,2
- Poissons, coquillages, crustacés	9,9	14,7
- Lait frais	95,2	67,1
- Fromage	13,8	19,3
- Yaourts	8,6	20,5
- Huile alimentaire	8,1	11,9
- Sucre	20,4	7,6
- Vins courants	95,6	36,2
- Vins AOC	8,0	27,1
- Bière	41,4	37,7
- Eaux minérales et de source	39,9	146,1

D'après l'INSEE

Unité 1

Le Saviez-vous ?

La tradition culinaire laisse place à la cuisine d'assemblage.

Les Français passent moins de temps à préparer leurs repas et les générations se transmettent de moins en moins le savoir-faire culinaire du « bon-petit-plat-mijoté ». Mais on ne renonce pas pour autant aux plaisirs gustatifs et à la diversité de la tradition française. Après le « tout-surgelé » des années 80, on observe aujourd'hui un engouement pour la « cuisine d'assemblage », réalisée à partir de produits pratiques et de recettes élaborées.

Les Français veulent aussi apporter leur touche personnelle à la réalisation des recettes, mais en étant sûrs de les réussir. La cuisine ressemble donc de plus en plus à un kit dont les composants sont les aides culinaires (épices, croûtons, herbes aromatiques, mélanges divers...), les légumes mélangés, les préparations pour salades composées, les desserts à préparer ou d'aides à la pâtisserie, les sauces de nappage ou à cuisiner.

Après plusieurs décennies de forte croissance, la consommation de surgelés se stabilise. 96 % des ménages les utilisent, en moyenne 30 kg par personne et par an, ce qui situe la France dans la moyenne européenne, devant l'Allemagne (35 kg), mais loin derrière le Royaume-Uni (64 kg). La consommation est encouragée par l'innovation : 20 % des produits proposés n'existaient pas il y a deux ans. Au total, les achats de produits préparés (y compris surgelés) représentent 26 % des dépenses, contre 12 % en 1960.

Les ménages ne consacrent plus que 14 % de leur budget à l'alimentation, contre 28,6 % en 1960...

Le budget alimentation, tel qu'il est mesuré par la comptabilité nationale, comprend les dépenses alimentaires de nourriture et boissons (non alcoolisées et alcoolisées) au domicile, ainsi que celles de tabac.

La première attente est celle du goût.

Les Français refusent de faire des compromis dans leurs choix alimentaires et la qualité nutritionnelle ne doit pas exclure le plaisir de manger. S'ils sont désireux de ne pas grossir, ils détestent les contraintes. On trouve dans le domaine alimentaire la traduction d'une recherche plus générale de plaisir, même s'il faut pour cela transgresser les interdits (une attitude qui peut être en elle-même source de satisfaction) ou commettre quelques excès. La gourmandise n'est plus considérée comme un défaut. C'est ce qui explique par exemple l'accroissement de la consommation de sucreries à tout moment de la journée.

Activités

Synthèse orale

1. Quel est le plus grand changement dans la consommation des Français ?
2. Quel est l'aliment qui est le moins consommé ?
3. Donnez par ordre décroissant les aliments les plus consommés.

Lettre

Imaginez que vous arrivez en France et que vous observez les Français dans leurs manières de se nourrir et de se comporter à table.

Vous écrivez une lettre à un ami resté dans votre pays, à la manière de Montesquieu dans les *Lettres Persanes* (1781) : « *Comment peut-on manger comme les Français ?* »
Vous relèverez dans les rubriques extraites de Francoscopie et dans les textes de l'unité les traits qui vous semblent mériter d'être racontés dans votre lettre. (cf. *Cahier d'exercices*, Unité 1)

D'après **Sylvie Berge-Destuynder** in
Label France, magazine international
du ministère des Affaires étrangères,
http://www.france-diplomatie.fr

Le pain, une spécialité qui s'exporte

Impossible d'imaginer en France un repas digne de ce nom sans la fameuse baguette, complément naturel et gourmand d'une cuisine qui réserve une place de choix aux pâtés, aux plats en sauce et aux fromages. Recherchée par les visiteurs étrangers sur son sol, la boulangerie française est partie, depuis plusieurs années, à la conquête des amateurs de baguette, de croissant et de brioche du monde entier.

Les Français consomment de nos jours cinq fois moins de pain qu'au début du siècle (de 328 kg par personne et par an en 1900, la consommation moyenne est passée à 58 kg aujourd'hui), ils n'en restent pas moins des amateurs avertis, très attentifs à la qualité. Une exigence qui fait avancer la profession. Les Français font confiance, en priorité, aux 35 000 boulangeries artisanales disséminées sur l'ensemble du territoire. En dépit d'une uniformisation amorcée dans les années 40, la France dispose encore de nos jours de 81 pains régionaux, sans compter l'éventail des pains « spéciaux » aux noix, aux raisins... Le marché reste néanmoins largement dominé par la miche traditionnelle au levain et surtout par la baguette (80 % des achats).

À l'étranger, les spécialités boulangères françaises, telles que baguettes et croissants, universellement connues sous leur nom d'origine, véhiculent un certain art de vivre à la française. Marché de proximité, l'Europe reste l'un des débouchés privilégiés des industriels français, tant en produits frais qu'en surgelés précuits. Sur les marchés plus lointains, baguettes et croissants français sont considérés comme des produits de luxe, que l'on s'offre pour le plaisir. Marché porteur, l'Asie – Japon et Corée en tête – voit, depuis plusieurs années, l'implantation de grands traiteurs français tels que Fauchon et Lenôtre (respectivement 40 et 14 points de vente au Japon). Au Canada, aux États-Unis ou au Moyen-Orient, pain et viennoiserie à la française connaissent aussi un succès grandissant.

Activité de compréhension

Choisissez la ou les réponses qui vous semblent correctes.

1.
   a. Les Français aiment les repas gourmands.
   b. Ils aiment le pain et mangent des plats en sauce.
   c. Les Français ne peuvent concevoir un repas sans la baguette.
   d. Ils affectionnent une cuisine qui s'accompagne de pain.

2.
   a. Les Français consomment plus de pain qu'avant.
   b. Ils consomment moins de pain qu'avant.
   c. Ils font très attention à la qualité du pain.
   d. Ils consomment trois fois moins de pain qu'avant.

3.
   a. Les boulangeries artisanales plaisent le plus aux Français.
   b. Les boulangeries industrielles plaisent aussi aux Français.
   c. Les boulangeries ne sont plus ce qu'elles étaient autrefois.

4.
   a. Le pain français se vend très bien en Europe mais très mal dans le reste du monde.
   b. Le pain français s'exporte aussi bien en Europe qu'en Asie.
   c. Le pain français connaît un succès grandissant dans le monde entier.

Compréhension détaillée

Vrai (V) ou faux (F) ?

1. La baguette est un complément alimentaire comme les croissants.
2. La boulangerie française veut conquérir tous les marchés mondiaux.
3. En dépit de la chute de la consommation, le pain reste de qualité.
4. La baguette est la reine des ventes.
5. Les croissants et les baguettes sont des produits de luxe exportés au Japon.
6. La France ne veut pas exporter son savoir-faire en boulangerie.

Production écrite

Faites le résumé de cet article.

bilan

Oral

Compréhension

Vrai (V) ou Faux (F) ?

1. La cuisine et l'art ne sont pas comparables.
2. La cuisine est un art éphémère.
3. Faire les courses est désagréable.
4. Il n'est pas bon de manger les restes.
5. Faire une bonne cuisine demande beaucoup de temps.
6. C'est fastidieux de préparer les plats.
7. Préparer les sauces est une activité divine.
8. La décoration des plats n'a aucune importance.
9. Seule, la qualité du produit importe.
10. Manger trop vite n'est pas bon pour la santé.
11. Certains convives mangent sans apprécier la cuisine préparée.
12. L'arrivée des plats rend tout le monde joyeux.
13. L'art théâtral est aussi éphémère qu'une bonne cuisine.
14. Béatrice est certainement gourmande.
15. La métaphore entre le théâtre et la bonne cuisine plaît à Mara.
16. Aller au théâtre rend joyeux.

Unité 2

Le travail et la vie

Le travail et la vie

Document 1 Conversation

Béatrice : Jean-Pierre euh, on en parlait hier mais rappelle-moi… tu fais quoi toi quand tu ne travailles pas ? Tu fais quoi ? Tu fais quoi ?

Jean-Pierre : Quand je ne travaille pas en fait… je travaille *(Rires)*

B : Mais tu travailles pour le plaisir uniquement alors à ce moment-là…

JP : En fait, en fait quand je ne travaille pas je travaille autrement… je travaille pour moi, je travaille sur moi, je travaille euh euh naturellement pour me faire plaisir… euh euh je travaille… je travaille ça veut dire je m'enrichis.

Patrick : Tu t'enrichis intellectuellement ?

JP : Oui, je lis… je vais naturellement au théâtre, au cinéma, j'essaie d'écrire euh…

B : Tu fais du sport aussi ?

JP : Je fais aussi du sport… un peu de sport… *(Rires)*

JP : Il y a toujours en fait cette notion de travail… de travailler sur soi, mais pour moi la… la notion de travail c'est pas quelque chose de de de négatif… donc euh c'est quelque chose de d'inhérent dans ma vie.

B : Le loisir dans mon esprit c'est quelque chose qu'on s'octroie… pour se faire plaisir… euh sans souci de rentabilité… et sans obligation.

P : Donc euh euh moi je sais que j'ai du mal à faire la différence entre le le le travail et les loisirs parce que j'essaie aussi de me faire plaisir dans mon métier. Bon euh… en général c'est vrai que beaucoup de gens vont au travail comme ça… un petit peu par obligation… ça représente par exemple quelque chose de pénible, de difficile et de… et attendent les loisirs avec impatience pour enfin décompresser et puis faire des choses qui leur plaisent.

Mara : Et c'est là que l'expression de temps libre, moi je la trouve très illusoire dans notre société… et et parce que effectivement… on devrait tous avoir la possibilité… euh à plein de moments euh de dire voilà, là, stop j'arrête là je ne fais plus rien… et que ça ne crée pas un problème… que ça ne culpabilise pas… et tu vois qu'on ne se sente pas inutile parce que tout d'un coup on ne fait rien… eh bien non c'est pas ça, parce qu'on est rentré dans un système… et c'est une éducation sociale qui est comme ça… et c'est une c'est… c'est c'est une culture aussi qui est comme ça… où euh… on ne doit pas rester sans rien faire…

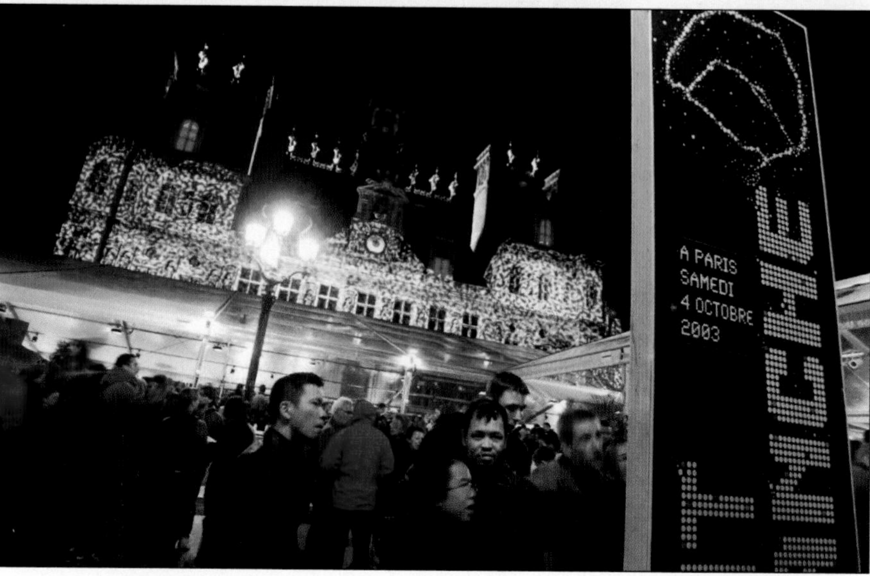

Nuit blanche à Paris devant l'Hôtel de Ville.

Les bâtisseurs d'Europe
« La gestion du temps en Europe »
France Inter, 2 mars 2002
© INA

L'émission *Bâtisseurs d'Europe*, en 2002, était diffusée entre 19 heures 30 et 20 heures à une heure de grande écoute sur France Inter. Noëlle Bréham en était l'animatrice. Elle invitait des intervenants spécialistes d'un domaine. Ce soir-là, « La gestion du temps en Europe » était traitée par : une journaliste, Sandrine Mercier ; José-Manuel Lamarque qui a fait le micro-trottoir ; une philosophe, Dominique Méda et Édouard Lecerf, directeur général adjoint de l'institut de sondages Ipsos.

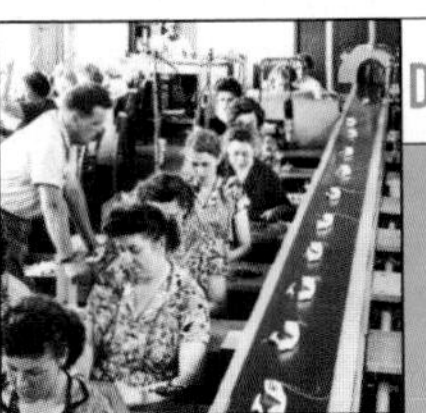

Document 2 La gestion du temps en Europe...

Un micro-trottoir pour introduire l'émission

« Europe... Europe... Bâtisseurs d'Europe... ce soir la gestion du temps en Europe... Europe... »

Voix 1 : Tout le monde est pressé... tout le temps. Tout le monde est énervé, tout le monde est pressé. Tout le monde court tout le temps... c'est très stressé comme environnement. Ou bizarrement au Québec, c'est beaucoup plus relax.

Voix 2 : Pourquoi faire... non... pas assez de temps... pour rien... ni pour travailler ni pour le plaisir ni pour... non... c'est ce qui manque le plus.

Voix 3 (homme) **:** Depuis cinq ans, vous avez pas une baisse de votre, temps de travail ?

Voix 2 : Non, pas vraiment... non... 50 heures à peu près mais comme beaucoup de gens...

Voix 4 : Ben... non parce que y'a des bouchons, des grèves de transports, y'a plein de choses qui nous font perdre du temps justement...

Voix 5 : Jamais assez... non... on a toujours besoin d'énormément de temps surtout pour ne rien faire.

Voix 6 : J'essaie de faire le maximum pour dégager un maximum de temps... je concentre un maximum pour pouvoir me laisser du temps...

Présentation de l'enquête de Sandrine Mercier

Noëlle Bréham : Alors Sandrine bonjour.

Sandrine Mercier : Bonsoir Noëlle, bonsoir.

NB : J'ai l'impression qu'autrefois... on partait à la conquête des territoires et que maintenant on part un petit peu à la conquête du temps. C'est pas « Vous n'aurez pas l'Alsace et la Lorraine »[1]... vous aurez les 35 heures.

SM : Vous avez complètement raison, les Européens n'arrêtent pas de le dire haut et fort, ils manquent de plus en plus de temps et... alors, nous nous sentons donc à l'étroit dans nos 24 heures quotidiennes et pourtant nous travaillons en moyenne trois fois plus[2] qu'il y a... qu'il y a cent ans... Donc on a vraiment le sentiment, c'est le sentiment de manquer de temps qui apparaît alors qu'on a plus de temps... paradoxalement. Aujourd'hui nous allons donc ouvrir l'agenda des Européens pour voir... un peu... comment ils occupent leur temps et aussi comprendre leur rapport au temps.

NB : Oui c'est très intéressant...

SM : Parce que du nord au sud, ça ne fonctionne pas de la même manière et nous allons nous appuyer sur une enquête menée par l'institut Ipsos dans huit pays européens, aux États-Unis aussi et au Japon pour Chronopost International[3], un rapport qualité-temps, intitulé « Le temps des uns, le temps des autres ». Alors il semble que le temps devient une denrée très rare, un bien précieux même plus précieux que l'argent car un Européen sur deux estime manquer autant ou plus de temps que d'argent. C'est votre cas Noëlle ?

notes

1. « Vous n'aurez pas l'Alsace et la Lorraine », paroles du refrain d'une chanson patriotique « L'Alsace et la Lorraine » chantée du temps de la guerre de 1870 entre la France et la Prusse (1870-1871). Si vous voulez en savoir plus, allez sur le site http://www.spicheren.free.fr Paroles : Gaston Villemer et Henri Nazet. Musique : Ben Tayoux (1871). http://www.nagram.chez.tiscali.fr si vous souhaitez avoir toutes les paroles.

2. Sandrine Mercier fait ici ce que l'on peut appeler un lapsus, elle dit « plus » alors qu'elle devrait dire « moins » puisque l'on sait qu'autrefois (au XIXe siècle), on travaillait à peu près 12 heures par jour. Elle dit bien le paradoxe en disant « paradoxalement ». Les Français travaillent moins et se plaignent plus.

3. Chronopost International est un service de livraison express du courrier postal.

Oral

NB : Je manque des deux…

SM : Et vous José ?

José-Manuel Lamarque : Moi je manque de tout…

SM : Oh alors là !… directement…

NB : C'est vrai… bon… on l'a vu… les jeunes cadres, à l'heure actuelle, disent qu'ils sont prêts à gagner moins pour avoir plus de temps…

SM : Et c'est le cas de la majorité des Européens et Dominique Méda nous le confirme dans une enquête qu'elle a menée… elle est philosophe.

Les résultats de l'enquête

Dominique Méda : Ce qui est intéressant dans ce… dans les résultats de cette enquête, c'est que la France apparaît dans une position tout à fait particulière, c'est celle… je dirais… qui se plaint le plus alors que la durée du travail n'est pas… en France… n'est pas la plus longue parmi tous les pays interrogés… euh… Donc, les Français sont ceux qui se plaignent le plus de la place qu'occupe ou du temps qu'ils consacrent aux activités professionnelles et quotidiennes et ils se plaignent également de ne pas avoir assez de temps à consacrer à leur famille et à leurs amis. Euh… voilà… et l'autre extrême parmi les pays européens, c'est le… ce sont les Pays-Bas où les choses ont l'air beaucoup plus équilibrées et où les gens se plaignent le moins et disent c'est bien… on arrive à peu près à tout tenir ensemble… etc. Alors je crois que la chose très importante, à voir là-dedans… c'est évidemment, la place des femmes… euh… dans le travail… c'est-à-dire que… aux Pays-Bas les femmes travaillent énormément à temps partiel et donc… on peut considérer qu'elles continuent à jouer le rôle de tampon, de coordination, etc. Donc, il n'y a pas… euh… il n'y a pas trop de contraintes… euh… en revanche, en France où les femmes travaillent beaucoup et beaucoup quand même à temps complet et où tout cela n'a pas été bien pris en compte… ben… il y a une impression d'écrasement dans les contraintes temporelles et donc c'est évidemment autour de ça qu'il faut… qu'il faut réfléchir.

activités

Micro-trottoir

Quelle est la question qui a été posée aux personnes interrogées ?

Présentation de l'enquête

Lors de l'écoute, prenez des notes et reformulez oralement par deux ou en petits groupes la présentation de l'enquête faite auprès des Européens :

a. Quelle est la situation vécue des Européens par rapport au temps ?

b. Quel est le paradoxe de la situation en sachant que Sandrine se trompe en la présentant (cf. note 2) ?

Résultats de l'enquête

Prenez des notes pendant l'écoute et faites une synthèse orale que vous présenterez à la classe.

Le temps libre

Luc Gwiazdzinski[1]
« Vers une ville en 24/7 »
Le Monde, 9 mai 2004

Si tu dors, t'es mort !

(devise d'un club de vacances)

Sous les coups de boutoir[2] de la mondialisation, du marché, de l'entreprise et des consommateurs, les horaires et calendriers de nos vies et de nos villes évoluent rapidement.

D'Helsinki à Madrid en passant par Cracovie, les débats sur les horaires de services se multiplient, à l'exemple de l'Italie où le gouvernement de Silvio Berlusconi n'a finalement pas réussi à imposer la fermeture des discothèques à trois heures du matin.

Nocturnes commerciales, soldes de nuit, travail de nuit des femmes et ouvertures des commerces le dimanche : ces événements qui peuvent paraître « anodins » témoignent pourtant d'une transformation profonde de nos modes de vie que nous n'avons pas toujours désirée ni même choisie.

Malgré la réduction du temps de travail, le temps de vie personnelle est « grignoté » : le temps du repas de midi est réduit souvent à 45 minutes voire une demi-heure, même les repas d'affaires traditionnellement longs et copieux ne durent qu'un peu plus d'une heure. Il semblerait que la vie économique exige des personnes actives de réduire de plus en plus leur temps libre.

la conquête de la nuit De tous les phénomènes de « grignotage des temps morts », la conquête de la nuit est sans doute le plus spectaculaire. Jadis temps des ténèbres symbolisé par le couvre-feu, l'arrêt de toute activité et la fermeture des portes de la cité, la nuit est aujourd'hui très convoitée. Progressivement les activités humaines s'y déploient au-delà des fonctions traditionnelles de sécurité, de santé, d'approvisionnement ou de propreté de « la ville de garde ». Peu à peu la nuit se « diurnise »[3], phase ultime de l'artificialisation de la ville et accomplissement du rêve de l'homme : échapper aux rythmes de Dame Nature.

notes

1. Luc Gwiazdzinski est géographe, chercheur au laboratoire Image et Ville (université de Strasbourg/CNRS), directeur de la Maison du temps et de la mobilité de Belfort-Montbéliard.

2. un coup de boutoir (emploi figuré) : propos dur et blessant.
– Ici : action dure et imposée par la mondialisation.

3. « diurnise » : verbe inventé, formé sur l'adjectif diurne (qui appartient au jour) qui s'oppose à nocturne (de la nuit) ;
un travail diurne ≠ un travail nocturne ;
un travail de jour ≠ un travail de nuit.

pause ! Cette organisation temporelle éclatée de « la ville à la carte » qui succède au « temps de l'église » et au « temps de l'usine », offre des opportunités à quelques-uns mais engendre de nouvelles inégalités entre individus, populations, organisations et territoires. Si certains semblent dopés par cette suractivité, d'autres craquent, victimes du surmenage. D'autres, enfin, dépassés ou par choix, décident de marquer une pause et d'inventer autre chose. Le développement des activités lentes comme la marche, le succès des brocantes, où chacun se cherche des racines et redécouvre le temps long ou la multiplication d'événements festifs, nouveaux temps collectifs qui permettent de se retrouver dans un calendrier bouleversé, témoignent de ces tentatives d'adaptation.
Face à ces mutations, décalages et logiques contradictoires, la ville est devenue un champ de bataille, de recherche et d'expérimentations central qui nécessite la mise en place de démarches collectives dépassant les chapelles institutionnelles ou les barrières professionnelles, administratives ou géographiques.

demande d'un débat public Je suis persuadé que c'est en posant la question du temps dans le cadre d'un large débat public et non en la renvoyant à la sphère privée que l'on peut espérer défendre les catégories les plus défavorisées, renforcer l'égalité entre les citoyens et conforter la cohésion sociale. Le temps n'est pas que de l'argent, nuit et dimanche compris. Même Dieu ne travaille pas non stop. Après six jours de dur labeur lors de la création du monde, ne s'est-il pas accordé une petite pause ?

grille de lecture

1. Quelles sont les causes, selon Luc Gwiazdzinski, du changement de comportement par rapport au temps ?

2. Quelle est sa position face à ces nouveaux modes de vie ? Est-il favorable à ces changements ?

3. Quelles sont les conséquences entraînées par un tel changement ?

analyse

Plan

Relisez attentivement le texte et observez son plan.

a. introduction
b. développement des arguments (donner des exemples)
c. conclusion

Lexique

1. Relevez une progression lexicale construite qui permet au géographe de situer sa problématique.

2. Quel est l'exemple donné pour illustrer et justifier sa thèse ?

3. Résumer oralement le commentaire fait par Luc Gwiazdzinski.

Métaphores

Relevez les métaphores du texte et analysez-les.

expression orale

1. Reformulez oralement et successivement les trois arguments énoncés par Luc Gwiazdzinski pour défendre sa thèse.

a. 1er argument : le constat de la réduction du temps libre
b. 2e argument : la conquête de la nuit
c. 3e argument : les conséquences de cette réduction du temps libre sur les citoyens

2. Puis rédigez, toujours par groupes, le résumé de chaque argument.

3. En fonction de votre expérience de travail et de temps libre, quel est votre point de vue sur ce « grignotage » du temps libre ? Vivez-vous la même situation qu'en France ?

4. Organisez un débat entre ceux qui sont pour le travail de nuit ou du dimanche et ceux qui sont contre.

L'intérêt de débattre vous oblige à chercher des arguments personnels suivis d'exemples concrets pour défendre votre position.

Sommes-nous faits pour travailler ?

D'après **Évelyne Jardin**
« Vers une désacralisation du travail ? »
Sciences humaines, Hors-série n° 34, septembre-octobre-novembre 2001

ÉTYMOLOGIE

L'étymologie du mot « travail » nous renvoie à une image désagréable. Que ce soit le tripalium *(attache pour entraver les bœufs) ou le* trepalium *(instrument de torture à trois pieux), le travail est considéré comme source de pénibilité, de souffrance, de tourment. Et le verbe « bosser », de nos jours, très utilisé en langage familier et qui est synonyme de « travailler » découle de l'expression « se bosser le dos », autrement dit courber l'échine sous la fatigue.*

Les maudits travailleurs du Moyen Âge

L'Église le conçoit comme une malédiction, « née au moment où Adam et Ève furent chassés du Paradis terrestre qui était paradis justement parce qu'on pouvait y vivre sans travailler ». [...] Au Moyen Âge, les ecclésiastiques n'hésitent pas à vilipender les corporations et à mettre au ban de nombreux métiers.

Après deux siècles d'industrialisation intense, nous avions presque oublié que le travail n'a pas toujours été positivement perçu. Jacques Le Goff a pourtant montré que pendant le haut Moyen Âge, le travail est dévalorisé.

La société moyenâgeuse est hiérarchisée en trois ordres : les *oratores* (clercs), les *bellatores* (seigneurs) et les *laboratores* (travailleurs). Ceux qui sont au bas de l'échelle sont déconsidérés parce que l'Église, principal défenseur des valeurs sociales, manifeste doublement son dégoût pour toute activité laborieuse. Tout d'abord, elle s'en prend aux corporations, car elles visent à éliminer toute concurrence dans les villes. D'autre part, il y a pléthore de métiers interdits ou vils. Ce sont ceux qui sont impurs parce qu'ils obligent à mettre les mains dans la saleté (laveurs de vaisselle) ou le sang (bouchers, chirurgiens). Certains invitent aux péchés de luxure (prostituées ou saltimbanques), de cupidité (commerçants, avocats ou notaires) ou de gourmandise (cuisiniers). Bref, « toute profession qui ne crée pas est donc mauvaise ou inférieure. Il faut, comme le paysan, créer la moisson ou, à tout le moins, transformer comme l'artisan la matière première en objet », explique l'historien. Ceci est particulièrement vrai jusqu'au Xe siècle. Ensuite, le nombre de métiers mis au ban[1] par l'Église s'amenuise. En effet, la révolution qui secoue l'Occident chrétien bouleverse les mentalités. Une nouvelle conception du travail comme « gagne-pain », et non plus comme peine, émerge. De plus, le travail utile à tous, celui qui permet d'assouvir les besoins humains (les vêtements, l'alimentation) gagne une certaine reconnaissance. C'est aussi le cas des métiers qui permettent de fournir des biens nouveaux comme les marchands.

Le travail, du Moyen Âge au XXe siècle

note
1. mettre quelqu'un au ban de la société : le déclarer indigne, le dénoncer au mépris public.

Teinturiers colorant des tissus dans une cuve, 1482.

La révolution industrielle et le travail

Manufacture française d'armes et de cycles de Saint-Étienne en 1910.

Au XVIIIe siècle des économistes (Smith, Ricardo, Say) s'entendent à démontrer que le travail est à l'origine de la « richesse des nations ». Grâce au travail, les individus s'enrichissent et permettent au pays d'accumuler des ressources. Pour Karl Marx, la création de valeur apportée par les travailleurs ne leur appartient pas. Dans un système capitaliste, elle revient aux propriétaires des moyens de production. Le travailleur est doublement aliéné, économiquement et sociologiquement. Du point de vue économique, car il est dépossédé des richesses qu'il a créées, et du point de vue sociologique, car il est obligé de travailler pour vivre. Cette conception du travail va traverser le XXe siècle.

En 1893, Émile Durkheim, « le père de la sociologie française » s'intéresse à la « division du travail ». Il est convaincu qu'elle n'a pas pour but le seul progrès économique, mais qu'elle réalise la cohésion sociale : « La division du travail suppose que le travailleur, bien loin de rester courbé sur sa tâche, ne perd pas de vue ses collaborateurs, agit sur eux et reçoit leur action. Ce n'est donc pas une machine qui répète des mouvements dont il n'aperçoit pas la direction, mais il sait qu'ils tendent vers un but qu'il conçoit plus ou moins distinctement. Il sent qu'il sert à quelque chose. »

En résumé, la division du travail rend les individus complémentaires, à l'image des organes dans un corps. Loin de nous diviser, elle nous rassemble, affirme E. Durkheim. Le travail est donc source de cohésion sociale, aux côtés de la famille, de l'école ou de la religion. Mais tous les sociologues du XXe siècle ne sont pas aussi optimistes que leur père.

Après la Seconde Guerre mondiale, Georges Friedmann se penche de nouveau sur les effets de la division du travail. Il est vrai que Frederick W. Taylor et son organisation scientifique du travail ont sensiblement modifié les données du problème. Au début du XXe siècle, la mise en place dans l'industrie du système taylorien a généré de formidables gains de productivité (soulignés déjà par Smith au XVIIIe siècle). Il a aussi mis *Le Travail en miettes* (Gallimard, 1964). Pour G. Friedmann, « l'observation quotidienne, au niveau des ateliers, nous offre de nombreux exemples d'éclatement des tâches et de dégradation de l'apprentissage, dans les branches les plus diverses de la production ».

Selon les propres termes de G. Friedmann, « le travail perd toute signification pour l'opérateur spécialisé qui, par suite, tend à se sentir peu respon sable à l'égard de sa tâche élémentaire ».

En résumé, l'excès de division du travail nuit aux travailleurs et à la qualité du travail. Est-ce que, pour autant, elle désunit les hommes ? Assurément, selon G. Friedmann, et les solutions à apporter à ce problème sont à chercher dans l'enseignement de spécialisations variées et dans le développement des loisirs. Bref, il faut tout faire pour éviter que l'insatisfaction au travail ne se transforme en une amertume risquant de favoriser des comportements déviants (agressivité, violence) qui nuiront à la cohésion sociale.

REGARDS CONTEMPORAINS
Allons-nous vers la fin du travail ?

Depuis les années 90, de nombreux ouvrages ont fleuri sur la question de la « fin du travail ». Mais derrière un même intitulé, les opinions convergent-elles ?

JEREMY RIFKIN : *La Fin du travail* (La Découverte, 1997)

Pour cet Américain, la révolution technologique en cours va diminuer de façon drastique le nombre d'emplois dans l'agriculture, l'industrie et les services tout en maintenant constant le niveau de production. De nouveaux emplois doivent donc être redéployés, et Jeremy Rifkin propose qu'ils le soient autour d'un « tiers secteur ». Cette économie sociale associative, coopérative et mutualiste prendrait place entre le secteur privé (qui ne créera plus assez d'emploi) et le secteur public (qui ne pourra pas en créer indéfiniment).

ANDRÉ GORZ : *Les Métamorphoses du travail* (Galilée, 1988)

Selon André Gorz, ce n'est pas le nombre d'emplois qui diminue (au contraire) mais le volume total d'heures travaillées. Ceci explique la part croissante des emplois précaires et à temps partiel. Pour une part grandissante de la population, le travail devient intermittent, d'où la moindre importance qui lui est accordée tant du point de vue identitaire que du point de vue intégratif. Et c'est tant mieux, selon le sociologue, car cela réduit le travail « hétéronome » (répondant aux besoins de la société) qui n'est pas épanouissant, contrairement au travail « autonome » (situé hors du champ de la nécessité).

JEAN-LOUIS LAVILLE : *Une troisième voie pour le travail* (Desclée de Brouwer, 1999)

Le sociologue reconnaît que le travail est et restera encore longtemps un vecteur-clef de l'identité sociale. Mais, en même temps, le salariat ne pourra plus remplir son rôle d'intégrateur comme il l'a fait pendant les Trente Glorieuses. La solution consiste alors à reconnaître « une économie plurielle » qui inclurait une dimension non marchande et participerait à la reconnaissance de l'« économie solidaire ».

DOMINIQUE MÉDA : *Le Travail. Une valeur en voie de disparition* (Aubier, 1995)

Sans aller jusqu'à proclamer la fin du travail, l'auteur appelle à une relativisation de la place du travail dans l'existence au profit des autres sphères d'activités : les sphères politique et culturelle, la sphère de l'activité amicale, amoureuse, familiale…

activités de synthèse

1. Donnez les réponses les plus synthétiques aux questions suivantes.

Le travail du Moyen Âge au XXe siècle

a. Relevez la phrase qui résume le mieux ce que fut l'attitude vis-à-vis du travail jusqu'au XXe siècle.

b. Après cette époque, pour quelles raisons le travail fut-il revalorisé ?

La révolution industrielle et le travail

a. Quelles sont les deux raisons principales pour lesquelles le travail est valorisé au XIXe et au début du XXe siècles ?

b. Trois penseurs ont analysé le rôle du travail pendant cette période : Karl Marx, Émile Durkheim et Georges Friedmann. Résumez les points de vue de chacun et comparez-les.

2. Comparez les points de vue des auteurs sur les aspects suivants :

Regards contemporains

a. le nombre d'emplois dans l'avenir

b. le mode de (re)distribution souhaitable du travail

c. la valeur du travail

Faites d'abord un travail oral et rédigez ensuite une synthèse en trois paragraphes (un sur chacun des aspects comparés).

Un point de vue humaniste

Dominique Schnapper
Contre la fin du travail
Éditions Textuel, 1997

Contre la fin du travail et pour la revalorisation du service aux personnes

La valeur du travail

La valeur donnée au travail est inscrite dans le projet, qu'on peut qualifier de prométhéen[1], des Occidentaux de maîtriser la nature en façonnant des objets et d'appliquer à ce projet les résultats de la connaissance scientifique.Comme disait Marx dans les *Manuscrits* de 1844 : « C'est justement en façonnant le monde des objets que l'homme se révèle réellement comme un être générique. Sa production, c'est sa vie générique créatrice... » C'est tout le problème de la spécificité de l'Occident qu'a voulu comprendre Max Weber, et bien d'autres : pourquoi la révolution industrielle est-elle née en Occident et non dans des régions du monde qui, pendant longtemps, ont été scientifiquement plus avancées ? La valeur donnée au travail n'est pas séparable de cette spécificité de la tradition occidentale.

Réduire le temps de travail à condition d'améliorer la productivité

Ce qui a réduit le temps de travail, c'est le progrès de la productivité qui permet de produire plus en moins de temps. La réduction du travail n'a été une réussite que lorsqu'elle accompagnait l'amélioration de la productivité. C'est ainsi qu'on pourra réduire le temps de travail dans l'avenir, ce n'est pas en répartissant la pauvreté. Les périodes de réduction du temps de travail sont les périodes de progrès de productivité.

Travailler, se former et changer d'entreprise

[...] On aura de moins en moins de carrières régulières dans la même entreprise sur le modèle de la fonction publique. Les salariés devront redéfinir leur poste de travail et leur métier, passer d'une tâche à l'autre, d'une entreprise à l'autre. Ce sont des conditions susceptibles de nourrir l'angoisse. Le rapport Boissonnat a fait à ce sujet des propositions intéressantes, sur lesquelles devrait se développer un débat politique. Il suggère, par exemple, d'inventer un statut qui ne lie pas le salarié à une entreprise particulière mais à un réseau d'entreprises. Le salarié pourrait être mobile, comme l'exige une production qui doit s'adapter à la demande, mais il se verrait garantir une nouvelle forme de sécurité de l'emploi dans l'une ou l'autre des entreprises du réseau. Il pourrait gérer sa carrière entre périodes actives et périodes de formation tout en étant reconnu dans un réseau d'entreprises.

On ne pratiquera plus un seul métier

Ce qui a changé, c'est l'idée qu'il suffit d'apprendre un métier. Désormais, il faut apprendre à pouvoir apprendre d'autres métiers, puisque tout le monde risque d'être obligé de se reconvertir pendant sa vie professionnelle. Au cours de l'enquête sur les chômeurs, nous avions rencontré des interviewés qui avaient été formés à un métier et qui avaient assisté à sa disparition. Certains d'entre eux n'avaient pas les instruments intellectuels nécessaires pour en réapprendre un autre – ils étaient donc au chômage. Cet apprentissage doit devenir une étape normale d'une carrière professionnelle, ce qui n'est pas si simple. On revient à Montaigne : ce qui est important ce n'est pas d'apprendre quelque chose, mais d'apprendre à apprendre. Cela devient vrai pour tous. L'idée d'une vie stable n'a plus cours aujourd'hui. Quand les ouvriers entraient dans les usines de la sidérurgie lorraine, ils savaient qu'ils y passeraient toute leur carrière et qu'ils auraient une retraite assurée, même modeste. C'était le modèle de la fonction publique. Maintenant, l'économie se réorganise très rapidement (les fameuses « restructurations »), beaucoup de salariés n'ont pas idée du métier qu'ils exerceront dans dix ans. C'est une source d'angoisse qu'il ne faut pas sous-estimer. Ce n'est pas facile de vivre dans une économie très performante mais, en même temps, très exigeante en termes de compétence professionnelle et de capacité d'adaptation.

Il faut développer l'emploi dans les services aux personnes

S'occuper des enfants et des vieillards n'est pas moralement inférieur à construire des machines. Simplement, la société s'est construite autour de la machine et des objets qu'elle contribue à créer depuis des décennies. Le prestige de ceux qui s'occupent des personnes, même avec une compétence élevée et reconnue, médecins ou professeurs, n'a cessé de baisser au profit des ingénieurs et des hommes d'affaires, qui apparaissent plus directement productifs. Pourtant, beaucoup de professions, même techniquement modestes, sont nécessaires à la vie commune. Il faut transformer l'image que nous en avons. Les métiers du social sont dévalorisés, parce que la logique productiviste est dominante dans nos sociétés et parce qu'ils sont majoritairement occupés par les femmes – les deux sont liés. Pourtant, participer à l'économie compétitive n'est pas la seule manière d'être utile. Il faut réapprendre les valeurs humanistes, mais sans condamner ou détruire celles qui ont permis l'efficacité du capitalisme.

Faire une révolution culturelle

La logique productiviste ne peut pas cesser d'être centrale, mais nous devons penser que les services aux personnes ne sont pas inférieurs en dignité aux emplois qui contribuent directement à la production concurrentielle – parce que c'est vrai. On va dans cette direction. On commence, par exemple, à donner une compétence intellectuelle plus grande aux instituteurs qui sont désormais diplômés de l'enseignement supérieur. Sans remettre en cause le principe fondamental d'une société

productiviste, il faudrait signifier que beaucoup de professions de la vie sociale méritent d'être davantage considérées. [...]
Ce serait une sorte de révolution culturelle que de passer de la valorisation de la production des objets à la valorisation des relations entre les hommes. Il est absurde de dénoncer le capitalisme et les marchés, mais il serait souhaitable de retrouver le sens des relations entre les hommes, en dehors des relations marchandes, et du civisme.

note

1. prométhéen (du mythe grec de Prométhée) : avoir le goût de l'action.

compréhension et reformulation des idées

Paragraphe 1

À partir de ce paragraphe, dites ce que l'auteur appelle la « spécificité de la tradition occidentale ».
(son projet – les moyens de le réaliser – la conséquence en ce qui concerne les valeurs de la société occidentale)

Paragraphe 2

1. Quelle est l'alternative posée dans ce paragraphe ?
2. Quelle est la solution proposée par l'auteur :
a. maintenir le temps de travail ?
b. réduire le temps de travail en améliorant la productivité ?

Paragraphe 3

1. Relevez ce qui est dit dans ce paragraphe sur les deux concepts ci-dessus.
2. Que devra faire le salarié ?
3. Comment rétablir la sécurité de l'emploi ?

Paragraphe 4

1. Trouvez dans ce paragraphe les raisons qui font qu'on ne devrait pas à l'avenir pratiquer un seul métier.
2. Sur quel concept de base devrait-on organiser la formation ? Êtes-vous d'accord avec ce principe ?

Paragraphe 5

1. L'emploi dans les services aux personnes s'oppose à quel type d'emploi ?
2. Qu'est-ce qui constitue un obstacle au développement de ces services ?
3. Que préconise l'auteur pour permettre leur développement ?

Paragraphe 6

1. Faut-il abandonner la logique productiviste ? Justifiez votre réponse en citant des extraits du texte.
2. En quoi consisterait la révolution culturelle mentionnée par l'auteur ?

étude linguistique et discursive

1. Observez les constructions suivantes :
Paragraphe 3 : « Il pourrait gérer sa carrière, tout en étant reconnu dans un réseau d'entreprises. »
« Tout en » + participe présent indique la notion de simultanéité accompagnée d'un effet de sens positif. On peut le paraphraser ainsi : « et de plus/et en outre il sera reconnu comme employé d'un réseau d'entreprises ».
Paragraphe 1 : « ...le projet, qu'on peut qualifier de prométhéen,... »
Paragraphe 5 : « Le prestige de ceux qui s'occupent des personnes, même avec une compétence élevée et reconnue, médecins ou professeurs, n'a cessé de baisser... »
Les phrases incises, entre deux virgules, apportent des précisions de différents types (qualificatives, concessives, etc.) sans alourdir la syntaxe. Il faut savoir les utiliser pour la clarté dans l'exposé des idées.
Paragraphe 6 : « Sans remettre en cause, le principe... il faudrait signifier que... »
La proposition subordonnée est placée en tête pour attirer l'attention sur le sens qu'elle véhicule. C'est un procédé de mise en relief.
Autre procédé : « **Ce serait** une sorte de révolution culturelle **que de** passer de la valorisation... etc. » Le « que » explétif est ici rendu nécessaire par l'importance du prédicat qui suit la mise en relief.

2. Observez la réalisation des fonctions de discours.
Deux fonctions discursives majeures sont employées dans ce texte :
• **la fonction d'attribution de cause**
« La valeur donnée au travail **n'est pas séparable de** cette spécificité... »
On peut paraphraser par : « c'est à cause de cette spécificité de la tradition occidentale qu'on a donné de la valeur au travail. »
• **la fonction prescriptive**
« (Le rapport) **suggère** d'inventer un statut. »
Prescrire est entendu ici dans le sens : « indiquer les moyens pour obtenir un résultat ».

Relevez dans l'ensemble du texte les différentes formulations de la fonction de causalité et de la fonction de prescription.

Gérard Mermet
Francoscopie
2003

Le Saviez-vous ?

LA POPULATION ACTIVE

Métiers d'hier et d'aujourd'hui

Évolution de la structure de la population active totale (effectifs en milliers et poids en %)

	1975	2001	% en 2001
- Agriculteurs exploitants	1 691	618	2,4
- Artisans, commerçants, chefs d'entreprise	1 767	1 500	5,8
- Cadres et professions intellectuelles supérieures, dont :	1 552	3 493	13,4
• *professions libérales*	*186*	*329*	*1,3*
• *cadres*	*1 366*	*3 164*	*12,1*
- Professions intermédiaires, dont :	3 480	5 293	20,3
• *clergé, religieux*	*115*	*14*	*0,1*
• *contremaîtres, agents de maîtrise*	*532*	*531*	*2,1*
• *autres professions intermédiaires*	*2 833*	*4 748*	*18,1*
- Employés, dont :	5 362	7 737	29,7
• *policiers et militaires*	*637*	*523*	*2,0*
• *autres employés*	*4 725*	*7 214*	*27,7*
- Ouvriers, dont :	8 118	7 139	27,4
• *ouvriers qualifiés*	*2 947*	*3 334*	*12,8*
• *chauffeurs, magasinage-transport*	*960*	*1 104*	*4,2*
• *ouvriers non qualifiés*	*3 840*	*2 414*	*9,3*
• *ouvriers agricoles*	*371*	*287*	*1,1*
- Chômeurs n'ayant jamais travaillé	72	237	0,9
Population active (y compris le contingent)	**22 042**	**26 044**	**54,7**

D'après l'INSEE

Près de trois actifs sur quatre travaillent dans le secteur tertiaire.

72 % des actifs travaillaient dans les activités tertiaires en 2001 : commerce ; transport ; finance ; immobilier ; services aux entreprises ou aux particuliers ; éducation ; santé et action sociale ; administration. Contrairement à ce que l'on croit souvent, le secteur tertiaire n'est pas une invention récente. La société française a eu très tôt besoin de tailleurs, barbiers, commerçants, scribes, cantonniers et autres allumeurs de réverbères. En 1800, à l'aube de la révolution industrielle, les travailleurs impliqués dans les activités de services représentaient un quart de la population active et près d'un tiers de la production nationale. Le développement de l'industrie a largement contribué à celui des services connexes (négoce, banques, ingénierie...). Mais c'est l'émergence de la société de consommation dans les années 50 et 60 qui lui a donné son importance actuelle.

La place des services marchands n'a cessé de se développer depuis, avec un doublement des effectifs en trente ans et une production multipliée par cinq. Depuis 1980, les effectifs du tertiaire ont augmenté de près d'un tiers, alors que ceux de l'agriculture diminuaient de plus de moitié, ceux de l'industrie automobile de plus d'un quart. Le salariat a fortement progressé dans le tertiaire et la qualification des salariés concernés est sensiblement supérieure à celle des autres branches. La part de l'emploi féminin est restée stable, à 45 %.

La majorité des nouveaux emplois sont créés dans les services.

Sur les 437 000 emplois créés entre mars 2000 et mars 2001, 373 000 l'ont été dans les services. Le secteur des services aux entreprises (activités informatiques, intérim, télécommunications...) est le plus créateur, devant celui des transports (56 000 emplois créés) et l'immobilier (19 000). Cette hausse a bénéficié à toutes les catégories de salariés, mais plus particulièrement aux cadres et aux professions intellectuelles supérieures. Elle a concerné davantage les femmes que les hommes : 111 000 emplois contre 81 000. Mais l'amélioration constatée a été interrompue à partir du second semestre de 2001.

Malgré le niveau encore élevé du chômage, on estime qu'environ 800 000 emplois ne trouvent pas preneur, dans des secteurs comme le bâtiment, l'alimentation, les transports, l'informatique, les télécommunications. La situation est particulièrement délicate dans l'hôtellerie et la restauration. Les difficultés de recrutement dans les secteurs technologiques s'expliquent par une pénurie de personnes compétentes. Celles qui concernent des postes à plus faible qualification est due au peu de motivation des chômeurs pour des métiers exigeants sur le plan des horaires et assez mal rémunérés.

- **Les entreprises d'artisanat emploient 2,3 millions de personnes (13 % de l'emploi total), dont 1,7 million de salariés. 40 % n'emploient aucun salarié (55 % en 1985).**
- **Plus de la moitié des plombiers, menuisiers, peintres, terrassiers travaillent seuls. 45 % des artisans de l'alimentaire et de la réparation automobile et 50% des coiffeurs emploient de 1 à 3 salariés.**

Le Saviez-vous ?

Une économie de services

Évolution de la structure de la population active occupée par grand secteur (en %)

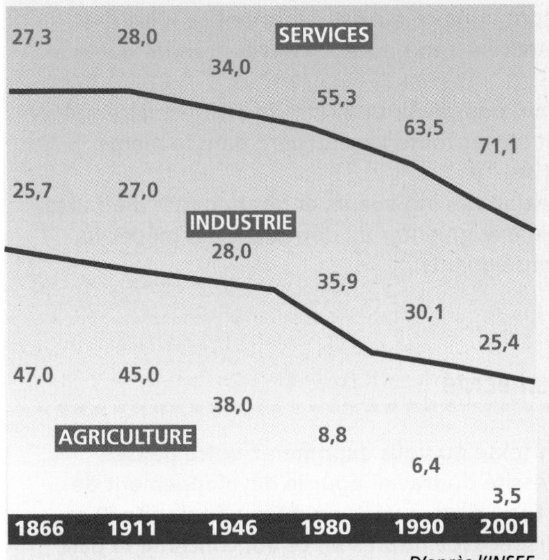

D'après l'INSEE

Âge, sexe, profession et chômage

Taux de chômage selon la catégorie socioprofessionnelle, le sexe et l'âge (2001, en % de la population active)

ÂGE	Hommes	Femmes	Ensemble
- 15 à 24 ans	16,2	21,8	18,7
- 25 à 49 ans	6,6	10,5	8,4
- 50 ans et plus	5,1	7,2	6,1
CATÉGORIE SOCIOPROFESSIONNELLE			
- Agriculteurs exploitants	0,3	1,5	0,7
- Artisans, commerçants, chefs d'entreprise	3,2	4,1	3,5
- Cadres et professions intellectuelles supérieures, dont :	3,0	3,4	1,5
• *professions libérales*	*1,4*	*1,6*	*3,4*
• *cadres d'entreprise*	*3,1*	*4,2*	*4,7*
- Professions intermédiaires	4,0	5,5	4,7
- Employés	9,1	11,7	11,0
- Ouvriers, dont :	9,4	16,5	10,9
• *ouvriers qualifiés*	*6,4*	*14,0*	*7,3*
• *ouvriers non qualifiés*	*16,8*	*17,6*	*17,1*
• *ouvriers agricoles*	*12,4*	*20,2*	*14,6*
TOTAL	7,1	10,7	8,8

D'après l'INSEE

CHÔMAGE

Le chômage a repris à la hausse en 2001, après deux années de baisse.

Le taux de chômage avait connu une première baisse en 1994 et 1995, suivie d'une remontée au cours des deux années suivantes. La décrue a ensuite repris entre 1997 et le premier semestre 2001, avec un retour à un taux inférieur à 9 % pour la première fois depuis 1984. Elle a profité davantage aux jeunes, aux hommes adultes et aux personnes les moins diplômées. Les dispositifs d'emplois jeunes dans les activités non marchandes et les allégements de charges sociales sur les bas salaires ont eu notamment des effets positifs. Mais le second semestre 2001 a vu une nouvelle dégradation, liée à un climat économique détérioré qui a prévalu au premier semestre 2002, renforcé par le climat d'attentisme habituel en période électorale.

Les chiffres du chômage et leur comparaison dans le temps doivent cependant être examinés avec prudence, du fait des changements intervenus dans les modes de comptabilisation au fil des années. La baisse enregistrée ne concernait ainsi qu'une partie de la population sans emploi, celle des demandeurs « immédiatement disponibles, à la recherche d'un emploi à durée indéterminée à temps plein ». Elle ne prenait pas en compte d'autres catégories dans lesquelles le taux de chômage s'est accru : personnes inscrites à l'ANPE à la recherche d'un emploi à temps partiel ou à durée déterminée ; demandeurs exerçant une activité réduite de plus de 78 heures par mois mais dans l'attente d'un emploi durable ; chômeurs âgés de plus de 55 ans dispensés de recherche ou chômeurs de longue durée sortis des statistiques, comme les jeunes n'ayant jamais travaillé et ne percevant aucune indemnité, etc. Le « vrai » nombre des sans-emploi approche donc sans doute 4 millions, alors qu'il n'était officiellement que de 2,3 millions en mars 2002.

Le chômage frappe inégalement les régions et les types de communes.

En 2001, les taux de chômage les plus élevés concernaient le Languedoc-Roussillon, le Nord-Pas-de-Calais et la région Provence-Alpes-Côte d'Azur. Les quatre régions les plus épargnées étaient l'Alsace, la Franche-Comté, le Limousin et l'Île-de-France. Depuis 1980, celles dont la situation s'est le plus dégradée sont celles qui avaient déjà les plus forts taux de chômage initiaux. On constate cependant de fortes disparités à l'intérieur d'une même région, entre les départements qui la composent. Les départements d'outre-mer ont des taux de chômage nettement plus élevés qu'en métropole : le double aux Antilles et en Guyane et le triple à La Réunion. Le chômage de longue durée, le travail à temps partiel et les emplois intérimaires y sont en outre plus fréquents.

La taille de la commune est un autre facteur discriminant ; le taux de chômage tend à augmenter avec elle, de même que la durée moyenne de recherche d'emploi. Le chômage n'est ainsi que de 6 % dans les communes rurales et il atteint 11 % dans les unités urbaines de plus de 200 000 habitants. L'agglomération parisienne fait cependant exception, avec un taux de 8 %.

Activités

1. Faire un compte-rendu écrit de :

a. La transformation des métiers entre hier et aujourd'hui.

b. La situation concernant l'économie des services.

2. Résumer par écrit la situation du chômage en France :

a. Quelle est la tranche d'âge la plus touchée et dans quel secteur ?

b. Quelles raisons expliquent que certaines régions de France sont plus touchées que d'autres par le chômage ?

bilan

écrit

Quiz sur l'ensemble des textes de l'unité

Les considérations suivantes sur le travail sont-elles vraies (V) ou fausses (F) ?

1. Au Moyen Âge, les métiers sont impurs parce qu'ils obligent à mettre les mains dans la saleté ou le sang, et parce qu'ils invitent à la luxure.
2. Pour Georges Friedmann, la division du travail rend les individus complémentaires et est donc une source de cohésion sociale.
3. Pour Karl Marx, la création de valeur ajoutée, apportée par les travailleurs, leur permet de s'enrichir et d'enrichir la nation.
4. Pour Jeremy Rifkin, la révolution technologique va diminuer le nombre des emplois et maintenir le même niveau de production.
5. André Gorz pense que le travail intermittent et les emplois précaires vont contribuer à diminuer l'importance accordée au travail dans la société.
6. La révolution industrielle est née en Occident parce que les pays de cette région du monde étaient scientifiquement plus avancés.
7. Les périodes de réduction du temps de travail sont des périodes de progrès de productivité.
8. Pour Montaigne ce qui est important ce n'est pas d'apprendre à apprendre, c'est d'apprendre quelque chose.
9. À l'avenir, pour avoir une retraite assurée, les employés devront passer toute leur carrière dans la même entreprise.
10. Le prestige des ingénieurs et des hommes d'affaires n'a cessé d'augmenter au détriment des médecins et des enseignants.

Production écrite

Écrivez un texte où vous exprimerez votre pensée sur la nécessité du travail pour le développement de l'individu (que pensez-vous de cette affirmation ?) et sur les perspectives futures en ce qui concerne la part du travail dans la société.

Oral

Compréhension

Dites si chaque proposition est vraie (V) ou fausse (F).

1. Cette interview donne les résultats d'une enquête sur la manière dont les Européens travaillent.
2. Cette enquête porte sur les différentes manières d'utiliser son temps libre en Europe, au Japon et aux États-Unis.
3. C'est le directeur du Conseil européen qui parle.
4. Édouard Lecerf est directeur adjoint d'un institut de sondage.
5. Le temps passé pour aller à son travail est le même dans les trois continents.
6. Les Européens mettent à peu près une demi-heure pour aller à leur travail.
7. Les personnes sondées disent passer une heure par jour à lire.
8. Les Européens passent plus de temps à faire leurs courses que les Américains.
9. Les Japonais regardent moins la télévision que les Européens.
10. L'enquête montre une grande différence de comportements entre les Japonais et les Américains.
11. Les Américains pratiquent beaucoup plus le sport que les Japonais.
12. Au Japon, les activités sportives sont intégrées à la vie de l'entreprise.
13. Les Américains font leur toilette en une demi-heure.
14. Les Européens se lavent très rapidement.
15. Les Japonais disent passer à peu près une heure à faire leur toilette.
16. Au Japon, on se baigne en famille.
17. Aux États-Unis, les parents s'occupent beaucoup de leurs enfants.
18. Les Européens disent s'occuper peu de leurs enfants.
19. En fait, il y a beaucoup de différences culturelles dans la gestion du temps libre entre ces trois continents.
20. Tous disent ne pas avoir assez de temps libre.

Unité 3

Comment s'informe-t-on ?

Points de vue sur l'informatique

Document Conversation

Jean-Pierre : Pour moi ? L'informatique ? Écoute l'informatique j'ai peur que ce soit une drogue… donc trouver sa liberté dans la drogue euh… j'ai du mal…

Béatrice : Tu es « addict » complet à l'informatique ?

JP : Non, non…

B : Ou tu connais des gens qui sont… qui sont accrochés accros ?

JP : Oui moi je l'ai pratiquée et je la pratique.

B : Ah…

JP : Mais euh mais euh je trouve finalement que le résultat obtenu par rapport à l'investissement de temps euh… que ça demande… il est disproportionné. Donc c'est une fausse liberté… on perd un temps fou à apprendre des tas de choses… pour pouvoir les mettre en forme… avec l'informatique pour pouvoir soi-disant gagner du temps… pour pouvoir ensuite les stocker et puis je sais pas enfin ça a dû vous arriver ça vous êtes en train de de sur un programme informatique…

B : Y' a un bug…

JP : Et puis tout d'un coup y a un bug… ou y a plus d'électricité… et vous avez tout perdu et vous êtes obligé de tout refaire… tout !

B : Et là tu vas chercher ton bon vieux dictionnaire… ton bon vieux support papier… ton vieux stylo euh…

JP : Voilà mais tu n'as plus rien… tu n'as plus rien… tout est…

Patrick : Virtuel, en fait.

JP : Tout est virtuel donc la liberté dans l'informatique, bon je l'utilise parce que on est dans un monde où on en a besoin… on est obligé par rapport à la communication…

B : Non, non moi je n'en ai pas besoin… je n'en ai pas besoin… je me passe d'informatique parfaitement bien.

JP : Ah oui…

B : J'ai mon bon vieil annuaire du téléphone… quand j'ai besoin d'une place de de théâtre je téléphone… une place d'avion je… pareil… je je je téléphone… et puis moi j'adore recevoir des lettres… aller voir si mon facteur est passé… si on m'a mis un joli timbre… quelle est la couleur du papier… quelle est l'écriture euh…

P : Oui enfin moi Béatrice moi je pense que effectivement c'est bien mais l'un n'empêche pas l'autre en fait… c'est-à-dire on peut… on peut continuer à recevoir des lettres.

B : Ça se substitue quand même de plus en plus.

P : De plus en plus. Tu vois… par rapport à ce que tu disais Jean-Pierre, c'est vrai qu'on met beaucoup de temps… à maîtriser l'outil… mais une fois qu'on l'a… une fois qu'on commence à le maîtriser… ça ouvre des possibilités immenses… qu'on n'a pas… qu'on n'avait pas avant.

JP : Patrick ne sois pas de mauvaise foi. Une fois que tu commences à maîtriser l'outil on te dit que l'outil que tu emploies est obsolète… *(Rires)*

P : Il faut changer…

JP : Et qu'il faut absolument en trouver un autre euh voilà…

compréhension

Par groupes, relevez les motifs de satisfaction ou de désagrément que procure l'utilisation de l'informatique.

Faites-en une synthèse orale que vous présenterez à la classe.

Puis en fonction de l'usage que vous faites de l'informatique, discutez entre vous de ses avantages et de ses inconvénients.

La quatrième fenêtre (1)

CharlÉlie Couture
***Le Monde interactif*,**
Le Monde, 19 mai 2000,
supplément *Le Monde interactif*

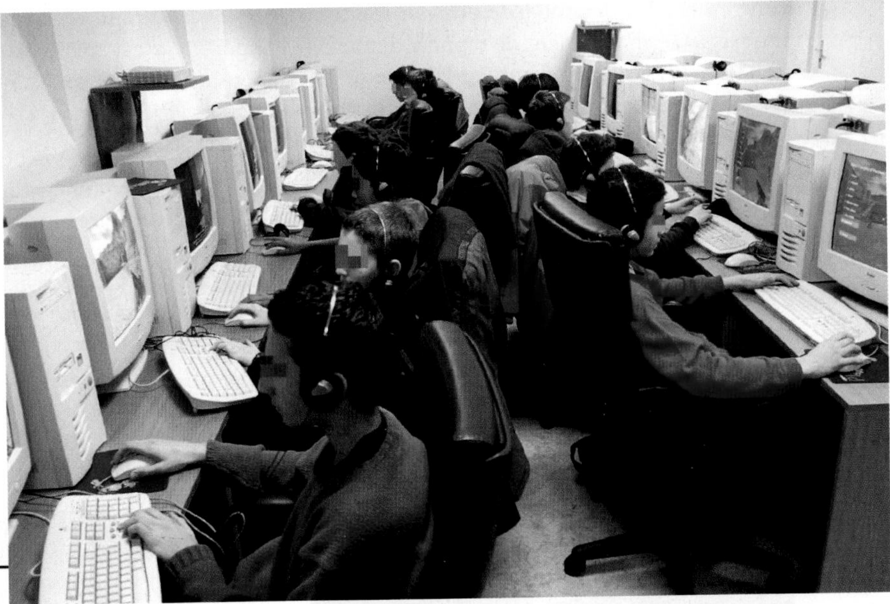

Jeux PC en réseau

Points de vue sur Internet

Je suis dans le train quand je commence à écrire cet article. Devant moi, un groupe d'athlètes. À peine installés, ils ont d'abord commencé à parler de foot et puis d'argent. Les gares défilant, leur discussion a évolué. Ils ont parlé de leurs amis, de leur famille, et puis, au fil des idées, ils se sont mis à parler d'Internet. Cela fait maintenant presque une heure qu'ils ne parlent que de cela : ils se refilent des plans, des prix, des astuces, des adresses. On devine de l'excitation dans leurs propos. C'est dans l'air, quelque chose de neuf est en train de se passer, personne ne sait où cela va aboutir, mais peu importe. L'idée que rien n'est achevé, que tout reste à faire, cette notion d'imprévisible est bien le fondement d'une culture nouvelle.

Internet est une cyberlucarne ouverte sur un monde sans limites par laquelle l'esprit peut s'échapper vers d'autres utopies. Quitter les lois qui régissent l'univers pragmatique pour s'envoler, tel Peter Pan, à travers l'écran de la quatrième fenêtre. Quand les statisticiens réalistes, ivres de vérités chiffrées infaillibles, savent « trop » bien définir tout ce qui nous entoure, il est bon d'imaginer que l'on peut trouver ailleurs une autre solution… Internet permet de tromper la fatalité, d'inventer une issue, un endroit où tout est possible, à travers cet enchevêtrement complexe d'envies tous azimuts.

Internet est encore merveilleusement désorganisé, c'est bien ! Cette désorganisation est stimulante.

Internet fait rêver ?

Tant mieux, c'est une alternative à ce pouvoir monopolisé depuis une trentaine d'années par les as de la calculette. L'imagination est une drogue naturelle que la quantification rationnelle pervertit. Les systèmes de diffusion du savoir considèrent la valeur des objets ou des idées en fonction du profit qu'ils peuvent générer, l'intérêt d'une information est lié à l'impact produit sur « le plus grand nombre », oui nous vivons une époque trop précise. Il n'y a pas de prophétie mathématiquement évaluable. L'humanité a besoin d'avoir la foi en son avenir. Les hommes qui n'ont plus d'espoir deviennent violents ou nostalgiques. […]

Avec ses vices et ses vertus, avec ses gros mensonges et sa générosité, avec sa bêtise et son mouvement, Internet est un délicieux chahut poétique, une culture nouvelle à part entière, incontrôlable (tout au moins incontrôlé pour l'instant). Internet est seulement humain ! Riche et varié, rempli de paradoxes, Internet est rempli d'humeurs contradictoires, mais ces contradictions ne sont-elles pas justement le propre de l'Homme ? La honte qui pèse sur les hommes, c'est le mépris d'autrui, l'humiliation et l'atteinte à la dignité. Bien sûr, Internet ne résout pas toutes les énigmes. Mais peut-on décemment croire un jour trouver une solution à tous les problèmes ? Il y a même des slalomeurs heureux qui plantent des poteaux pour mieux les éviter.

Internet n'a pas d'envies précises, c'est juste un moyen. Comme le téléphone a remplacé les signaux de fumée, Internet permet de communiquer tout et rien. […] On y trouve tout au même niveau, sans jugement. […]

Quand le rock'n'roll est apparu dans les années 60, il était le reflet d'une puissance en mutation qui donnait aux musiciens acoustiques la possibilité d'amplifier leurs instruments. Finis les grands orchestres qui obligeaient le compositeur à asseoir côte à côte une vingtaine de violons pour répondre aux décibels de quatre cuivres.

Une mandoline devenait l'égale d'une caisse claire, un contre-chant de guimbarde pouvait moduler avec les timbales. Ce changement de rapport d'intensité a modifié le travail des arrangeurs, et la musique en général. Le message du ménestrel n'était plus écrit pour être seulement entendu par un public plus proche, il pouvait aussi être partagé par des foules s'asseyant dans la rosée des grands festivals style Woodstock. Échanges de « feelings », échanges de fleurs ou autres plantes vertes, échanges de sourires, tout cela n'aurait pas été possible sans le nouveau vecteur électro-amplifié.

Est-ce que les amplificateurs ont changé la société ? Évidemment, un certain nombre d'autres facteurs sont intervenus, mais l'usage que firent de cet amplificateur des groupes comme les Beatles, Pink Floyd, ou Jimi Hendrix a certainement contribué à bouleverser les équilibres esthétiques, et le paysage social tout entier s'est mis à suivre les évolutions de cette génération amplifiée. [...]

Quand je vois certains savants ou philosophes de mes amis, jadis rebelles à la technologie électronique, manipuler aujourd'hui Internet pour correspondre avec leurs confrères installés à des milliers de kilomètres dans un autre bureau, rempli comme le leur d'articles empilés sur des dossiers, ou des chemises cartonnées, elles-mêmes posées sur des livres annotés, je me dis que toutes les méfiances inventées par les adultes n'ont pour intention que de freiner les excès d'euphorie d'une jeunesse sans complexe pressée d'agir, tout de suite, maintenant, vite...

grille de lecture

1. Que pensent d'Internet les athlètes rencontrés dans le train ?
2. Quelle définition d'Internet donne CharlÉlie Couture ?
3. Quelles sont les finalités d'Internet ?
4. Quelles sont les contradictions d'Internet ?
5. Qu'est-ce qu'une **« génération amplifiée »** ? Expliquez ce terme en montrant en quoi le rock'n'roll joue le rôle d'amplification de la société ?
6. D'après vous, le bilan que CharlÉlie Couture fait d'Internet dans le paragraphe final de cet extrait est-il positif ou négatif ?

analyse

Analysez les arguments de CharlÉlie Couture. Faites une liste des avantages et des inconvénients selon lui, et dites :

1. Quels avantages vous paraissent importants.
2. Lesquels vous paraissent futiles (peu importants).
3. Quels inconvénients vous paraissent sérieux.
4. Lesquels vous paraissent peu importants.

expression orale et écrite

Internet, un ennemi pour qui ? un ami pour qui ? Dites ce que vous pensez globalement d'Internet. Éventuellement écrivez votre point de vue pour un journal de classe.

La quatrième fenêtre (2)

CharlÉlie Couture[1]
Le Monde interactif,
Le Monde, 19 mai 2000, supplément
Le Monde interactif

Les grandes étapes de la communication

Au début était la première fenêtre, celle qui ouvrait sur la plaine. Derrière lui, l'homme préhistorique n'avait que le noir de la grotte qu'il maculait de ses peintures rupestres, signes de sa présence et de ses visions du sacré. *Sapiens* devait faire le tour de la montagne pour savoir ce qui se passait de l'autre côté, quel mammouth, quel ours géant ?

Puis, des milliers d'années plus tard, il y eut la seconde fenêtre, celle de l'édifice érigé, celle qui permettait d'avoir une vision panoramique, nord-sud, est-ouest, celle qui permettait de voir venir de loin les redoutables ennemis, tandis que les prières aidaient les fidèles à imaginer autre chose, un idéal ailleurs, un paradis… Mais de manière plus pratique, il fallait se déplacer d'une fenêtre à une autre pour se rassurer.

Puis vint la troisième fenêtre, celle du message : la télévision (que ma mère appelait « un rêve éveillé »). Assis, passif, les yeux et la cervelle béants, gavé de suggestions alléchantes et de tentations merveilleuses, depuis son fauteuil, l'homme du XXe siècle pouvait monter dans le bus des « parts de marché » que sont les émissions prime time grand public, pour visiter les paysages, et autres distractions que choisissaient de diffuser pour lui les directeurs d'antenne, sortes de gourous de la pensée mondiale, sorciers plénipotentiaires invitant même les dirigeants élus à se soumettre aux contraintes de l'Audimat. C'était le grand âge de la consommation, l'âge d'or de l'industrialisation et du taylorisme. L'après-guerre. Des centaines de millions d'articles électriques à vendre pour meubler les foyers des familles ayant un certain pouvoir d'achat. Le peuple des téléspectateurs gourmands était devenu la cible vivante privilégiée des annonceurs malins qui savaient anticiper les moindres tentations pour les traduire en acte d'achat.

Mais, aujourd'hui, le plaisir de consommer n'est évidemment plus le même que celui qui envahissait les survivants de l'après-guerre, tension sociale et inégalités causées par cette définition matérielle de l'univers qui nous entoure. Ceux qui ont beaucoup de besoins n'ont pas assez d'argent, ceux qui détiennent les richesses s'inventent des faux besoins. Les riches humains de l'hémisphère Nord étant majoritairement saturés, on ne s'adresse plus à ladite « ménagère de moins de 50 ans » mais au jeune de 17 ans, qui n'a pourtant pas la possibilité de consommer et qui explose de toutes ses envies inassouvies.

Aujourd'hui, la quatrième fenêtre d'Internet permet de choisir. C'est un joyeux bazar où l'on trouve de tout, objets et pensées. Produits bon marché ou objet rare fabriqué par un artisanat local, la musique sur MP3 d'une vedette mondiale à la mode ou un livre épuisé depuis dix ans. Les gens ne se contentent plus de la liberté d'être, ils veulent avoir le luxe de pouvoir choisir, pour se régaler de décider eux-mêmes de ce qu'ils veulent voir ou entendre, lire ou manger. Internet donne cette illusion. Comme la téléportation de Mr Spock dans *Star Trek*, il donne la sensation de voyage actif à travers l'espace, en choisissant ses haltes, ses pôles d'attraction et permet ainsi à chacun de satisfaire sa curiosité. Dialoguer, renouer des contacts, partager des émotions à distance (j'ai moi-même écrit plus de 500 lettres l'année dernière, et cette année encore plus).

Même si l'argent y coule à flots autant que les délires, Internet doit rester ce génial mode d'échanges culturels et d'expression, qui offre à chacun le moyen de s'enrichir gratuitement. Si Internet ne promet rien, il donne à chacun le sentiment d'exister.

Insatisfait sera toujours celui à qui l'on promet la lune, cette même lune que le prisonnier regarde par la fenêtre et que le voyageur internaute visite chaque nuit en transparence à la lueur de son écran allumé, dans l'espoir de croiser un sorcier sélénite qui lui dira le code secret capable d'ouvrir enfin les portes du bonheur.

Paris Avril 2000

note
1. Chanteur, compositeur, dessinateur, CharlÉlie Couture est aussi un passionné de la Toile.

résumé et analyse

Résumé

Les grandes étapes sont indiquées dans les paragraphes qui se succèdent et qui débutent par les notations temporelles suivantes :
- Au début…
- Puis, des milliers d'années…
- Puis vint…
- Mais, aujourd'hui…
- Aujourd'hui…

Résumez chacune de ces grandes étapes et indiquez chaque fois par quelle métaphore elle est le mieux exprimée.

Analyse

Comment comparez-vous cette logique de l'évolution d'après CharlÉlie Couture ? N'y a-t-il pas une étape manquante ? L'homme est-il passé directement de l'attente d'un paradis spirituel au paradis de la consommation ?

Les méfaits de la technique

Jacques Ellul[1]
Le Système technicien

Jacques Ellul a publié en 1977 un essai intitulé *Le système technicien* où il prévoyait les crises que nous vivons aujourd'hui. Cet essai a été réédité en 2004.

La thèse principale de cet essai : la quatrième de couverture

La Technique, pour Ellul, est le facteur déterminant de la société. Plus que le politique et l'économie. Elle n'est ni bonne ni mauvaise, mais ambivalente. Elle s'auto-accroît en suivant sa propre logique. Elle piétine la démocratie. Elle épuise les ressources naturelles. Elle uniformise les civilisations. Elle a des effets imprévisibles. Elle rend l'avenir impensable. Grâce à l'informatique, la Technique a changé de nature : elle forme, à l'intérieur de la société, un « système technicien ». L'informatique, en unifiant tous les sous-systèmes (téléphonique, aérien, de production et distribution d'énergie, etc.), lui a permis de devenir un tout organisé, lequel vit à l'intérieur de la société, la modèle, l'utilise, la transforme. Mais ce système, qui s'auto-engendre, est aveugle. Il ne sait pas où il va. Et il ne corrige pas ses propres erreurs.

Un livre indispensable pour qui ne veut pas penser en rond.

question

Après avoir lu ci-dessus la quatrième de couverture, avez-vous envie d'acheter ce livre ? Donnez vos raisons.

Les méfaits de la technique

Elle se développe sans aucun contrôle démocratique. Elle est devenue une religion, qui ne supporte pas d'être jugée. Elle renforce l'État, qui la renforce à son tour. Elle épuise les ressources naturelles. Elle uniformise les civilisations. Elle tue la culture.

– Elle dépouille l'homme politique de son pouvoir.

– Elle a réorganisé les classes sociales : au bourgeois a succédé le technicien.

– Elle n'a aucune possibilité de déclencher la seule révolution nécessaire : celle qui permettrait de « quitter les rails de la croissance économique ».

– Au contact de la technique, les religions s'effacent devant l'apparition d'un mysticisme de pacotille et de nouveaux dieux.

– La technique crée du temps pour l'homme au détriment de l'espace qu'elle réduit.

Désormais tous les secteurs sont interconnectés, réagissent l'un sur l'autre, conditionnent et sont conditionnés par les autres. Banques de données, traitement d'énormes flux d'informations, réseaux de communications immédiats : l'informatique permet la croissance illimitée des organisations économiques et administratives. La société n'est pas pour autant devenue une Mégamachine dont les hommes seraient devenus les rouages, mais la liberté de l'homme se réduit comme peau de chagrin. À l'intérieur du système, à condition de consommer, de travailler, et de se distraire conformément à ses directives, l'homme est certes libre et souverain. Mais cette liberté est artificielle, et sous contrôle. Sortir de cet encerclement, adopter une conduite différente des conduites normalisées relève de l'héroïsme.

Nos choix sont-ils réels ?

« Il faut dissiper le mythe que la technique augmente les possibilités de choix : bien entendu, l'homme moderne peut choisir entre cent marques de voitures et mille tissus... c'est-à-dire des produits. Au niveau des consommations, le choix porte sur un éventail plus large. Mais au niveau du rôle dans le corps social, au niveau des fonctions et des conduites, il y a une réduction considérable. »

Nous sommes incapables de voir les aspects négatifs des moyens que nous risquons d'employer, nous sommes obsédés par la puissance et le bonheur et nous sommes incapables de poser correctement le problème du choix qui supposerait cette vue claire qu'« accepter X entraîne nécessairement Y ». Nos choix ne sont donc jamais réels. Ils portent seulement sur ce que la société technicienne met à notre disposition. [...] Plus les moyens de jouissance augmentent, plus les décisions et les choix sont irrationnels.

Le premier pas vers la liberté

« À mes yeux l'important est de restituer à l'homme le maximum de ses capacités d'indépendance, d'invention, d'imagination. C'est ce que j'essaie de faire en le provoquant à penser. J'essaie dans mon œuvre de lui donner des cartes pour qu'il joue ensuite son propre jeu. Pas le mien. Seule la redécouverte de l'initiative de l'individu est radicale en ce temps-ci. »

note
1. Jacques Ellul (1912-1994). http://www.ellul.org

analyse

Analysez les arguments de Jacques Ellul.

1. Quel est pour vous personnellement l'argument contre la technique qui vous paraît le plus important ?

2. Classez les arguments : ceux qui paraissent les plus importants et ceux que vous n'acceptez pas.

3. Par petits groupes, trouvez des arguments contre la thèse de J. Ellul.

4. Que pensez-vous de la solution proposée par J. Ellul : « la redécouverte de l'initiative de l'individu » ? À quelles conditions cela vous paraît-il possible ?

5. N'y a-t-il pas une contradiction entre ce que J. Ellul affirme dans les paragraphes « Nos choix sont-ils réels ? » et « Le premier pas vers la liberté » ?

Virilio parle de l'informatique

Paul Virilio[1]
L'espace critique : essai sur l'urbanisme et les nouvelles technologies
Éditions Christian Bourgois, 1984

La « bombe informatique » : l'homme est modelé et contrôlé par la technique

Gilles Deleuze[2] tenait beaucoup à l'expression « société de contrôle ». Selon vous, l'hypertechnologisation de nos sociétés conduit-elle à un surcroît de surveillance et de contrôle des individus ?

On ne peut pas comprendre le développement de l'informatique sans sa dimension cybernétique. Ce n'est pas un hasard si on parle de cyberespace. Les autoroutes de l'information sont liées à un phénomène de *feed back*, de rétroaction. Nous sommes devant un phénomène d'interactivité qui est tendanciellement en position de priver l'homme de son libre arbitre pour l'enchaîner à un système de questions-réponses qui est sans parade. Quand certains vantent le cerveau mondial en déclarant que l'homme n'est plus un homme, mais un neurone à l'intérieur d'un cerveau mondial, et que l'interactivité favorise ce phénomène, c'est plus que la société de contrôle, c'est la société cybernétique. Si le modèle est celui des abeilles ou de je ne sais quel système autorégulé, c'est le contraire même de la liberté et de la démocratie.

Les autoroutes de l'information vont donc mettre en place un système interactif qui est aussi redoutable pour la société que la bombe l'est pour la matière. Selon Einstein[3], l'interactivité est à la bombe informatique ce que la radioactivité est à la bombe atomique. C'est un phénomène constitutif et dissociatif. Bien sûr, il y a la possibilité d'échanges nombreux et renouvelés, mais il y a, dans le même temps, la menace d'une emprise sur les sociétés qui est absolument intenable.

Les dévots du dieu-machine

Pascal[4], en son époque, était parti en guerre contre la perspective en peinture. Il l'accusait de détourner l'intérêt du regard pour l'objet divin. Ne seriez-vous pas par hasard un défenseur de la perspective de l'espace local ?

Je le répète, il n'y a pas d'acquis sans perte. Notre société en est arrivée à une conclusion. Il n'y a plus d'athéisme véritable. À cause de deux siècles de révolution industrielle et scientifique, la liquidation du dieu de la transcendance et du monothéisme a abouti à la mise en orbite d'un dieu-machine, d'un *deus ex machina*. Dieu-machine de l'information après avoir été dieu-machine de l'énergie atomique. Nous ne pouvons pas faire comme si nous étions des incroyants. Désormais, il faut choisir sa croyance. Ou bien on croit à la technoscience – on est alors partisan de l'intégrisme technique –, ou bien on croit au dieu de la transcendance. Se prétendre athée est une illusion. Les athées, aujourd'hui, sont en réalité les dévots du dieu-machine.

Centre de jeux Sega (France).

notes

1. Paul Virilio, né en 1932
Membre du Cercle de qualité pour la construction du centre de Lille : TGV, Eurotunnel avec l'architecte Rem Koolhass. Enseignant à l'ESA (École supérieure d'architecture à Paris) et écrivain. Président du jury d'architecture pour le symbole France-Japon avec Isozaki, Ando, Gaudin, Portzamparc, Montès et Quéau.

2. Gilles Deleuze (1925-1995)
Philosophe français. http://www.philagora.net

3. Albert Einstein (1879-1955)
Physicien allemand. *Théorie de la relativité* (1916). http://www.infoscience.fr

4. Blaise Pascal (1623-1662)
Savant et penseur français connu pour ses *Pensées*, où il se pose la question de la place de l'homme dans l'univers et le problème de la foi en Dieu. http://www.infoscience.fr

Virilio parle des médias

L'espace

Un homme qui vit enfermé dans un espace d'horizon restreint, comme beaucoup de paysans du Moyen Âge, n'a pas la même conscience du monde que celui qui va aux antipodes en quelques heures. La *mapping-mental*, la carte mentale, évolue avec la révolution des transports et la révolution des transmissions. Plus je vais vite au bout du monde, plus j'en reviens vite et plus ma carte mentale se réduit à rien. Aller à Tokyo dans le même temps qu'il faut pour descendre à Naples en train a réduit mon monde d'une façon définitive. Je ne peux plus avoir la vision mentale du monde que j'avais avant d'aller à Tokyo en quatorze heures.

La corporéité

Il n'y a pas de corps propre sans monde propre, sans situation. Le corps propre est situé par rapport à l'autre, la femme, l'ami, l'ennemi... mais il est situé aussi par rapport au monde propre. Il est « ici et maintenant », *hic et nunc*, il est *in situ*. Être, c'est être présent ici et maintenant.

La question de la téléprésence délocalise la position, la situation du corps. Tout le problème de la réalité virtuelle, c'est essentiellement de nier le *hic et nunc*, de nier le « ici » au profit du « maintenant ». Je l'ai déjà dit : ici n'est plus, tout est maintenant ! La réappropriation du corps, dont la danse figure la résistance maximale, n'est pas simplement un problème de chorégraphie, mais un problème de sociographie, de rapport à autrui, de rapport au monde. Sinon, c'est la folie, c'est-à-dire la perte du monde et la perte du corps. Les délais technologiques provoquant la téléprésence essaient de nous faire perdre définitivement le corps propre au profit de l'amour immodéré pour le corps virtuel, pour ce spectre qui apparaît dans l'« étrange lucarne » et dans l'« espace de la réalité virtuelle ». Il y a là une menace considérable de perte de l'autre, de déclin de la présence physique au profit d'une présence immatérielle et fantomatique.

[...] C'est la ville tout entière qui bascule dans le virtuel et, avec elle, les individus qui se préparent à vivre. La ville a toujours été un dispositif théâtral avec l'agora, le parvis, le forum, la place d'armes, etc. Simplement, c'était un espace où l'on pouvait être en commun, c'est-à-dire un espace public. Or, aujourd'hui, le dispositif télé remplace l'espace public par l'image publique et l'image publique est excentrée de la cité. L'image publique n'est pas dans la cité, ou alors dans la « télé-*città* », ville virtuelle déjà, dans laquelle on prétend cohabiter parce qu'on regarde le « 20 heures » ensemble. Je crois que ce qui est en cause derrière la question de l'espace virtuel, c'est la perte de la ville réelle. Je suis urbaniste et la ville réelle est pour moi le lieu du corps social, le lieu du peuplement. Aujourd'hui, 80 % de la population française est rassemblé sur 20 % du territoire, et demain ce sera 90 %. Et c'est à l'échelle du monde que la ville attire la population. Donc, se constitue une sorte de ville des villes : la ville des télécommunications, la ville d'Internet. [...]

Nos villes, pas seulement São Paulo ou Calcutta, mais aussi bien Washington que la banlieue de Paris, sont dans une situation absolument catastrophique. Elles sont aujourd'hui au bord de l'implosion. La tendance est à la désintégration de la communauté des présents au profit des absents – absents abonnés à Internet ou au multimédia. C'est un événement sans pareil. C'est l'un des aspects de l'accident général. Le fait d'être plus proche de celui qui se tient au loin que de celui qui se trouve à côté de vous est un phénomène de dissolution politique de l'espèce humaine. On voit que la perte du corps propre apporte la perte du corps de l'autre, au profit d'une sorte de spectralité du lointain, de celui qui est dans l'espace virtuel d'Internet ou dans la lucarne de la télévision.

Dans le cas de la télévision, ne faut-il pas faire la différence entre l'émetteur et le récepteur ? N'est-il pas concevable d'inventer une autre télévision ?

D'une certaine façon, c'est déjà fait. Je dirais que la télé est déjà morte dans le multimédia. On sait que l'interactivité est la fin de la télé. J'ai envie de dire que l'exemple de la télé est déjà un exemple dépassé. De même que la photographie a débouché sur la cinématographie, la vidéo et la télé débouchent aujourd'hui sur l'infographie. La télévision est déjà un média survivant.

analyse et expression orale

1. Le contrôle de l'homme par la technique. Résumez l'argument et dites ce que vous en pensez.
2. La nouvelle religion : Pourquoi Paul Virilio dit-il qu'il n'y a pas d'athées. Êtes-vous d'accord ?
3. Résumez l'argument sur la « corporéité ». Vous paraît-il fondé ? Si oui, vous paraît-il important ?
4. Pensez-vous que la télévision est « un média survivant » ? Reformulez la phrase : « La vidéo et la télé débouchent sur l'infographie ».
5. Quels arguments de Jacques Ellul, Virilio reprend-il à son compte en les explicitant ? Et de quelle manière ? Trouvez la phrase qui, selon vous, les résume le mieux ?

synthèse écrite

Faites une synthèse des textes de Jacques Ellul et de Paul Virilio en disant avec quelles idées vous êtes d'accord, avec lesquelles vous êtes en désaccord et celles qu'il faut nuancer.

L'informationnalisme, selon Manuel Castells, professeur de sociologie à l'université de Berkeley en Californie, succède à l'industrialisme qui a régné sur la société depuis la révolution industrielle jusqu'à nos jours. Il ouvre un changement culturel profond, car il possède un potentiel d'innovation fondé sur la coopération et le partage.

D'après **Pekka Himanen**
L'Éthique hacker et l'Esprit de l'ère de l'information
Éditions Exils, 2001

L'Informationnalisme
Une nouvelle voie pour penser l'avenir des sociétés post-industrielles ?

L'industrialisme, ou le paradigme[1] de l'ère industrielle

La révolution industrielle a donné lieu à l'industrialisme, un paradigme caractérisé par la capacité de créer et distribuer de l'énergie de façon artificielle sans dépendre de l'environnement naturel. Puisque l'énergie est une ressource essentielle pour toutes sortes d'activités, l'homme pouvait, grâce à sa production, accroître de façon spectaculaire sa puissance par rapport à la nature et à ses propres conditions d'existence. Autour du noyau d'une révolution technologique, des technologies se rassemblent et convergent dans différents secteurs. La révolution dans la technologie énergétique (de la machine à vapeur à l'électricité) a posé les fondations de l'industrialisme. Les révolutions concomitantes en mécanique, dans la métallurgie, dans la chimie, dans la biologie, en médecine, dans les transports et dans un très large éventail d'autres secteurs ont contribué ensemble à la formation du nouveau paradigme technologique.

Cette infrastructure technologique a favorisé l'émergence de nouvelles formes de production, de consommation et d'organisation sociale, lesquelles ont formé la société industrielle. Les caractéristiques essentielles de la société industrielle étaient la fabrique, la grande entreprise, la bureaucratie rationalisée, la disparition progressive du travail agricole, l'urbanisation à grande échelle, la création de systèmes centralisés d'accès aux services publics, l'avènement de la communication de masse, la mise en place d'infrastructures de transports nationaux et internationaux et le développement d'armes de destruction massive.

Hippies en 1967.

L'informationnalisme permet le développement de la société en réseau

L'informationnalisme est un paradigme technologique. Il s'applique à la technologie, pas à une organisation sociale ni à des institutions. L'informationnalisme fournit une base à un certain type de structure sociale que j'appelle la société en réseau. Sans l'informationnalisme, elle ne pourrait pas exister, même si cette nouvelle structure sociale n'est pas le frein de l'informationnalisme mais celui d'une évolution sociale plus large qui a engendré les valeurs projetées pour les mouvements sociaux de la fin des années 1970, mouvements fondamentalement libertaires et culturels dans la mesure où ils appelaient à de nouveaux rapports entre l'individu et l'État et entre l'individu et les entreprises.

Ce qui caractérise l'informationnalisme, ce n'est pas le rôle central joué par les connaissances et l'information dans la création de richesses, de pouvoir et de sens, c'est la technologie du traitement de l'information et son impact sur la création et l'application du savoir.

notes
1. Le mot « paradigme » est utilisé ici dans le sens de « modèle ».

Une société en réseau émerge et se développe sur la planète en tant que forme dominante d'organisation sociale de notre époque, au niveau des rapports de production, de consommation et de pouvoir. Ces réseaux sont flexibles, ils répartissent l'efficacité et partagent le processus de décision. La productivité et la compétitivité en sont grandement améliorées. Une nouvelle économie prend son essor, qui élimine les formes moins efficaces d'organisation. Le travail est individualisé et évalué en fonction de la capacité des travailleurs et des gestionnaires à se reprogrammer pour élaborer de nouvelles tâches et de nouveaux objectifs dans la mesure où l'innovation et la diversité de l'esprit d'entreprise sont les moteurs du système.

C'est un monde de gagneurs et de perdants. C'est aussi un monde de créativité et de destruction – un monde caractérisé à la fois par une destruction créatrice et une création destructive.

L'éthique *hacker*

Les hackers sont les informaticiens ayant contribué à la formation de la Toile et d'Internet, des ordinateurs personnels et d'un grand nombre de logiciels.

L'éthique hacker a été théorisée par Pekka Himanen, enseignant à l'Université d'Helsinki. Elle se caractérise par la croyance dans le partage de l'information, considérée comme un bien influent et positif, et qu'il faut contribuer à mettre en place en facilitant l'accès de tous aux ressources informatiques.

activités de compréhension

1. Résumez l'industrialisme.
Sur quels types de technologie ce système est-il fondé ? Qu'est-ce qui le caractérise essentiellement ?

2. Quels sont les deux fondements de l'informationnalisme d'après Manuel Castells ?

3. Les informations suivantes, qui concernent l'informationnalisme, sont-elles vraies ou fausses :

a. L'organisation en réseau est née de l'informationnalisme.
b. L'individu est devenu tributaire de sa capacité à se reprogrammer.
c. Le besoin d'innovation est plus important que le besoin de connaissances.
d. Le processus de décision dépend d'abord des individus.
e. La créativité est liée au traitement de l'information.

expression orale ou écrite

1. Résumez le « credo Hacker ».

2. Commentez l'idée de base de l'informationnalisme : le partage de l'information peut être le moyen de développer les capacités de l'homme.
Si oui, à quelles conditions ? En conclusion, diriez-vous que c'est une révolution sociale ou une utopie ?

Gérard Mermet
Francoscopie 2003

Le Saviez-vous ?

LA COMMUNICATION ORDINATEUR

Les nouvelles technologies occupent une place croissante dans les foyers...

La présence des nouveaux équipements technologiques est de plus en plus apparente dans les foyers : ordinateur ; produits périphériques (imprimante, scanner, lecteur de CD, graveur...) ; accès à Internet ; abonnement à la télévision numérique par câble ou par satellite ; console vidéo ; lecteur de DVD ; Caméscope ; appareil photo numérique ; assistant personnel... Début 2002, près de deux Français sur trois (63 %) possédaient un téléphone portable ; jamais un bien d'équipement n'avait connu une diffusion aussi rapide dans l'ensemble de la population.

D'autres innovations sont attendues pour les prochaines années : normes GPRS et UMTS pour les téléphones mobiles permettant la transmission de tous les types de données ; écrans organiques électroluminescents pour la télévision et l'ordinateur ; logiciels pour le montage vidéo numérique ; enregistreurs de disques DVD dans un format standard ; télévision numérique terrestre avec décodeur ou téléviseur compatible ; systèmes de gestion domestique permettant de faire communiquer les équipements électroniques du foyer, etc.

... mais les Français sont plutôt réticents à l'égard de l'innovation.

Les Français ne sont pas des « néophiles » convaincus. Ils sont plutôt moins pourvus en équipements multimédias que la moyenne européenne (voir tableau). C'est le cas notamment en ce qui concerne la télévision par câble (16 % de foyers équipés fin 2001 contre 31 % en moyenne dans l'Union européenne), le magnétophone à cassette (28 % contre 60 %) et l'ordinateur (29 % contre 40 %). Ils sont également moins équipés en réception satellite, appareils photo, baladeurs, assistants personnels, accès à Internet, encyclopédies (papier ou CD-Rom) ou instruments de musique. Les seuls équipements qu'ils possèdent plus fréquemment sont le magnétoscope (81 % contre 76 %), la console vidéo (34 % contre 25 %) et le lecteur de DVD (13 % contre 11 %).

Cette hésitation nationale devant l'innovation explique les échecs commerciaux récents de certaines technologies. C'est le cas par exemple du Wap, téléphone portable permettant une connexion à Internet, qui a connu un sort semblable à celui du Bi-Bop, il y a quelques années. Les services payants proposés sur Internet peinent aussi à trouver leur place : cybermarchés ; sites d'informations ; achats de musique en ligne... Le prix est un critère de choix important. Les Français considèrent ainsi que les services d'accès haut débit à Internet sont trop chers. L'équipement des ménages en ordinateurs ou en photo numérique est également freiné par l'investissement qu'il implique.

L'Europe du multimédia

Taux de possession de différents équipements multimédias dans les pays de l'Union européenne (fin 2001, en %)

	Bel.	Dan.	All.	Gr.	Esp.	Fra.	Irl.	Lux.	P-B	Aut.	Por.	Fin.	Suè.	R-U	EU15
- Téléviseur	96,1	99,6	98,8	100	100	98,1	99,2	99,7	99,2	99,1	99,5	97,9	99,5	99,3	99,0
- Antenne satellite	3,8	21,9	35,7	4,5	13,8	17,0	18,9	19,3	4,6	44,6	9,1	8,7	26,5	27,9	21,4
- TV par câble	82,3	58,8	57,7	8,5	11,0	16,4	48,0	85,2	81,0	42,7	25,7	31,6	52,0	8,7	30,7
- Magnétoscope	74,1	81,8	67,8	53,0	75,7	81,2	76,4	75,9	89,3	63,4	44,0	71,3	80,0	88,8	75,7
- Caméscope	20,9	20,2	20,1	15,4	23,9	21,1	21,3	38,6	35,8	18,7	14,1	16,0	26,8	28,9	23,5
- Chaîne hi-fi	69,9	83,5	82,1	60,4	58,8	76,6	58,6	75,7	83,4	72,4	57,7	52,1	86,0	83,5	74,2
- Baladeur	28,7	42,3	31,3	27,5	45,6	31,6	37,6	45,6	44,4	29,4	16,6	37,0	53,1	47,9	37,7
- Console jeux vidéo	24,6	19,6	15,1	14,5	26,0	34,0	24,6	37,1	31,3	21,2	14,8	21,1	16,3	35,6	25,4
- Ordinateur perso.	32,9	63,9	42,1	21,1	35,0	29,0	31,2	52,8	67,9	40,1	23,0	49,1	64,3	51,1	39,8
- Assistant perso.	2,4	4,2	5,0	3,6	5,7	5,1	3,9	10,7	9,4	2,9	-	3,7	7,0	12,1	6,4
- Accès à Internet	20,5	51,0	27,4	9,3	15,0	20,1	19,8	41,0	50,3	24,9	9,6	33,9	57,3	41,4	27,8
- Lecteur DVD	7,4	20,0	6,7	4,4	5,9	13,1	11,2	21,9	15,0	6,3	4,1	6,8	15,1	18,8	10,1
- Encyclopédie CD	11,5	24,0	13,2	5,9	17,2	13,6	11,2	20,3	27,9	13,0	6,1	16,8	28,6	27,5	17,5
- CD, DVD, cassettes	59,2	86,0	70,8	71,5	62,2	66,9	48,8	87,0	71,1	61,0	36,1	77,3	90,9	72,9	68,4
- Téléphone mobile	44,7	70,2	50,2	66,5	68,8	59,4	58,3	77,8	76,1	64,5	55,7	76,8	84,1	69,9	57,5

Eurobaromètre

Unité 3

Le Saviez-vous ?

INTERNET EN FRANCE...

Le taux d'accès à Internet devrait s'accroître au fur et à mesure que les prix des connexions baisseront, en particulier pour l'accès à haut débit. L'autre condition est la simplification des équipements et de leur usage. Un Français sur deux (46 %) juge en effet l'utilisation d'Internet compliquée ; la proportion est de 61 % parmi les 60 ans et plus. Les Français sont de plus en plus conscients que le « réseau des réseaux » est un lieu extraordinaire de connaissance, d'échange et de culture dont ils peuvent être à la fois utilisateurs et fournisseurs. Mais ils sont encore 63 % à ne jamais l'avoir expérimenté (80 % dans le cadre professionnel). Avec les progrès attendus en matière de prix et d'usage, les cyberphobes d'aujourd'hui pourraient se transformer demain en cyberphiles.

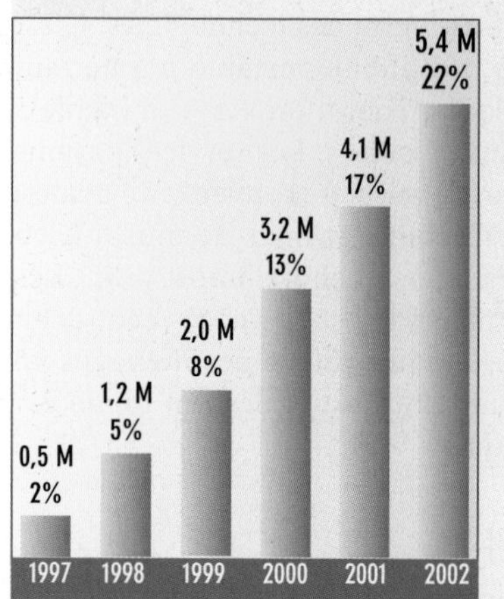

5 millions d'internautes à domicile

Évolution du nombre et de la proportion de Français connectés à Internet à leur domicile (en millions et en %)

...ET EN EUROPE

Plus de surfeurs au Nord

La proportion de Français connectés à Internet à domicile (22 % en mars 2002) est inférieure à celle constatée aux Pays-Bas (52 %), en Allemagne (34 %) ou au Royaume-Uni (32 %) ; elle est supérieure à celle de l'Espagne (17 %) ou de l'Italie (16 %). Aux freins d'ordre culturel s'est ajoutée en France l'existence du Minitel, qui rendait Internet moins nécessaire.

On retrouve des écarts de même nature dans les taux d'utilisation. 35 % des Européens utilisent Internet : 9 % tous les jours et 14 % au moins une fois par semaine. Les plus concernés sont les Suédois (67 %), les Danois (59 %), les Néerlandais (54 %) et les Finlandais (51 %). Les utilisations les plus fréquentes sont l'échange de courriers électroniques (58 %), la recherche d'information (42 %) et le travail (40 %).

Le développement d'Internet recèle de formidables opportunités...

Internet représente sans aucun doute une chance pour le monde, un grand projet planétaire. Le « village mondial » prévu par MacLuhan est un « septième continent » dans lequel tous les humains pourront pour la première fois se retrouver en se jouant des frontières spatiales (géographiques ou politiques) et temporelles. Internet leur apportera un supplément d'information, d'expression et de liberté. Certes, la convivialité proposée est virtuelle, avec des contacts indirects, distanciés, aseptisés. Mais elle constitue une réponse possible à la solitude engendrée par une « société de communication » qui engendre souvent l'« excommunication ».
Internet est l'un des outils d'élaboration d'une société mondiale parallèle, capable d'influencer les États et les cultures. Son avènement donnera à chaque individu la faculté d'exister pour tous les autres, d'appartenir à des groupes planétaires ayant des centres d'intérêt communs. Il autorisera un nouveau rapport aux autres à travers notamment l'utilisation des services de messagerie. Il renforcera l'autonomie et l'indépendance de chaque citoyen par rapport aux contraintes nationales. Pour les curieux, Internet est un nouvel univers à explorer, alors que le monde réel ne réserve plus de véritable *terra incognita*. Il constitue une aventure moderne, un labyrinthe dans lequel chacun peut s'engager sans savoir ce qu'il trouvera en chemin et où il parviendra.

Le développement d'Internet a déjà une incidence sur le fonctionnement des nations et sur celui de la planète. Il a transformé la notion de distance (le prix des services ou des communications est indépendant de l'éloignement) et celle de temps, avec l'accès instantané aux services. Il autorise une interactivité totale, symbole de la naissance d'un « spectateur », à la fois spectateur et acteur. Il se caractérise enfin par la diversité de ses utilisations : informations ; divertissement ; jeu ; communication (à deux ou en groupe) ; achats ; relations avec les entreprises et les institutions...

... mais il est aussi un facteur d'inégalités...

La contrepartie des avantages et des promesses d'Internet est le risque de dérives inhérent à un outil par nature difficile à contrôler. Internet est en effet potentiellement porteur de nouvelles inégalités. Entre ceux qui seront « branchés » et ceux qui ne le seront pas (certains pays cherchent d'ailleurs à restreindre ou interdire l'accès au réseau). Entre ceux qui disposeront des hauts débits (câble, ADSL, satellite...) et ceux qui se désespéreront devant la lenteur d'affichage.

Le Saviez-vous ?

Entre les utilisateurs qui iront au plus simple (informations de base, jeux, distractions de toutes sortes) et ceux qui en feront un outil de réflexion et d'enrichissement pour développer leurs compétences, leurs réseaux relationnels ou leurs affaires. Entre ceux qui resteront du côté sombre (sites pornographiques, d'incitation à la violence ou au racisme...) et ceux qui se serviront de cet outil pour rendre le monde meilleur, dans le respect et l'échange avec les autres. Internet pourrait donc être à l'origine de nouvelles fractures : culturelle, sociale, philosophique, morale.
Un autre risque est que la cybersociété, virtuelle et planétaire, se substitue à la société réelle et nationale. Certains la trouvent en effet plus sécurisante, car les contacts y sont indirects, distanciés, aseptisés. Enfin, l'utilisation de l'ordinateur est généralement solitaire, à l'inverse de celle de la télévision qui a pu favoriser la communication au sein de la famille. Le temps passé devant l'écran d'un ordinateur est souvent à déduire du temps disponible pour l'entourage proche. De même, la possibilité de communiquer avec des personnes situées à l'autre bout du monde empêche parfois de parler à celles qui se trouvent tout à côté.

... et de menaces sur la liberté individuelle.

Dans l'univers théoriquement protégé d'Internet, de nombreuses formes d'agression sont possibles. Les virus véhiculés par le réseau coûtent cher aux entreprises et aux particuliers ; ils représentent une crainte permanente pour les utilisateurs et réduisent considérablement le plaisir de naviguer sur le réseau. Les possibilités de s'immiscer dans la vie privée sont également inquiétantes, avec l'introduction de *cookies* et de *spywares* qui gardent la trace du cheminement de chacun et surveillent à distance le contenu des ordinateurs. L'utilisation de données de plus en plus précises sur les foyers et les personnes à des fins commerciales est d'ailleurs le but avoué du « marketing relationnel » *(one to one)* qui se développe aujourd'hui dans les entreprises. Il risque cependant de se heurter à la méfiance croissante des individus citoyens consommateurs, qui pourrait les amener à boycotter certains sites trop curieux ou à fournir délibérément des informations erronées.
Enfin, Internet est souvent considéré comme une incitation à la sédentarité, qui serait contraire au mouvement actuel vers des activités extérieures ou « nomades ». Le risque existe surtout pour les « accros » du Web, qui passent des heures devant leur écran, oubliant la vie extérieure. Mais on constate que le temps de connexion tend à diminuer avec la pratique. De plus, les internautes ont souvent envie de rencontrer leurs interlocuteurs dans le « vrai monde », ce qui les incite à se déplacer et à voyager.

Activités

Internet en France et en Europe

1. Faites un exposé oral à partir des informations données dans l'article et dans l'encadré « Plus de surfeurs...» :

a. Présenter la situation en comparant les chiffres entre les différents pays.

b. Commentaire personnel sur les aspects positifs et négatifs d'Internet.

c. Conclusion avec ouverture sur la situation dans votre pays et jugement personnel.

2. Rédigez un rapport construit dans lequel vous notez les ambivalences du développement d'Internet.

bilan

écrit

Gérard Mermet
Francoscopie 2003

A. Le développement des supports électroniques et d'Internet a des conséquences considérables sur la diffusion de l'information. Contrairement au passé, le coût de démultiplication est en effet nul, de sorte que chacun peut en bénéficier gratuitement et instantanément. Le savoir, et donc le pouvoir, se trouvent ainsi partagés dans le principe, même si de nombreuses inégalités demeurent dans la réalité.

De plus, chaque récepteur d'information est aussi potentiellement émetteur, grâce à l'interactivité des nouveaux médias. Les relations de dépendance verticale sont donc remplacées par des relations horizontales en réseau ; les intermédiaires tendent aussi à disparaître et les relations sont de plus en plus directes entre les citoyens consommateurs et leurs interlocuteurs et prestataires.

Cette « désintermédiation » permet à chacun d'être en relation directe, instantanée et quasiment gratuite avec tous les autres, pour échanger des informations, des idées ou des biens. Elle est de nature à transformer le fonctionnement et la hiérarchie des sociétés développées.

B. Comme la plupart des innovations majeures (l'avion, la voiture, le nucléaire, la télévision, la pilule contraceptive...), Internet est porteur du meilleur et du pire et il suscite de nombreuses questions. Ce formidable outil de communication sera-t-il accessible à tous, y compris dans les pays pauvres et dans les dictatures ? Restera-t-il un moyen de communiquer et de s'informer pour les particuliers ou sera-t-il annexé par les marchands ? Réduira-t-il ou renforcera-t-il les inégalités entre les individus et entre les pays ? Sera-t-il un instrument de liberté ou de surveillance ? Les informations diffusées seront-elles objectives, fiables ou destinées à manipuler les opinions ?

Activités

1. Donnez un titre à chacun des deux paragraphes.

2. Résumez le texte en une dizaine de lignes.

3. Quelle est selon vous l'innovation majeure qui a modifié votre manière de vivre au quotidien ?
Vous aurez le souci d'argumenter votre point de vue en donnant des exemples.

Oral

Compréhension

Dans cette discussion sur les avantages et les inconvénients de l'informatique et en particulier de l'usage d'Internet, dites si ces propositions sont vraies (V) ou fausses (F), en fonction de ce que vous avez compris.

1. La télévision coûte moins cher qu'Internet.
2. La télévision donne des informations meilleures qu'Internet.
3. En surfant sur Internet, on est passif.
4. Quand on regarde la télévision, on est récepteur et pas acteur.
5. Chercher l'information sur Internet est un acte ludique.
6. Internet est comme une encyclopédie gigantesque.
7. Surfer est difficile.
8. Il faut être très intelligent pour se servir d'Internet.
9. Trouver de bonnes informations sur Internet est très ardu.
10. L'informatique utilise beaucoup de papier.
11. Mara apprécie que son ordinateur l'aide à ranger ses documents.
12. L'ordinateur et le traitement de texte facilitent l'écriture.
13. Béatrice et Mara partagent le même enthousiasme pour l'informatique.
14. Jean-Pierre et Patrick ne partagent pas le même goût pour l'informatique.
15. Si George Sand revenait, elle écrirait ses romans avec un traitement de texte.
16. Victor Hugo ferait de même.
17. Ils sont tous d'accord pour dire qu'Internet facilite l'écriture.
18. Ils reconnaissent que l'informatique améliore la vie quotidienne.

Unité 4

La mode

Paroles de couturiers

Vous allez écouter comment, au cours de l'émission *Carnet Nomade* de Colette Fellous, deux créateurs « en mode » s'expriment sur leur rapport à leur collection : Yves Saint Laurent, Sonia Rykiel.

Carnet Nomade
« Le statut du couturier »
France Culture, 14 juin 2002

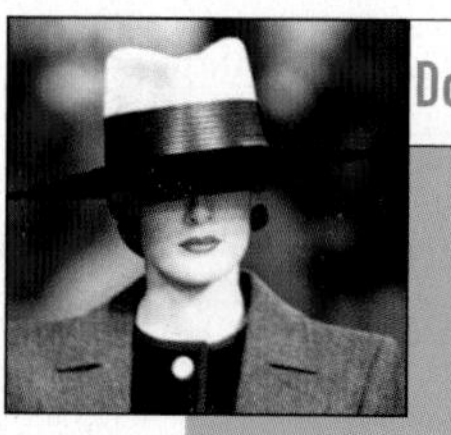

Document 1 Interview

Yves Saint Laurent : Moi, je suis absolument contre la mode longue, je crois que les femmes ont des jambes à montrer… c'est un privilège qu'elles ont sur nous et il faut qu'elles l'exploitent au maximum…

Colette Fellous : Est-ce que vous pouvez nous résumer votre collection, il y a beaucoup d'inspirations différentes…

YSL : D'abord, j'aime le noir, j'aime le jersey, j'aime les faux bijoux, j'aime beaucoup de choses… j'aime surtout une femme mince, une femme jamais encombrée par de gros tissus, toujours des tissus assez légers comme vous avez pu remarquer ou des tissus souples qui mettent en valeur son… qui laissent deviner son corps… je déteste les formes raides, architecturées, construites…

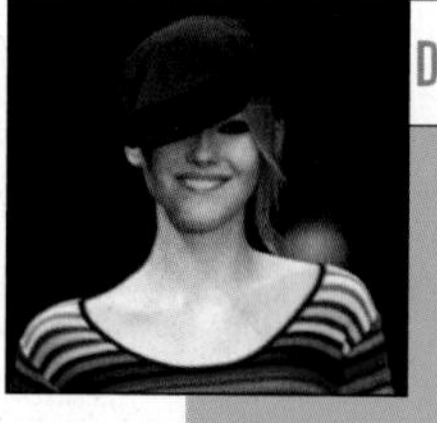

Document 2 Interview

Sonia Rykiel : La création est aussi une mémoire… mais qu'est-ce que c'est que la mémoire ?… c'est vrai que la mémoire… attention… elle ne restitue pas vraiment la vérité… Ce qui compte en mode, je trouve, c'est de s'inventer, c'est de s'exhiber, c'est de savoir se poser, savoir se montrer, c'est quelque chose qui s'apprend, c'est une espèce de séduction qui peut tout à fait s'apprendre, je dirais pas que j'ai appris ça à ma fille… mais… je pense que le fait de vivre à côté de moi et avec moi, ça lui a donné une espèce de manière d'être que j'essaie de montrer à mes petites filles aussi, ça veut pas dire que je pense que j'ai raison mais ça veut dire aussi que c'est une… c'est une volonté… c'est un pouvoir, c'est un véritable pouvoir… il faut vivre ça comme un pouvoir en se disant que le pouvoir c'est quelque chose de tout à fait formidable à condition de bien savoir que le pouvoir, il faut toujours travailler pour le garder… il faut toujours malaxer, garder, reprendre, réajuster… je pense que… ce que l'on est, c'est-à-dire le style, que ce soit le style d'un écrivain, d'un architecte, d'un créateur en mode, c'est le bâti, c'est la légende, et c'est quelque chose qui vous construit, c'est la construction et… qu'à chaque collection vous devez débâtir, vous devez déconstruire et vous devez rebâtir autrement… à condition de rebâtir avec vos propres armes… vous parlez de rayures, c'est vrai que moi, je peux pas m'en passer des rayures, c'est impossible… Mais chaque collection, je me dis comment je vais faire cette rayure, il faut qu'elle ne soit comme dit Verlaine « ni tout à fait la même ni tout à fait une autre »[1]… mais c'est vrai qu'on a ces ingrédients , on a « sa substantifique moelle »[2], … moi je dis que tout ce que je vis, tout ce que j'entends, tout ce que j'écoute, tout ce que je regarde, tout ce que… je le mets à l'intérieur de la robe parce qu'aujourd'hui… c'est vrai que… si je ne mettais pas tout ce que je mange à l'intérieur de cette robe, cette robe elle serait exsangue sur le tapis, elle n'existerait plus, elle n'aurait plus de substance…

notes

1. Référence à un poème célèbre de Paul Verlaine (1844-1896) « Mon rêve familier » dont le premier quatrain est :

Je fais souvent ce rêve étrange et pénétrant
D'une femme inconnue, et que j'aime, et qui m'aime
Et qui n'est, chaque fois, ni tout à fait la même
Ni tout à fait une autre, et m'aime et me comprend.

2. La « substantifique moelle » est aussi une référence littéraire à la célèbre métaphore de Rabelais (1483-1583) dans le prologue de *Gargantua*, où il invite le lecteur à approfondir le sens du récit, à « rompre l'os et sucer la substantifique moelle ».

Page précédente et page 58 :
Atelier de broderie Lesage, Paris.

Haut : *Défilé Yves Saint Laurent,* Paris 2001.
Bas : *Défilé Sonia Rykiel,* Lisbonne 2004.

compréhension détaillée

1. Yves Saint Laurent a une conception de la mode pour « un type de femme » bien défini.

a. Comment est « La Femme » Yves Saint Laurent ?
b. Quels sont les mots-clés qui la définissent ?
c. Faites-en une reformulation personnelle orale.

2. Sonia Rykiel exprime ce qu'est la mode pour elle.

a. Comment Sonia Rykiel définit-elle la mode ?
b. Quels sont les mots-clés qui ponctuent son discours ?
c. Comment définiriez-vous son intonation ? En quoi est-elle constitutive de sa pensée ?
d. Qu'est-ce que « le style » pour elle ?
e. Quelle est la métaphore qui conclue sa réflexion sur la mode ?
f. Faites-en une reformulation orale personnelle que vous partagerez avec vos camarades.

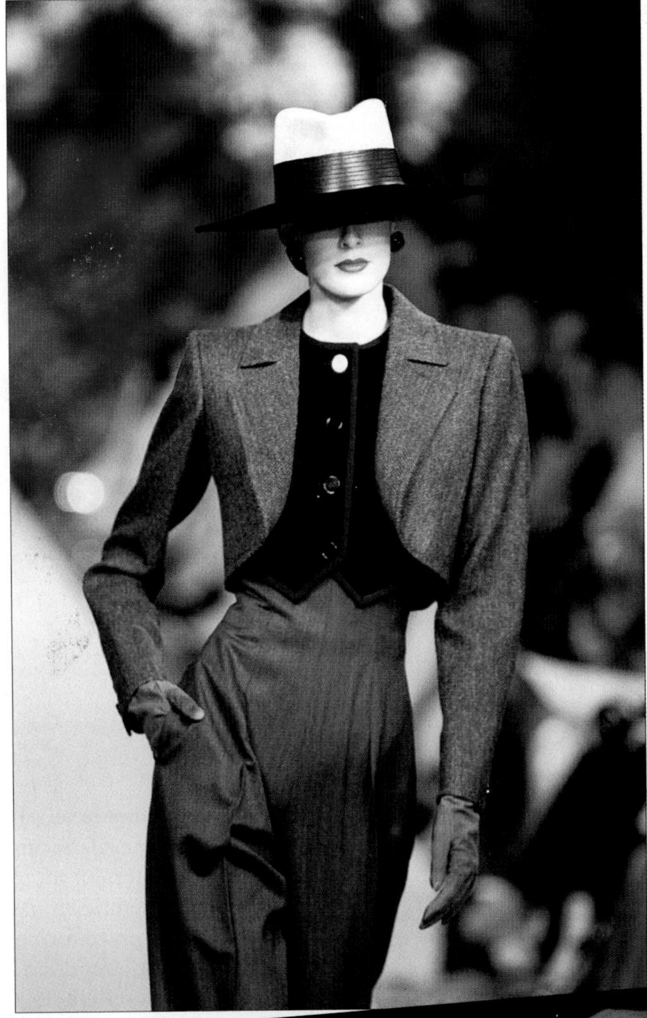

production orale

1. Lequel des deux enregistrements préférez-vous ?
Ces deux enregistrements de couturiers célèbres correspondent-ils à l'idée que vous vous faites de ce métier ?

2. Quelle serait pour vous une définition de la mode ?
Même si un célèbre proverbe français dit que « l'habit ne fait pas le moine », il n'en reste pas moins vrai que le vêtement que nous portons nous exprime. On dit aussi que « le vêtement est une seconde peau ».
Très longtemps, les vêtements n'ont été considérés qu'en tant que résistances entre notre corps et le milieu extérieur. Depuis quelques années, la notion de confort vient s'ajouter aux propriétés du vêtement, considéré dès lors comme une seconde peau qui doit réguler la température du corps, par l'intermédiaire de la couche d'air entre le vêtement et la peau, faciliter le transfert d'humidité vers le milieu extérieur, et empêcher l'humidité du milieu extérieur de venir au contact de la peau. (note d'une recherche sur « les tissus climatisants », en particulier pour le sport)

3. Discutez entre vous sur ce que vous aimez porter et ce que vous détestez porter (les couleurs, les matières, les tissus, les formes).

4. Pensez-vous que l'on peut connaître quelqu'un par la manière dont il ou elle s'habille ?

pour en savoir plus
Pour une réflexion plus historique sur le costume à travers les âges et sa fonction sociale :
http://www.culture.gouv.fr

Images de la mode

Repères Mode et textile 96, visages d'un secteur
Editions IFM, 1996

Collection Printemps-Été Emilio Pucci 2005, dessinée par Christian Lacroix, Milan 2004.

Propos sur la mode par Christian Lacroix

1 look Le look a probablement été le mot le plus mortel inventé par la décennie car synonyme d'effacement de la personnalité et de négation de l'intérieur au profit de l'extérieur. Mais, au-delà de cette définition, il faut savoir faire la différence entre les codes protéiformes de certaines familles qui peuvent superficiellement ne passer que pour des panoplies – en fait riches de fantaisies, d'échappées et de possibilités comme celle des rappeurs –, et l'aveuglement qui consiste à endosser l'uniforme de telle ou telle griffe. Cela a pu être le comble de l'élégance à l'époque où l'on avait son couturier attitré, mais certainement plus aujourd'hui dans un paysage des griffes où même le vrai fait l'air faux.

2 mode de la rue La rue est dangereusement créatrice. On y risque le faux-sens, le faux-pas. On a aussi peut-être trop dit qu'elle était espace de liberté. Et pourquoi ne pas revenir aux diktats de la mode ? Juste une idée utopique en passant, à l'instant, juste pour lutter contre ce que l'on répète machinalement tous les jours. Goethe a écrit quelque chose comme « on doit créer ce que le public va aimer et non ce qu'il aime déjà ». Ce que j'aime dans la rue, ce sont les rares individualités qu'elle propose, à Londres surtout. La masse, sinon, est une impasse. On y aime les tribus ethniques, mais le risque est énormément grossier, impudique, dangereux, de plagier ce qui naît d'une précarité, d'une crise sociale, de difficultés économiques. Car il faut reconnaître que saris, boubous et djellabas ne sont pas souvent là par choix. Il y a l'intégrisme ou la pauvreté. Sans eux, Indiens, Africains ou Arabes sont prêts pour les griffes nivelantes, banalisantes. Peu revendiquent dans la rue une liberté d'expression, ou religieuse ou culturelle, par le biais des vêtements. La rue est un alibi. Ce qui est plus fort qu'elle, c'est la mentalité, le mode de vie, son évolution au quotidien par le biais de la musique, des musiques, des sports. Un espace réservé aux tribus. Mais dès qu'il y a tribu , il y a exclusion, et la mode n'est pas du côté de l'exclusif. Elle n'est pas être soi, mais être les autres.

3 mondialisation de la mode Je crois pouvoir faire finalement confiance aux gens pour ne pas sombrer dans cette marée basique qui pourrait paraître si séduisante – et un aspect justement de la mondialisation est proche des labels comme Gap. Mais il est remarquable que les nouveaux talents qui émergent sont si souvent basés sur l'identité culturelle : en Corée par exemple, il y a une mode qui fait son chemin sur les podiums européens (l'Asie du sud-est et de l'Extrême-Orient seront des plaques tournantes demain de toute façon). On ne peut pas dire encore ce qui va prendre le dessus : le tous pareils, à travers le nivellement que proposent les médias, ou le tous différents, par réaction à ce phénomène.

4 top models On a tout dit sur les top models, reste qu'il n'y a pas de mystère : une fille en qui public, photographes et stylistes reconnaissent une époque n'est pas là par hasard. Mais l'indigestion ne fait que stigmatiser le nivellement du moment. Je n'aime pas les icônes et me méfie de l'idolâtrie, même si j'aime souvent les êtres humains qui sont derrière ce phénomène. La prochaine vague pourrait être l'inverse : la recherche de physiques particuliers, anonymes, stylés – mais seulement dans le cas, peut-être optimiste, où les créateurs reprendraient le dessus, surpassant la dictature des rédactrices et des photographes qui font le travail à leur place en ce moment. Dans trop de cas, les visages sont identiques et les castings sont nivelés.

5 image de marque Je veux continuer à croire que la différence reste la clé de tout. Chez Christian Lacroix en tout cas. Chaque maison, chaque créateur doit générer son propre univers, même si quelques axiomes marketing peuvent être de mise – encore faut-il les remettre en question, comme tout le reste, à chaque instant. Universalité, intemporalité et éternité sont des mots que je bannis du paysage de la mode. C'est l'éphémère, le particulier, l'unique qui sont les meilleurs signes de l'identité.

6 La haute couture La couture survivra peut-être si elle trouve sa cohérence entre le prêt-à-porter de luxe qu'elle ne doit pas être et la créativité radicale qui n'est pas son rôle, la clientèle, même nouvelle, ne sortant pas vraiment de certains codes. Mais Alaïa, Margiela ou d'autres nouveaux sont pour moi des couturiers, et les couturiers qui font des images fallacieuses, obsolètes de géométrie dans l'espace ne sont plus des couturiers vrais. Une jupe droite à la main ne signifie pas grand-chose non plus. La solution est entre les deux, car l'envie individuelle d'un vêtement unique et artisanal existera toujours, et d'autant plus qu'on aura à refuser l'uniforme. Je crois aux néo-couturières de quartier, au sur-mesure même modeste.

activités de compréhension

1. Mettez-vous par groupes après avoir choisi le texte qui vous intéresse le plus.

Comme nous vous proposons 6 textes, vous pouvez faire 6 groupes ou un groupe peut choisir deux textes, comme vous le voulez.

L'objectif de cette activité est de favoriser votre prise de parole personnelle concernant :

- la compréhension du texte ;
- la formulation orale de la prise de position de Christian Lacroix ;
- votre prise de position personnelle quant au même domaine : le « look », « la mode de la rue », « la mondialisation de la mode », « les top models », « l'image de marque », et la couture – ce qui est appelé la « haute couture ».

2. Compréhension du texte : relevez les mots-clés de chaque texte.

Classez-les en relevant ceux qui ont une valeur positive et ceux qui ont une valeur négative aux yeux de Christian Lacroix.

expression orale

1. Formulation orale : formulez ensemble le point de vue du couturier par rapport à chaque domaine.

Exemple :

Texte 1 : *« Pour Christian Lacroix , le « look » a été le mot le plus mortel pour le rapport à la couture parce qu'il signifie l'effacement de la personnalité de chacun. Le look, c'est très superficiel, c'est la « mort » de la personnalité de chacun. C'est la mort de la mode parce qu'il y a uniformisation. Il n'accepte pas ce diktat des « griffes » qui rend « aveugle ». Il voudrait que chacun puisse « trouver » sa vérité vestimentaire. Il est contre l'uniforme… le fait de porter tous le même vêtement sous prétexte que c'est une marque connue ! »*

2. Donnez votre point de vue personnel.

Exemple :

a) Pour : *Je suis d'accord avec Christian Lacroix parce que moi je me moque complètement de la manière dont je m'habille ! j'aime bien être « moi » !*

b) Contre : *Moi, je ne suis pas d'accord avec sa position : j'aime aller dans les boutiques et regarder les tendances : si je m'achète un pantalon à la mode cela me fait plaisir… j'aime bien être habillée comme les autres…*

expression écrite

Après avoir lu et échangé à propos de tous les textes de Christian Lacroix, rédigez un texte personnel. *(cf. Cahier d'exercices)*

Vous donnerez votre point de vue pour un journal de mode.

Plusieurs sujets au choix :

Contre...	Pour...
– le « look »	*– la vérité de soi dans le vêtement*
– la mode de la rue	*– le vêtement « unique » artisanal*
– le diktat des marques	*– la créativité de chacun*

Luxe, marques et sensualité[1]

Laurent Greilsamer
« Luxe, marques et sensualité »
Le Monde, 3 juin 2004

On fête cette année le 150e anniversaire de Louis Vuitton et de Mariage Frères. Deux marques, deux univers. Le froid et le chaud. Le solide et le liquide. Le toucher et le goût. Alors, quoi de commun entre le célébrissime malletier et maroquinier et l'un des plus fameux découvreurs de thé, chasseur de cru et assembleur ? Leur longue histoire, bien sûr. Une histoire d'excellence, de recherche incessante de qualité, d'obsession du zéro défaut.

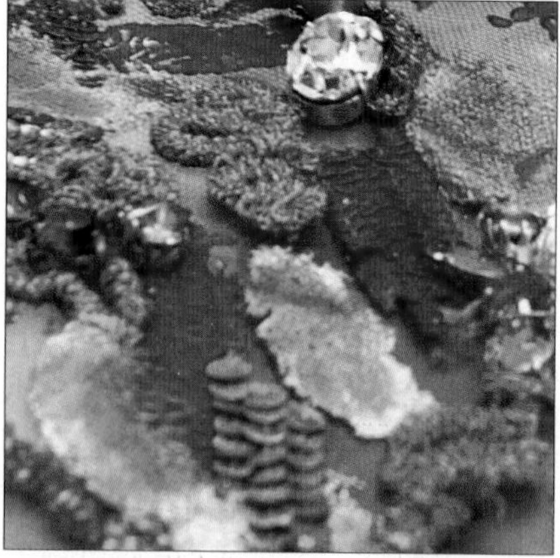

Le luxe choisit Paris

Une histoire qui mérite une minute d'attention et une interrogation. C'est en 1854 que Louis Vuitton, à l'époque simple emballeur, ouvre son premier magasin au numéro 4 de la rue Neuve-des-Capucines, dans le quartier du futur opéra. Au même moment, la maison Mariage inaugure, au cœur du vieux Marais, son premier dépôt-vente de thés d'Orient. Ce ne pourrait être qu'une coïncidence, mais c'est le signe d'un moment unique et privilégié.

À la mi-temps du XIXe siècle, le commerce du luxe choisit Paris, comme lieu majeur de son éclosion. Tout s'enchaîne à une vitesse prodigieuse. Dans les années précédentes, la capitale avait vu naître les boutiques d'un jeune et génial parfumeur, Pierre François Pascal Guerlain, d'un orfèvre qui allait définitivement asseoir sa réputation, Louis-François Cartier, et d'un inimitable sellier, dessinateur des plus beaux harnais pour les chevaux de ses clients, Thierry Hermès.

Pourquoi ? Comment ? Voltaire avait sans doute, plus d'un siècle auparavant, donné l'impulsion libératoire en écrivant quelques décasyllabes provocants :

J'aime le luxe, et même la mollesse,
Tous les plaisirs, les arts de toute espèce,
La propreté, le goût, les ornements :
Tout honnête homme a de tels sentiments.

« Je porte des robes politiques »

Il faudrait citer tous les vers de ce poème iconoclaste[2], « le Mondain ». Révolution industrielle aidant, le XIXe exhaussait l'auteur de *Candide*. La machine à vapeur et le chemin de fer ouvraient l'ère des temps modernes et du capitalisme triomphant.

Dur pour les libertés, le second Empire fut clément pour le commerce du luxe. Napoléon III voulut une cour élégante. L'impératrice Eugénie y veilla. « Je porte des robes politiques », aimait-elle dire. Ce furent des robes signées Charles-Frédéric Worth[3], des bagues de chez Cartier, le tout emballé avec un soin extrême dans des malles en bois de peuplier, comme le raconte Stéphanie Bonvicini dans *Louis Vuitton, une saga française* (Fayard).

Ces artisans étaient des patrons, des précurseurs. De leurs noms, ils firent des marques. De leurs marques, des histoires familiales. En quelques générations, les boutiquiers sont devenus empereurs. Sans frontières.

L'une de leurs forces a consisté à combler presque tous les sens du « Mondain » évoqué par Voltaire. La vue, d'abord, avec les bijoux de Cartier[4] et les toilettes de Worth, épurant et rejetant en arrière la silhouette de la femme. Le toucher avec les tissus, les cuirs et le gainage des malles Vuitton. L'odorat avec les parfums et les eaux de toilette de Guerlain. Le goût, enfin, avec le thé, cette boisson écologique en passe de devenir, à cause ou grâce à Mariage Frères, une religion. Qui l'eût cru il y a cent cinquante ans ?

notes

1. Le titre de l'article « Luxe, marques et sensualité » est un clin d'œil au fameux poème de Baudelaire « L'invitation au voyage », poème des *Fleurs du mal*, dont les deux vers suivants
   Là tout n'est qu'ordre et beauté
   Luxe, calme et volupté
   rythment le poème et se répètent comme un leitmotiv.

2. iconoclaste : qui détruit les images saintes, sacrées.

3. Charles Frédéric Worth, anglais, crée, en 1858, au 7 rue de la Paix, à Paris, la première véritable maison de haute couture, créant des modèles originaux pour des clientes particulières.
La haute couture est liée au travail artisanal, celui des ateliers comme celui des paruriers (plumassiers, brodeurs, modistes…), qui, chaque saison, créent les atours de l'exception. Il était le couturier attitré de l'impératrice Eugénie.

4. 1859 : Cartier s'installe au 9 boulevard des Italiens. L'impératrice Eugénie devient cliente. C'est là, au cœur vivant du Paris de l'époque, qu'il entre en contact avec le grand couturier Charles Frédéric Worth. Excentrique, cet homme qui ne s'habille alors qu'à la Rembrandt, tout comme le compositeur Richard Wagner, va lancer la mode des crinolines et, du même coup, dans le tourbillon qui s'ensuit, créer la haute couture. Cette rencontre entre tissus de prix et pierres précieuses signe l'alliance sacrée, et jamais démentie, de la mode et de la joaillerie.

grille de lecture

1. En quoi ces deux maisons sont-elles représentatives d'une certaine excellence « à la française » concernant l'industrie du luxe ?

2. Bien que toutes deux appartiennent à des domaines différents du luxe : l'une la bagagerie et l'autre le thé, quelles sont leurs ressemblances ?

3. Pourquoi Paris devint le lieu du luxe au milieu du XIXe siècle ?

4. D'autres maisons de tradition voient le jour à la même époque, dans quel secteur du luxe ?

5. Comment comprenez-vous cette expression de Voltaire extraite de son poème « le Mondain », écrit en 1736 : « tout honnête homme a de tels sentiments » ?

repérages

Recherchez dans le texte, les phrases écrites par Laurent Greilsamer qui correspondent aux paraphrases suivantes :

a. Quelles sont les ressemblances entre le malletier le plus célèbre et le plus grand découvreur de thé ?
b. Une très bonne histoire qui raconte une recherche sans fin et sans fautes.
c. Cela pourrait être dû au hasard mais c'est le signe d'un temps rare et bénéfique.
d. Tout arrive très vite.
e. Voltaire avait commencé un mouvement de libération.
f. Un poème qui ne respecte pas les images saintes.
g. L'une de leurs forces a été d'assouvir les sens du « Mondain » brossé par Voltaire.
h. Les belles robes de Worth rendent pure la silhouette féminine.
i. Le thé est devenu une boisson sacrée.

expression orale

1. Avez-vous le goût des marques ? Pour quels produits de luxe ? Pour les vêtements ? Pour les parfums ? ou pour d'autres ?

2. Quelle différence faites-vous entre « avoir du goût pour les belles choses » et aimer « le luxe » ?

3. Pensez-vous que le raffinement de l'esprit aille de pair avec celui des objets et des produits ?

4. Réagissez à la définition du luxe donné par Voltaire.

Débat

Première partie

Divisez votre groupe entre les partisans du luxe et les défenseurs d'une grande sobriété.

Le jeu du débat consiste à forcer votre opinion personnelle qui est nécessairement mesurée et équilibrée. Mais, il est bon de vous obliger à « défendre une position plus tranchée » si vous souhaitez développer vos capacités orales d'argumentation. Cherchez vos arguments avec de nombreux exemples :

Pour le luxe	Contre le luxe
Recherche du raffinement pour la satisfaction des sens : l'œil, le toucher, l'odorat…	*Recherche de la simplicité et des parfums naturels…*

L'impératrice Eugénie à Biarritz, 1858, E. Defonds.
Château de Compiègne.

Sommes-nous victimes de la mode ?

Guillaume Erner
Victimes de la mode ?
Editions La Découverte, Paris, 2004

Les hommes d'aujourd'hui, devenus autonomes, éprouvent des difficultés pour se définir, mais aussi pour aller vers l'autre. Ils se tournent vers la mode.

Le moi comme ultime utopie

Derrière notre engouement pour la mode, on trouve cette ferveur suscitée par ce que nous avons de plus cher : nous-mêmes. Le constat est désormais banal ; plus aucune utopie n'est susceptible de nous mobiliser collectivement. Comme le redoutait Tocqueville, la modernité a fabriqué un homme replié sur lui-même ; après avoir séparé l'homme de ses contemporains, « elle le ramène sans cesse vers lui seul et menace de le renfermer enfin tout entier dans la solitude de son propre cœur ». […]

Nos pathologies du lien sont les conséquences de nos obsessions narcissiques.

Le besoin de mode s'inscrit évidemment entre ces deux pôles : la volonté de devenir soi, le désir d'entrer en relation avec l'autre. Certains créateurs ont fort bien perçu ce que la mode et les pathologies du lien avaient en commun. Calvin Klein, dans ses publicités, a longtemps exploité cette veine, exprimant, paraît-il, ses propres angoisses. Un de ses films publicitaires présentait ainsi un couple se cherchant dans un long couloir, sans parvenir à se trouver […].

La pathologie du lien est une conséquence de l'incapacité de l'individu contemporain à savoir qui il est. Désormais, il doit trouver sa place sans le secours d'une tradition d'aucune sorte. La mode peut tenter de jouer ce rôle intégrateur ; elle permet à l'individu de se poser en s'opposant, d'appartenir et de se distinguer. Mais l'opération simple qui consiste à se construire par identification devient plus problématique qu'auparavant. Qui sont nos modèles ? Des stars inaccessibles, les protagonistes de la télé-réalité, des femmes ou des hommes politiques ? Les vedettes aussi connaissent la précarité : les émissions où les stars déchues viennent raconter leur chute se multiplient parce que les accès de la gloire sont aujourd'hui plus soudains qu'hier. Finalement, nous avons autant de difficultés à cohabiter longuement avec les mêmes idoles que nous en rencontrons avec les gens ordinaires, dans la vie de tous les jours. Même lorsqu'elle ne prend pas un tour pathologique, cette quête identitaire rend difficiles nos relations à l'autre, comme en témoignent les évolutions subies par le couple aujourd'hui.

Défilé Jean-Paul Gaultier, collection Printemps-Été 2005
Paris, 2004.

Une mutation anthropologique

À l'énoncé de ces diffcultés, qui ne constituent que quelques exemples, on prend la mesure de la mutation anthropologique en cours, conséquence du passage de la société de tradition au monde contemporain. Cette crise, centrée sur l'individu et ses relations à l'autre, éclaire notre rapport à la mode : elle explique pourquoi ce phénomène occupe désormais la place qui est la sienne. On pourrait même pousser plus loin l'hypothèse et formuler une conjecture : il existerait une corrélation entre cette crise anthropologique et le rapport que chaque société entretient avec la mode.

La notion de crise anthropologique ne nous est pas aussi familière que la crise économique. Cette dernière est décrite quotidiennement ; elle se quantifie aisément au travers de différents indicateurs, du chômage aux principaux déficits. La crise anthropologique, en revanche, est plus difficile à cerner. Elle désigne toutes les manifestations du malaise provoqué par la modernité. Celles-ci peuvent adopter les formes les plus diverses depuis les divorces et autres ruptures jusqu'à la consommation de drogues et de psychotropes. La dépression, par exemple, peut ainsi être interprétée comme un symptôme des difficultés rencontrées par nos contemporains ; comme l'a soutenu Alain Ehrenberg, « le déprimé n'est pas à la hauteur, il est fatigué d'avoir à devenir lui-même[1] ». La société traditionnelle pouvait susciter des frustrations ou des dilemmes ; au moins dispensait-elle l'individu de se chercher une identité.

Dans ce contexte, on pourrait imaginer que le rapport à la mode trahisse l'anxiété de l'individu à devenir « lui-même ». Dès lors, la relation aux tendances et aux marques observée au sein d'une société pourrait être fonction de l'amplitude de la crise anthropologique dans cette société. Le cas du Japon semble corroborer cette hypothèse. Comme on le sait, l'Archipel a développé un rapport à la mode tout à fait singulier : la population des *fashion victims* semble particulièrement fournie dans ce pays. Certaines marques, à l'instar de Vuitton, bénéficient d'une véritable vénération ; l'inauguration d'une boutique peut rassembler des foules hystériques.

L'augmentation des phobies sociales au Japon

Parallèlement, le nombre de phobies sociales est en augmentation sévère, jusqu'à constituer un véritable problème de santé publique. Le rapport à l'autre est devenu difficile comme en témoigne le mode de vie de ces jeunes surnommés

Otaku (littéralement « la maison ») : sortant peu, principalement pour faire des achats, ces individus vivent repliés sur eux-mêmes, entre leur console de jeu, leur télévision et leur ordinateur. En un sens, ils vivent au pays des marques, entourés par des créations marchandes. Ces autistes d'un nouveau genre ont inventé un nouveau langage, à base de marques et de tendances.

Un autre point de vue sur la mode

Bourdieu, le mode de la domination de la mode

L'explication que Pierre Bourdieu donne de la mode est célèbre auprès des spécialistes comme des néophytes. Pourtant, elle ne parvient pas à rendre compte de la propagation des tendances au sein de la société. Selon cette analyse, les goûts obéissent, au sein d'une société, à une « diffusion verticale ». Ainsi, une frange de la population, privilégiée en matière de capital culturel ou de capital social, imposerait ses choix, par le biais du mimétisme, au reste de la population. Dès lors, la confection des tendances serait soumise à l'arbitraire d'un *habitus* de classe. L'*habitus* constitue l'une des notions clés de la sociologie de Bourdieu et désigne les caractéristiques qu'une classe, à son insu même, se condamne à reproduire. Ainsi, la fabrique des tendances reflèterait la division de la société en différentes strates sociales, chacune d'entre elles possédant ses manières d'être et ses styles de vie.

Dès lors, selon Bourdieu[2], les créateurs de mode appartiennent nécessairement aux classes dominantes : ils peuvent en être issus ou faire corps avec elles. Cette théorie des tendances repose sur une conception « irrationaliste ».

---

notes

1. Alain Ehrenberg, *La Fatigue d'être soi*, Odile Jacob, Paris, 1998, p. 11.
2. Pierre Bourdieu, « Le couturier et sa griffe : contribution à une théorie de la magie », *Actes de la recherche en sciences sociales*, n°1, janvier 1975, p. 11.

repérages

Le moi comme ultime utopie

1. Vérifiez votre compréhension : retrouvez dans le texte la formulation des idées suivantes:

a. C'est notre personne que nous aimons le plus.
b. Nous sommes passionnés par la mode.
c. Nous sommes individualistes, nous ne nous engageons plus pour une cause quelconque.
d. Nous pensons avant tout à nous-mêmes.
e. Les deux pôles de notre personnalité actuelle.
f. Nous avons de la difficulté à vivre avec l'autre ; trouvez le terme scientifique qui décrit ce problème et la cause du problème.
g. La solution du problème.
h. Ce qu'apporte la mode en tant que possibilité apparemment contradictoire.
i. Trouvez la formulation de la notion de « recherche de soi-même ».

expression orale

Formulez oralement les idées suivantes qui reprennent le contenu du texte, afin de les exprimer à quelqu'un :

a. la mode, expression de son identité et recherche du contact avec l'autre
b. difficultés du contact avec l'autre et raisons de ces difficultés
c. recherche de modèles d'identification

prendre position

Prenez position sur les questions suivantes, soit en y répondant, soit en exposant votre point de vue à travers un mini-débat préparé à deux ou à plusieurs.

a. Que pensez-vous de cette analyse des raisons qui nous poussent à suivre la mode ?
b. D'après vous, existe-t-il d'autres raisons ?
c. Êtes-vous pour ou contre la mode ?
d. Comparez les idées de Bourdieu et celles de Guillaume Erner sur la mode.

expression écrite

1. Reprenez et analysez les procédés syntaxiques et expressifs du texte pour les étudier et les reproduire à partir d'une phrase banale.

Exemple :

Phrase 1 : *Derrière notre engouement pour la mode, on trouve…*
Phrase 2 : *Plus aucune utopie n'est susceptible de nous mobiliser collectivement.*
Phrase 3 : *Cette quête identitaire rend difficiles nos relations avec l'autre.*

2. Exprimez les idées ci-dessous à l'aide des modèles précédents :

a. L'utilisation massive des téléphones portables est due à la peur de la solitude ;
b. Nous ne nous engageons plus pour des causes nationales ;
c. Nous recherchons des succès faciles, c'est pourquoi nous avons de la difficulté à nous engager à long terme.

LVMH
Extraits du site
Internet
www.lvmh.fr

LVMH, Mission et valeurs du groupe

La mission

La vocation du groupe LVMH est d'être l'ambassadeur de l'art de vivre occidental en ce qu'il a de plus raffiné. LVMH veut symboliser l'élégance et la créativité. Nous voulons apporter du rêve dans la vie par nos produits et par la culture qu'ils représentent, alliant tradition et modernité. Dans ce cadre, cinq impératifs constituent des valeurs fondamentales partagées par tous les acteurs du groupe LVMH. Ces valeurs et l'ensemble des aspects qu'elles recouvrent ont fait l'objet d'une large réflexion à travers les sociétés du Groupe.

Les valeurs

- Être créatifs et innovants
- Rechercher l'excellence dans les produits
- Préserver passionnément l'image de nos marques
- Avoir l'esprit d'entreprise
- Être animés de la volonté d'être les meilleurs

• *Être créatifs et innovants*

Les sociétés du Groupe exercent des métiers riches en création. Elles visent en conséquence à attirer les meilleurs créateurs, à leur donner les moyens de s'épanouir, à les imprégner de la culture des marques, à leur permettre de créer dans la plus grande liberté.

L'innovation technologique joue un rôle tout aussi essentiel au sein du Groupe : c'est en effet sur le travail de nos équipes de chercheurs que repose la réussite de nouveaux produits cosmétiques. […]

Le Saviez-vous ?

LVMH, une vocation de mécène

« Par le mécénat, nous voulons construire une action d'intérêt général afin que notre succès économique profite à tous. »

Bernard Arnault

• *Un mécénat pour la culture, la jeunesse et l'action humanitaire*

Si LVMH s'affirme comme un acteur économique majeur, il constitue également une institution culturelle et sociale à part entière. Aussi, la réussite économique de LVMH a-t-elle permis de construire dès 1990 une action d'intérêt général légitime et utile :

Légitime, car le Groupe s'affirme année après année au travers de son développement comme un ensemble unique de valeurs liées au patrimoine, aux savoir-faire, à la créativité, à l'innovation, des valeurs d'art de vivre qui constituent le meilleur atout du succès de ses Maisons et de leurs produits, des valeurs qui appartiennent à tous ceux, dans le monde entier, qui les partagent et les revendiquent. Par le mécénat, LVMH entend les défendre et donner ainsi du luxe une définition généreuse, affective et authentique à laquelle son Président et l'ensemble des collaborateurs sont attachés.

Utile bien sûr car la démarche institutionnelle de LVMH entend marquer, par une action citoyenne en faveur du plus grand nombre, l'attachement à une solidarité active en faveur de la Culture, de la Jeunesse et de grandes causes humanitaires et de santé publique.

Le mécénat de LVMH est placé sous le signe de la passion créative et d'un profond attachement aux valeurs humaines.

Activités

Le langage de la publicité

Recherchez les marques du discours publicitaire de ce document extrait du site internet du groupe LVMH.

« De la poésie et de la violence… » Interview de Christian LACROIX

Propos recueillis par **Mariella Righini**
Le Nouvel Observateur, n° 1680, janvier 1997

Le Nouvel Observateur : Après des années de disgrâce, est-ce le retour, cette année, de la haute couture… un éternel retour ?

Christian Lacroix : La haute couture n'est pas indestructible. Parce qu'elle est en vie, précisément. Et comme toute chose vivante elle est appelée à mourir un jour. Ce qui me semble par contre éternel, c'est une certaine attitude vis-à-vis d'un type de vêtements basés sur l'individualité, la rareté, le sur-mesure, les essayages et la recherche. Bien entendu, la couture prend la couleur du temps. Quand j'ai commencé il y a une dizaine d'années, j'avais repris pour moi cette phrase de Cardin qui disait que le jour où la haute couture serait portable, elle serait morte. C'était une évidence implacable dans les années 80, où l'optimisme régnait et où ce genre d'échafaudages de tissus et de formes avait lieu d'être. Et puis, au fil du temps, le vêtement couture a demandé non pas à se justifier, mais à exister en tant que vrai vêtement et non pas comme quelque chose de très savant ou de très habile, véritable tour de force dans certaines maisons. Je ne crois pas du tout à la robe artificielle qui n'est là que pour prouver un savoir-faire. Aujourd'hui, la couture me plaît dans la mesure où, après le défilé, elle est portée.

N O : Bernard Arnault, le patron de LVMH, a fait appel à de nouveaux talents : John Galliano[1] pour Dior et Alexander Mac Queen[2] pour Givenchy. Qu'en pensez-vous ?

Ch L : Bernard Arnault est un peu un apprenti sorcier, mais je crois sincèrement à son enthousiasme, pour en avoir été témoin quand on s'est rencontrés il y a dix ans. Il y avait dans son œil la passion du lancement de quelque chose de neuf. Avec Mac Queen, il a mis la main sur quelqu'un qui est peut-être le seul contemporain. […] Il fait appel aux matières, aux allures, à la démarche, aux attitudes, au corps contemporain. Chez Galliano, il y a de la nostalgie mais elle s'exprime de manière tellement débridée, tellement bohémienne, qu'elle est transcendée. La période dans laquelle on vit est faite autant de froid que de chaud, de violence que de doux. On a besoin d'audace, de colère, de rébellion. Mais on sent aussi au fond de nous le désir de réhabiliter un mot qu'on n'ose plus employer : la poésie. Le travail de Galliano consiste à manier cette écriture. Et celui de Mac Queen, à nourrir cette violence.

N O : Et cela va sauver la couture française ?

Ch L : Par rapport à Milan ou à l'Asie, il est vrai qu'on n'est pas très bon pour le marketing ou le merchandising. Je suis désemparé de m'apercevoir à quel point, en France, on ne laisse pas les gens utiliser leur créativité. À tous les niveaux. […] Il n'y a pas de recette. Chacun doit générer sa propre méthode pour innover. Goethe disait qu'un artiste n'est pas là pour produire ce qui plaît déjà, mais ce qui va plaire. Notre particularité, c'est d'avoir des antennes pour sentir ce qui va arriver comme couleurs, comme formes, comme ambiances. Mais il y a un laminoir en France qui va au-delà du cartésianisme…

notes

1. John Galliano
C'est en 1984 que John Galliano lance son propre label. En 1995, il succède à Hubert de Givenchy à la tête de la célèbre maison de couture, ce qui fait de lui le premier Anglais à investir la forteresse haute couture, après Charles Frederick Worth et Édouard Molyneux. En 1997, c'est la consécration, puisqu'il crée sa première collection couture pour Dior à l'occasion du cinquantième anniversaire de la maison.

2. Alexander Mac Queen
Il intègre la maison Givenchy en 1996.
Né à Londres en 1969 et propulsé « enfant terrible » par la presse *fashion*, Alexander Mac Queen a parfaitement mené sa carrière pour devenir l'un des plus jeunes designers à obtenir le titre de créateur anglais de l'année en 1996, 1997 et à nouveau en 2001.

Compréhension

1. Choisissez la ou les bonnes formulations.

1. La haute couture c'est :
   a. faire des vêtements que l'on ne peut pas porter.
   b. créer des vêtements qui respectent l'individualité.
   c. faire des vêtements aux mesures de la cliente.
   d. faire de la recherche.

2. L'avenir de la haute couture française est :
   a. sombre. **c.** assuré.
   b. menacé. **d.** prometteur.

3. Chez Christian Dior, Galliano apporte à la haute couture :
   a. un esprit de modernité.
   b. un esprit plein de nostalgie.
   c. un regard poétique.

4. Mac Queen apporte à la maison Givenchy :
   a. un esprit très contemporain.
   b. une certaine violence.
   c. un esprit anglais.

bilan

écrit

5. En France, Christian Lacroix juge qu' :
   a. il est facile de créer.
   b. il est difficile de créer.
   c. il est impossible de créer.

6. Christian Lacroix cite Goethe pour :
   a. montrer qu'il connaît les œuvres littéraires allemandes.
   b. comparer la haute couture à l'art.
   c. mettre en valeur la vision d'avant-garde de la haute couture.
   d. insister sur le rôle visionnaire de la haute couture.

e. Les temps que nous vivons sont paradoxaux, très contrastés en bien comme en mal.
f. On a besoin d'oser, d'être en colère, et de se rebeller.
g. On sent le besoin de ne plus condamner un mot inusité.
h. Chacun doit développer sa propre méthode pour faire du nouveau.
i. Notre originalité, c'est de savoir pressentir ce qui va arriver.
j. Mais, en France on soumet à de rudes épreuves ceux qui veulent innover.

2. Recherchez dans le texte les expressions équivalentes de :
a. Évidemment, la couture se modifie avec le temps.
b. Ce genre de constructions de tissus et de formes.
c. Bernard Arnault est un homme-magicien.
d. Galliano exprime une nostalgie très libre.

Production écrite

Dites ce qu'est la mode pour vous.

Oral

Compréhension

1. Dites si chacune de ces propositions est vraie (V) ou fausse (F).
1. La haute couture est un musée.
2. La haute couture est un laboratoire.
3. La haute couture n'est pas un musée.
4. La haute couture garde la tradition artisanale.
5. Christian Lacroix est frustré.
6. Christian Lacroix est agressif.
7. Christian Lacroix fait de « la promo ».
8. La haute couture peut se faire en usine.
9. La haute couture coûte cher.
10. La haute couture est la source de toute création pour Christian Lacroix.

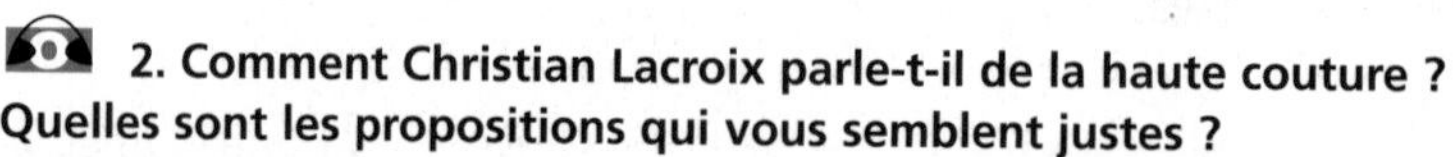

2. Comment Christian Lacroix parle-t-il de la haute couture ? Quelles sont les propositions qui vous semblent justes ?
1. Elle n'est pas un musée.
2. Elle coûte trop cher.
3. Elle est le lieu d'un vrai savoir-faire.
4. Elle coûte cher mais elle offre toute liberté au couturier.

Collection Accessoires printemps-été 2005,
Sandale lacée à la cheville
© Christian Lacroix

Unité 5

Qu'est-ce que l'art ?

L'art et le beau

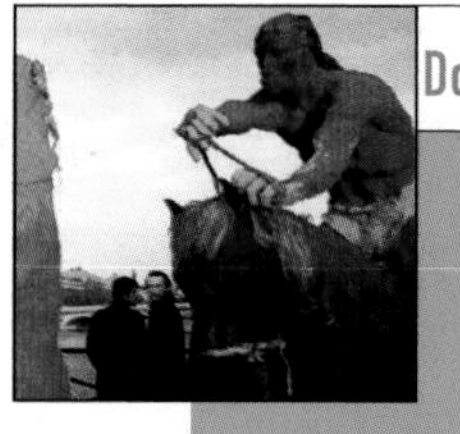

Document 1 Conversation

Mara : J'aimerais savoir si, à votre avis, l'art peut apprendre le beau…

Béatrice : Je crois euh Mara… que… effectivement l'art peut apprendre le beau… Mais il faut apprendre l'art… déjà lui-même. C'est-à-dire que il y a deux façons d'appréhender l'art… et le et le beau… C'est être séduit immédiatement… instantanément… par un tableau… par une musique… sans l'analyser… sans le connaître… sans… sans avoir l'érudition, si tu veux… Et puis, il y a un deuxième niveau… c'est une fois qu'on a compris… que quelqu'un vous a expliqué… ou qu'on a pratiqué cet art… et à ce moment-là de comprendre pourquoi c'est beau… et pourquoi il faut le trouver beau… Alors c'est vrai que spontanément, je dirais moi je préfère ce que je trouve beau sans l'analyser… voilà ce qui me touche… spontanément… alors je sais pas ce que tu en penses Jean-Pierre…

JP : Ah, c'est drôle ce que tu dis Béatrice, parce que j'ai rencontré un jour un collectionneur… et j'étais assez admiratif de de de son savoir… sur euh sur sur sa collection… d'objets… et il me disait… et je disais mais comment est-ce que tu as appris tout ça… et il me disait « ben en fait euh c'est en regardant les objets. Si je trouve cet objet beau… je l'achète » – simple – et il s'est aperçu qu'en partant de ce critère-là… eh bien il commençait à se constituer vraiment une une collection de sculptures… qui étaient chères, qui étaient reconnues, renommées… et c'était simplement cette appréhension de la sculpture par rapport à l'objet en disant il est beau…

B : Je le trouve beau.

JP : J'ai envie de le toucher, voilà.

B : Mais je crois aussi que la beauté s'impose… Il y a des choses qui sont belles…

JP : Elle est peut-être universelle, oui.

B : Une robe… belle… tout le monde la trouvera belle. Une belle statue tout le monde la trouvera belle… et là, effectivement, on a pas besoin d'être couturier, ou d'être…

Mara : Mais…

Patrick : Non, mais justement Béatrice ; ah, excuse-moi…

M : Non, non mais vas-y, vas-y Patrick…

P : Oui, alors, moi, enfin… ça pose une question… c'est d'abord l'art… qu'est ce que… c'est l'art quoi ? Est-ce que… est-ce que les tables sur lesquelles on est c'est de l'art ? Est-ce que une table Louis XV c'est de l'art ? Bon, il faudrait définir ce que c'est que l'art en réalité… et puis il faut définir ce que c'est que le beau. Le beau est-ce que c'est, est-ce que le beau est relatif…

B : Ah, bah, c'est pour ça que je dis c'est tout à fait personnel…

P : Est-ce que, moi ce que je trouve beau…

B : Exactement.

P : Est-ce que toi Béatrice tu vas le trouver beau… ou est-ce qu'il y a un beau absolu… ou pas ?

JP : Je pense qu'il y a un beau universel.

B : Voilà, y a un beau universel…

JP : …qui passe à travers les cultures et qui passe au-delà au-delà du temps.

P : Oui, mais la peinture d'un… enfant… est-ce que c'est de l'art ou pas ?

B : Ça peut être, ça peut être, oui… tu sais les enfants sont extrêmement sensibles à l'art.

P : Oui, mais qui définit… ?

B : Et c'est là où je disais que c'est important de garder cette espèce de spontanéité… et de regard direct sur les choses… Je vais citer une petite anecdote où ma fille avait trois ans et c'était une époque où à la télévision… je crois que c'était le dimanche après-midi sur la 3… il passait des pièces de Shakespeare… par la Royal Shakespeare Company, donc… en anglais dans le texte, et ma gamine de trois ans était vissée devant *Roméo et Juliette*… en anglais… elle ne comprenait absolument pas un mot et elle me dit « c'est beau ».

M : Ouais, parce que c'était poétique en plus.

B : C'était beau… le langage était poétique…

M : La langue.

JP : Et c'était vrai.

B : Et voilà, c'est pour ça que je disais tout à l'heure… quelque chose qui est beau… ça s'impose. On n'a pas besoin de le comprendre.

Page précédente et page 77 :
Exposition Ousmane Sow, passerelle des Arts, Paris 1999.

Tout arrive
« Staël/Boulez »
France Culture, 11 mars 2003

Voici un extrait d'une émission de France Culture, produite par Marc Voinchet, qui porte sur la grande exposition rétrospective « Nicolas de Staël » qui eut lieu au Centre Pompidou (Beaubourg) à Paris en 2003. Étaient présents le critique d'art Daniel Dobbels ; Marie du Bouchet, petite fille de Nicolas de Staël et Stéphane Grandt, journaliste, animateur de l'émission.

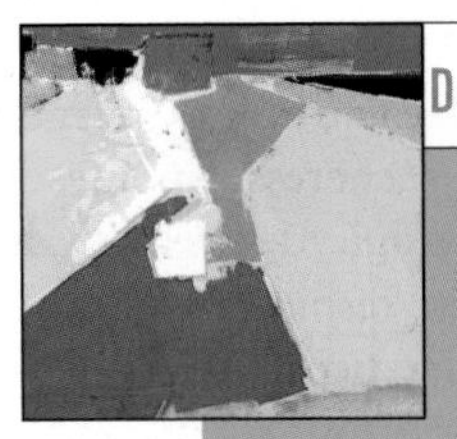

Document 2 Des connaisseurs parlent de l'art

Nicolas de Staël : un peintre entre la mesure et la démesure

Marc Voinchet : Alors Daniel Dobbels, en quoi cette exposition est importante et qu'est-ce qu'elle permet de réévaluer chez ce peintre qui est un très grand peintre… français et pourtant… donc… russe balte au départ et dont on pense souvent qu'il est belge et… dont on croit souvent aussi que c'est seulement un peintre abstrait, lui qui se méfiera justement des étiquettes et qui ne voudra pas… à un certain moment choisir entre figuration et abstraction… Daniel Dobbels ?

Daniel Dobbels : …Peut-être que vous l'avez indiqué dans les propos que vous avez tenus, c'est un des peintres et on retrouvera cela autrement avec Malevitch[1] peut-être tout à l'heure, qui a à faire avec quelque chose qui oscille entre la mesure et la démesure… comment soutenir le rapport aux choses, au monde, au réel, et au vertige, et à la violence, à la brutalité… comment le tableau qui est loin d'être effectivement une chose morte… ou une chose purement formelle… un simple cadre… est comme une sorte de dernière limite… si vous voulez… de dernier écran… d'une certaine manière… même s'il est blanc initialement, qui permet de ne pas être envahi, inondé, suffoqué par les forces extérieures… quoi… qui sont celles qui à partir des années 40 évidemment se déchaînent et même encore aujourd'hui… donc c'est de soutenir ce rapport impossible et c'est un mot, d'ailleurs je crois que… de Staël avait tout à fait en tête puisqu'il avait lu Bataille[2]… d'après mon souvenir… il y a un moment extraordinaire où de Staël écrit à Char[3] « Voilà j'ai découvert un texte de Bataille et voilà un frère » donc ce qui était étonnant aussi avec de Staël c'était son extraordinaire lucidité… mais lucidité de ce qu'il lui était vraiment… de ce qu'il lui semblait à son époque absolument contemporain… il y a un autre passage qui me revient en tête aussi… où il fait la distinction radicale entre Goethe[4] et Hölderlin[5] et il choisit Hölderlin… c'est-à-dire qu'il sait qu'il a affaire et que cette génération et puis nos générations et nous ont affaire à quelque chose entre folie et raison…

Il faut repenser l'abstraction

Dans le fond, l'abstraction, il faudrait la penser non pas comme un moment où on se détacherait du réel pour créer une autre réalité… j'ai l'impression que dans l'histoire de la peinture, l'abstraction, en fait, veille sur les corps… que les peintres mais pas simplement les peintres… je pense aussi à certains écrivains mais je pense aussi à quelqu'un comme Giacometti qui revient à un moment donné… dès 37-38 à la figuration… une certaine figuration… c'est qu'ils ont pressenti probablement que les corps allaient être menacés de fait par l'histoire et qu'il s'agissait de créer un plan qui venait protéger la figure… c'est ce qui m'avait semblé une des choses les plus bouleversantes dans le portrait de Janine précisément… je crois qu'il date de 42, non 41-42 me semble-t-il ?

Marie du Bouchet : Oui.

La peinture pose une question éthique

DD : …Et la question que pose de Staël extraordinairement c'est « Ai-je peint un mort vivant, un vivant mort ? » donc, une question qui se pose à cette génération de peintres qui probablement ☞

notes

1. Malevitch (1898-1935) : peintre d'origine polonaise, né à Kiev, ayant vécu en Russie fondateur du « suprématisme » en peinture.

2. Georges Bataille (1897-1962) : écrivain et poète français, a écrit sur l'art et a fréquenté les surréalistes.

3. René Char (1907-1988) : poète.

4. Goethe (1749-1832).

5. Hölderlin (1770-1843).

Oral

d'ailleurs a aussi hanté Malevitch et d'autres… « Mais de quel droit puis-je peindre quelqu'un d'autre ? » c'est « Qu'est-ce que je lui vole d'existence ? Où vais-je placer cette autre existence que cette image ? »… bon… et il y a une question éthique derrière qui est partagée par toute une génération qui hante Giacometti mais qui hante aussi Braque d'une autre façon… etc… quoi… alors repenser l'abstraction à partir de ça, ça me semble être peut-être riche de réflexion…

MV : Marie du Bouchet…

MdB : Oui, je suis tout à fait d'accord avec ce que vous dites et je pense qu'en plus, euh… il faut souligner que cette peur de l'objet ou de la figure, c'est aussi… chez les peintres la volonté qui est celle de Braque… à savoir peindre… entre les objets… aussi savoir créer… ce qui est vivant, c'est ce qui se passe entre les objets et c'est ce qui va pouvoir faire vivre une figure et un objet…

DD : Exactement… C'est ayant à faire au plan vierge, c'est-à-dire à la sécheresse même du réel… quoi… il s'agit de trouver des espacements, des respirations, des intervalles, des interstices où il va falloir pouvoir respirer… tout simplement.

Sicile ou Agrigente, 1954, Nicolas de Staël.
Huile sur toile, 114 x 116 cm.
Musée de la peinture et de la sculpture, Grenoble.
© Adagp, Paris 2005

activités

Faire trois groupes correspondant aux trois séquences du document sonore.
Écoutez plusieurs fois le document.

a. Prenez des notes, et faites une synthèse orale de ce que dit le critique d'art Daniel Dobbels.

b. Faites ensuite votre commentaire oral pour réagir à ce qui est dit et engagez une discussion avec vos camarades de classe sur certaines des remarques et réflexions de Daniel Dobbels et de Marie du Bouchet, que vous avez particulièrement notées.

Les angoisses de la création

Gilbert Lascault
« Nicolas de Staël : une peinture du déséquilibre. Sur le fil du vertige. »
Télérama Hors série : Nicolas de Staël mars 2003 (l'exposition Nicolas de Staël à Beaubourg du 13/03 au 30/06)

Ce qu'en disait Giacometti :
« Tout l'art est une recherche vers le même but ; si jamais on l'atteignait, ce serait fini ; il n'y aurait plus d'art, tout serait figé, immobile, absent. Or, dans la nature, tout est mobile, tout est possible. »

Et ce que Gilbert Lascault nous dit de la peinture de Nicolas de Staël, dans « Une peinture du déséquilibre ».

la plume du peintre

Nicolas de Staël transfigure les éléments du cosmos. À 18 ans, en 1932, en Belgique, au collège Cardinal-Mercier, il décrit Troie qui brûle à partir de *L'Énéide*, de Virgile. Ce texte d'adolescence annonce certaines de ses peintures :
« Voici Troie dans la nuit qui s'allume. Le ciel est en feu, la terre en sang. L'air vibre et la chaleur brûle dans la nuit, sur les flots […], les carènes d'or, voiles d'argent et câbles blancs, portent Énée et ses rudes compagnons. »
Bien plus tard, en 1953, il évoque Cannes, « les mâts des bateaux fauchés et les blancs légendaires », « les flamboiements de l'aube au bruit des canots violets » ou bien (en 1952) la mer rouge, le ciel jaune, les sables violets. Les couleurs souvent violentes transforment l'air, la mer, le sol, les objets. Il se sent alors proche du fauvisme, à l'occasion d'une exposition du musée d'Art moderne. Parfois, il choisit la gamme des gris pour arpenter les côtes de la Manche et de la mer du Nord : la solitude, le froid du cap Blanc-Nez, du cap Gris-Nez, de Calais. Ou, plus souvent, la lumière de la Méditerranée lui paraît intense, crue, semble le trahir. La lumière est désirée et impitoyable. En 1955, il souffre : « Le bruit de la mer me brise les nerfs. Cela bat, cela cogne nuit et jour ! »

des objets insaisissables

Nicolas de Staël s'interroge constamment sur l'objet toujours insaisissable. Parfois, vers 1945, dans une *Composition* (*La Gare de Vaugirard*), un objet est voilé, brumeux, sombre, en partie mêlé à d'autres objets ; à ce moment, il se sent « gêné de peindre un objet ressemblant » et « gêné par l'infinie multitude des autres objets coexistants ». Parfois, il parle d'un objet comme d'un « prétexte » pour peindre.

le mur est un ciel

Sur le mur, il se questionne : « La peinture ne doit pas seulement être un mur sur un mur ; la peinture doit figurer dans l'espace. » D'une autre façon, poétiquement, il écrit : « L'espace pictural est un mur mais tous les oiseaux du monde y volent librement », comme si le mur était un ciel.

« Une tonne de passion et cent grammes de patience »

Pour créer, Nicolas de Staël choisit son rythme de travail pour charger l'énergie. « Il faut travailler beaucoup, une tonne de passion et cent grammes de patience. »
Il définit la peinture par des suggestions flottantes :

> « On ne peint jamais ce qu'on voit ou croit voir,
> on peint à mille vibrations le coup reçu,
> à recevoir, semblable, différent, un geste, un poids.
> Tout cela à combustion lente. »

La lenteur et la vitesse seraient redoutables. En 1953, « le travail va par à-coups, de la terreur lente aux éclairs ». Le rythme est souvent une douleur. Alors, il voudrait peindre en un moment exact, parfait et pourtant impossible : « Il est trop tôt ou trop tard. On ne confond pas sa propre respiration. »
Le mouvement est essentiel. Dans les textes subtils d'Anne de Staël, les heurts, les colères de Nicolas de Staël produisent sa peinture ; cette stabilité serait (chez Cézanne, aussi) faite d'une succession de colères. En 1951, Nicolas de Staël affirme : « J'ai choisi de m'occuper sérieusement de la matière en mouvement. »

Vertige de l'art ou : « Je ne peux avancer que d'accident en accident »

[…] Il oscille entre la dépression et l'exaltation, l'épuisement et le sursaut de la vitalité. Il chérit la fragilité, éphémère, délicate, émouvante, paradoxalement résistante : « Ma peinture, je sais ce qu'elle est sous ses apparences, sa violence, ses perpétuels jeux de forces ; c'est une chose fragile dans le sens du bon, du sublime. C'est fragile comme l'amour. » Il veut être un aventurier de l'art, téméraire. À chaque touche, il joue son va-tout. En janvier 1955, il espère les accidents, les chances, les événements inattendus : « Il le faut bien parce que je crois à l'accident ; je ne peux avancer que d'accident en accident. Dès que je sens une logique trop logique, cela m'énerve et je vais naturellement à l'illogisme… Je crois au hasard exactement comme je vois au hasard, avec une obstination constante. » Acharné, volontaire, obstiné, il trouve une logique égarée, excessive et l'illogisme méthodique.

Consolation

Au poète Pierre Lecuire, son ami, il parle de la peinture cruelle et consolatrice : « Des bas-fonds on rebondit si la houle le permet. J'y reste parce que je vais aller sans espoir jusqu'au bout de mes déchirements, jusqu'à leur tendresse. Vous m'avez beaucoup aidé. J'irai jusqu'à la surdité, jusqu'au silence, et cela mettra le temps. Je pleure tout seul face aux tableaux. Ils s'humanisent doucement, très doucement à l'envers. » Le tendre, le peu, le fragile, le faible, le tremblant, le précaire, l'imperceptible l'emportent finalement.

Nicolas de Staël s'est suicidé le 16 mars 1955.

lecture

Expliquez le titre de chacun des paragraphes du texte de G. Lascault en recherchant dans le paragraphe l'idée fondamentale qu'il exprime.
Exemple : *la plume du peintre signifie la palette, c'est-à-dire l'ensemble des couleurs utilisées par le peintre dans chacune des périodes de sa vie et sa trace dans l'écriture du jeune Nicolas de Staël.*

Le Concert (Le Grand Concert ; l'Orchestre), 1955, Nicolas de Staël.
Huile sur toile, 350 x 600 cm.
Musée Picasso, Antibes.
© Adagp, Paris 2005

Vénus et les Grâces offrant des présents à une jeune fille, 1483, (détail), Sandro Botticelli. Fresque, 2110 x 2830 cm. Musée du Louvre, Paris

sans inconnu, qui voyait gros à dégoûter de la beauté, des corps d'hommes tels que des troncs d'arbres, des femmes pareilles à des bouchères géantes, des masses de chair stupides, sans au-delà d'âmes divines ou infernales !... Un maçon, et si vous voulez, oui ! un maçon colossal, mais pas davantage ! »

Et, inconsciemment, chez lui, dans ce cerveau de moderne las, compliqué, gâté par la recherche de l'original et du rare, éclatait la haine fatale de la santé, de la force, de la puissance. C'était l'ennemi, ce Michel-Ange qui enfantait dans le labeur, qui avait laissé la création la plus prodigieuse dont un artiste eût jamais accouché.

Le crime était là, créer, faire de la vie, en faire au point que toutes les petites créations des autres, même les plus délicieuses, fussent noyées, disparussent dans ce flot débordant d'êtres, jetés vivants sous le soleil !

« Ma foi, déclara Pierre courageusement, je ne suis pas de votre avis. Je viens de comprendre qu'en art la vie est tout et que l'immortalité n'est vraiment qu'aux créatures. Le cas de Michel-Ange me paraît décisif, car il n'est le maître surhumain, le monstre qui écrase les autres, que grâce à cet extraordinaire enfantement de chair vivante et magnifique, dont votre délicatesse se blesse. Allez, que les curieux, les jolis esprits, les intellectuels pénétrants raffinent sur l'équivoque et l'invisible, qu'ils mettent le ragoût de l'art dans le choix du trait précieux et dans la demi-obscurité du symbole, Michel-Ange reste le Tout-Puissant, le Faiseur d'hommes, le Maître de la clarté, de la simplicité et de la santé, éternel comme la vie elle-même ! »

Narcisse, alors, se contenta de sourire, d'un air de dédain indulgent et courtois. Tout le monde n'allait pas à la chapelle Sixtine s'asseoir pendant des heures devant un Botticelli, sans jamais lever la tête, pour voir les Michel-Ange. Et il coupa court, en disant :

« Voilà qu'il est onze heures. Mon cousin devait me faire prévenir ici, dès qu'il pourrait nous recevoir, et je suis étonné de n'avoir encore vu personne... Voulez-vous que nous montions aux chambres de Raphaël, en attendant ? »

Divergences

L'étonnement de Pierre grandissait, et il écoutait Narcisse, dont il remarquait pour la première fois la distinction un peu étudiée, les cheveux bouclés, taillés à la florentine, les yeux bleus, presque mauves, qui pâlissaient encore dans l'enthousiasme.

« Sans doute, finit-il par dire, Botticelli est un merveilleux artiste... Seulement, il me semble qu'ici Michel-Ange... »

D'un geste presque violent, Narcisse l'interrompit.

« Ah ! non, non ! ne me parlez pas de celui-là ! Il a tout gâché, il a tout perdu. Un homme qui s'attelait comme un bœuf à la besogne, qui abattait l'ouvrage ainsi qu'un manœuvre, à tant de mètres par jour ! Et un homme sans mystère,

grille de lecture

1. Le terme de « monstre » qui caractérise Michel-Ange est-il pris dans un sens positif ou négatif ?

2. Quand Narcisse utilise le mot « moderne », à quoi l'applique-t-il ?

Narcisse devant Botticelli

3. Quelle notation peut indiquer l'attitude critique de Zola vis-à-vis du personnage de Narcisse ?

Divergences

4. Quelle critique trouve-t-on du symbolisme ? À qui est attribuée l'immortalité ?

étude linguistique

Les procédés du discours descriptif sont évidents et fort nombreux dans ce texte qui à la fois décrit ce qu'il voit sur les tableaux et le sentiment produit chez celui qui regarde.

- Choix de substantifs et d'adjectifs : *stupeur émerveillée, abîmé d'extase, opulence, incomparable, superbe,* etc.
- « si » + adjectif : *pleins d'une douleur si profonde*
- Adjectif + « comme » : *ferme comme des fruits*
- « Quel(le)/Quel(le)s » + substantif : *quelle exaltation du corps humain !*
- Substantif + « avec » (répété) : *la femme... avec sa longue face, avec son ventre un peu fort*
- Participes présent et passé : *emporté dans l'ouragan, enfantant des mondes*
- Structure du groupe nominal :
  - article + nom + participe passé ou adjectif : *les bras élargis*
  - « de » + nom + adjectif : *d'une ligne (si) noble*
  - « à » + nom + adjectif : *aux flancs solides*
  - nom + « de » + nom : *bouche de vérité*
  - Ø nom + adjectif : *geste admirable*

expression écrite

1. Dans ce texte, on retrouve deux champs sémantiques majeurs : la puissance de la vie, qui s'applique à Michel-Ange et la sensualité ou « la tristesse dans la volupté », qui s'applique à Botticelli.

Relevez les substantifs, adjectifs et formules qui caractérisent l'un et l'autre de ces champs sémantiques.

2. Choisissez un objet à décrire : tableau, ville, personne connue (artiste, homme politique, vedette, etc.) et décrivez-le en rédigeant un texte à la manière de Zola.

Gérard Mermet
Francoscopie
2003

Le Saviez-vous ?

L'art et l'école

49 % des collégiens et lycéens considèrent que « l'art, c'est beau », 28 % que « ça fait rêver », 22 % que « c'est essentiel ». 15 % ne sont pas intéressés et 5 % estiment que « ça ne sert à rien ». 64 % trouvent que les cours d'arts plastiques sont « un plaisir », 16 % « une récréation », 11 % « un cours classique », 9 % « une corvée ».

En dehors de l'école, 30 % pratiquent la musique ou le chant, 28 % la vidéo ou le multimédia, 25 % la peinture ou le dessin, 20 % la danse, 12 % la sculpture ; seuls 24 % n'ont aucune activité artistique extrascolaire, 74 % ont déjà visité une exposition, 26 % non.

Beaux Arts magazine/BVA, octobre 2001

La France, atelier ou musée ?

L'IMAGE de la France à l'étranger est davantage associée à l'art ancien qu'à l'art contemporain. Une étude du ministère des Affaires étrangères sur la notoriété dans la presse internationale place les artistes français loin derrière les Américains (4 % contre 34 %) et même les Allemands (30 %) et les Britanniques (8 %) ; elle les situe à égalité avec les Italiens. Parmi les cent artistes les plus connus dans le monde, on ne trouve que cinq Français : Boltansky (10e), Buren (44e), Sophie Calle (85e), Pierre Huygue (96e) et Dominique Gonzales-Foerster (99e).

Si la France reste pour beaucoup d'étrangers un pays où l'art est omniprésent, c'est surtout de l'art de vivre qu'il s'agit. Si elle est encore à leurs yeux un pays de culture, c'est davantage par celle qui est enfermée dans les musées nationaux que par celle qui est créée dans les ateliers des peintres ou des sculpteurs.

L'art de la jeunesse

Pratiques culturelles par sexe et âge (1997, en % de la population de 15 ans et plus)

	Jouer d'un instrument musical	Faire de la musique en groupe	Tenir un journal intime	Écrire des poèmes, nouvelles, romans	Faire de la peinture, sculpture, gravure	Faire de la poterie, céramique, reliure, artisanat d'art	Faire du théâtre	Faire du dessin	Faire de la danse
Ensemble	**13**	**10**	**9**	**6**	**10**	**4**	**2**	**16**	**7**
- Homme	**15**	**11**	**6**	**5**	**9**	**3**	**2**	**16**	**5**
- Femme	**11**	**9**	**11**	**7**	**11**	**5**	**2**	**16**	**10**
- 15 à 19 ans	40	26	14	15	20	7	10	49	23
- 20 à 24 ans	27	14	12	11	12	5	4	29	11
- 25 à 34 ans	16	10	9	7	13	5	2	18	5
- 35 à 44 ans	9	7	8	4	12	4	2	14	7
- 45 à 54 ans	11	9	8	6	10	3	1	10	6
- 55 à 64 ans	4	6	5	3	6	3	1	7	6
- 65 ans et plus	3	4	7	4	5	2	0	5	4

Source : Olivier Donnat, Les Pratiques culturelles des Français, *Enquête 1997. Ministère de la Culture et de la Communication. Département des études de la prospective, Paris, la Documentation française, 1998.*

Activités

L'art de la jeunesse

Faites le compte-rendu écrit du tableau sur les pratiques culturelles des jeunes.

La France, atelier ou musée ?

Donnez votre point de vue écrit sur cette image de la renommée des artistes français.

Citations sur l'art

1. « Je crois que l'art est la seule forme d'activité par laquelle l'homme en tant que tel se manifeste comme individu. Par elle seule, il peut dépasser le stade animal, parce que l'art est un débouché sur des régions où ne dominent ni le temps ni l'espace. »

Marcel Duchamp (1887-1968)

2. « Une œuvre d'art est un coin de la création vu à travers un tempérament. »

Émile Zola (1840-1902)

3. « Nul n'a jamais écrit ou peint, sculpté, modelé, construit, inventé que pour sortir en fait de l'enfer. »

Antonin Artaud (1896-1948)

4. « L'art véritable n'a que faire de proclamations et s'accomplit dans le silence. »

Marcel Proust (1871-1922)

5. « C'est un des privilèges de l'Art que l'horrible, artistiquement exprimé, devienne beauté et que la douleur rythmée et cadencée remplisse l'esprit d'une joie calme. »

Charles Baudelaire (1821-1867)

6. « L'art des affaires est l'étape qui succède à l'art. J'ai commencé comme artiste commercial, et je veux finir comme artiste d'affaires. Après avoir fait ce qu'on appelle de "l'art", ou ce qu'on veut, je me suis mis à l'art des affaires. »

Andy Warhol, Américain d'origine tchèque (1928-1987)

7. « La mission suprême de l'art consiste à libérer nos regards des terreurs obsédantes de la nuit, à nous guérir des douleurs convulsives que nous causent nos actes volontaires. »

Friedrich Nietzsche (1844-1900), *Ainsi parlait Zarathoustra*

8. « La peinture est un art, et l'art dans son ensemble n'est pas une création sans but qui s'écoule dans le vide. C'est une puissance dont le but doit être de développer et d'améliorer l'âme humaine. »

Wassily Kandinsky (1866-1944), *Du spirituel dans l'art*

9. « Ce n'est pas l'histoire, mais l'art qui exprime la vraie vie. »

Friedrich Nietzsche, *Le Crépuscule des idoles*

10. « L'art est la recherche de l'inutile ; il est dans la spéculation ce qu'est l'héroïsme dans la morale. »

Gustave Flaubert (1821-1835), *Carnets*

11. « L'art, c'est l'homme ajouté à la nature. »

Vincent Van Gogh (1853-1890)

12. « Le premier mérite d'un tableau est d'être une fête pour l'œil. »

Eugène Delacroix (1798-1863)

13. « Nous n'avons que l'art pour ne pas mourir de la vérité. »

Friedrich Nietzsche (1844-1900)

Compréhension

Comment interprétez-vous les citations numéros 6, 8, 10, 13 ? Donnez-en des paraphrases.

Production écrite

Choisissez la citation qui vous parle le plus. Écrivez un texte pour donner votre point de vue sur le sujet choisi.

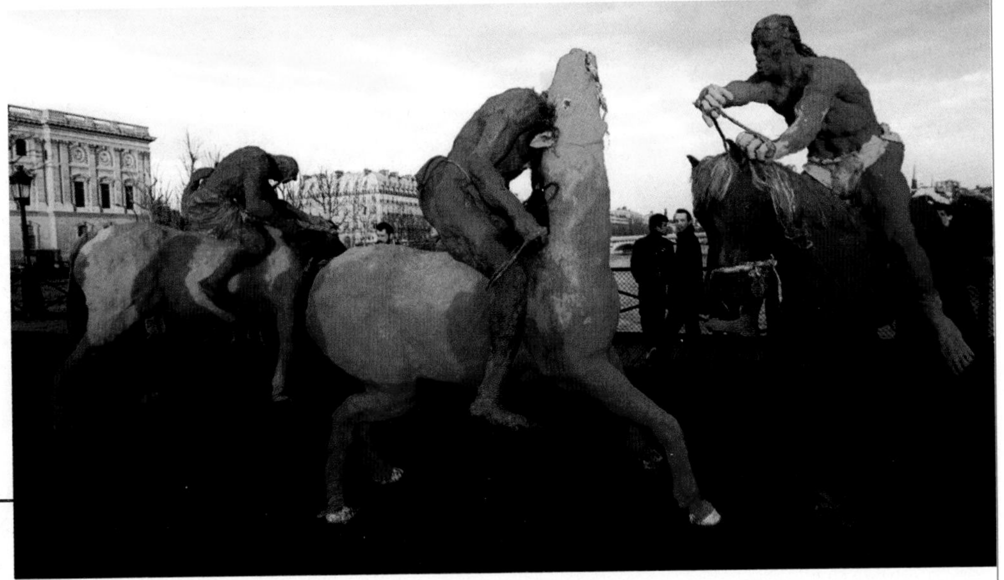

Exposition Ousmane Sow, passerelle des Arts, Paris 1999.
© Adagp, Paris 2005

bilan

Oral

Compréhension

Séquence 1

Vrai (V) ou faux (F) ? Pour Jean Leymarie :

1. L'artiste ne vit pas dans l'histoire.
2. L'artiste ne vit pas dans le mythe.
3. Picasso vivait les mythes méditerranéens.
4. L'artiste ne peut pas être dépendant de l'histoire.
5. L'artiste s'engage dans la vie et réagit à l'événement.
6. L'art moderne, c'est la modernité.
7. L'art moderne existe dans les musées.
8. Les peintres ont réagi contre la modernité.
9. La civilisation moderne est matérialiste.
10. Il n'y a pas de progrès en art.
11. L'art abstrait est plus fort que le cubisme.

Séquence 2 : À propos de Giacometti

Vrai (V) ou faux (F) ?

1. Jean Leymarie était l'ami de Giacometti.
2. Il l'a fréquenté jusqu'à sa mort.
3. Giacometti lui a appris à peindre.
4. Il allait le voir dans son atelier.
5. Giacometti n'aimait pas aller dans les expositions.
6. Jean Leymarie considère Giacometti comme un maître.
7. Giacometti dessinait tout le temps lors de leur conversation.
8. L'atelier de l'artiste était très pauvre.
9. Jean Leymarie a appris à voir avec Giacometti.
10. Ils discutaient très peu ensemble.
11. Giacometti admirait beaucoup la sculpture grecque.
12. Ils ont visité le Louvre ensemble en 1948.
13. Giacometti a changé sa manière de voir grâce à Jean Leymarie.
14. Lors d'une visite au Louvre, le sculpteur a changé sa conception de l'art.
15. Les gens sont devenus essentiels à son art.
16. L'art doit rendre hommage à la vie.
17. Jean Leymarie a une vénération pour Giacometti.
18. Il garde un souvenir très ému du sculpteur.

Production écrite

Vous donnerez votre propre conception de l'artiste.

La Perruche et la Sirène, 1952-1953, Henri Matisse.
Tiré de la revue *Verve*.
Stedeljik Museum v.s. Kunsten, Bruges.

Unité 6

Changements de société

Regards sur la société

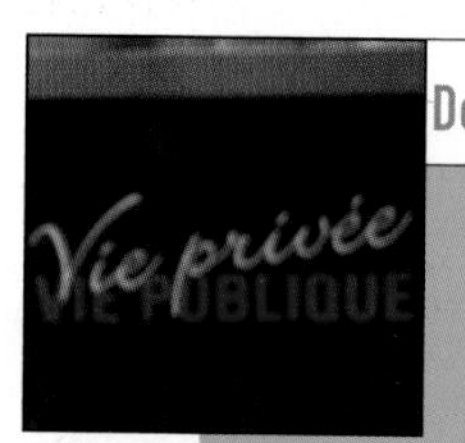

Document 1 Conversation

Jean-Pierre : Alors sujet polémique… Patrick, tu as vu l'émission, hier, euh… la vie privée, vie publique… à la télévision ?

Patrick : Vie privée, vie publique ?

JP : Tu sais c'est l'émission où ils reçoivent… où ils reçoivent des gens connus… et des gens qui sont moins connus… et qui parlent de leur vie.

P : Ah oui, alors… j'ai pas vu celle d'hier soir ; mais moi je trouve ça très intéressant… parce que c'est… les gens viennent parler d'eux-mêmes… de leurs problèmes… de leurs difficultés… avec leur mari, avec leur femme, avec leurs enfants… leur père, leur mère, etc. Et… alors, c'est vrai que ça fait un peu déballage… mais ce que je trouve intéressant là-dedans… c'est que quand toi t'es derrière, t'es spectateur… tu prends conscience… tout d'un coup, que ben finalement t'es pas le seul à avoir ce genre de problèmes.

JP : Je suis entièrement d'accord avec toi… moi j'adore ces émissions.

Mara : Moi, je trouve ça minable. Attends… non, justement, moi je suis pas d'accord avec vous du tout… Je trouve qu'on a suffisamment de nos petits problèmes au quotidien… qui sont justement pour la plupart du temps identiques à cela… on n'a pas besoin en plus de supporter le déballage des problèmes des autres.

JP : Mais tu sais c'est pas des déballages.

M : Ça veut dire que tu patauges tout le temps dans une espèce de pathos social, socio-familial machin.

P : Mais tout le monde a des problèmes… tout le monde a des problèmes… et le fait de ne jamais en parler… eh ben ça ça ne peut pas les résoudre… au contraire ça peut les accentuer… alors que le fait d'en parler ou d'entendre ou de voir des gens qui en parlent…

JP : De voir qu'il y a des solutions, Patrick, des solutions…

P : Exactement.

Béatrice : Mais non. Il y a toujours le psy de service qui est épouvantable… et qui vous dit « oui oui il a raison de machin, parce que vous comprenez… Freud… »

JP : Ça donne des solutions Béatrice. C'est éducatif… éducatif ces émissions.

B : C'est pareil. On parlait de, je sais plus quel jour, de l'expérience… l'expérience des autres ne te sert pas à toi.

JP : Mais si.

B : Mais pas du tout.

P : Mais bien sûr que si… c'est l'éducation… c'est ça l'éducation.

B : Moi, je trouve ça impudique. Mais je trouve très impudique que les gens viennent raconter ça.

P : C'est vrai que peut-être il y a une petite tendance, on peut dire c'est peut-être l'effet pervers de se donner en spectacle… mais en même temps… il peut y avoir aussi une autre intention derrière… ça peut être de dire, voilà je vais aller parler de mes problèmes devant la caméra… parce que ça va peut-être pouvoir aider des gens… qui ont le même problème que moi… à avancer aussi dans la vie. Et même eux aussi.

JP : Mais Patrick, ça peut même les aider eux… à résoudre leurs problèmes parce qu'ils passent par la parole… ces problèmes-là… ils les auraient peut-être pas formalisés… ils les auraient peut-être pas dits… tu vois… et le fait de le dire… alors devant les caméras ou pas devant les caméras, bon d'abord ils commencent à apprendre à le dire… ils s'aperçoivent de la puissance de la parole et ça leur apporte aussi à eux.

Oral

Page précédente :
Pause déjeuner sur le parvis de La Défense, Paris.

L'humeur vagabonde
France Inter, 11 décembre 2002

Voici un extrait de l'émission *L'humeur vagabonde* diffusée sur France Inter entre 20 heures et 21 heures, produite et réalisée par Kathleen Evin. Sophie Joubert a mené une enquête sur « les enfants tyrans » à propos du livre de Didier Pleux, psychologue clinicien pour enfants et adolescents.

Document 2 Interviews

Présentation du phénomène

Sophie Joubert : Voilà… ce phénomène, on l'appelle le phénomène des enfants tyrans, alors il faut dire que les enfants tyrans c'est pas forcément des mini-délinquants… ce sont simplement des enfants qui ont des demandes que les parents ne peuvent pas assouvir… des enfants qui prennent toute la place qui grignotent peu à peu l'espace… et l'autorité, et qui finissent par semer la zizanie… au sein de la cellule familiale… alors… je suis allée à Caen pour rencontrer Didier Pleux qui est psychologue clinicien… et qui est l'auteur du livre *De l'enfant roi à l'enfant tyran* publié chez Odile Jacob… alors c'est un livre dans lequel non seulement il analyse le phénomène mais surtout dans lequel il donne des recettes de bon sens finalement… des recettes à destination des parents pour briser ce cercle infernal… il m'a fait également rencontrer la mère de l'une de ces enfants : une fillette de 12 ans qui est encore en traitement chez lui… donc … vous allez entendre le témoignage de cette mère suivi de ce qu'en dit Didier Pleux.

La mère dit ses difficultés à élever sa fille

La mère : Déjà l'emmener à l'école le matin… c'était… elle voyait son papa arriver… c'était l'horreur… vous saviez que vous aviez des échéances qui passaient pas… les veilles de rentrée de classe quand il y avait eu des vacances scolaires… il fallait tout recommencer à zéro… vous passiez une nuit à ne pas dormir… à la recoucher… c'étaient des discussions à n'en plus finir qui n'aboutissaient sur rien parce que… en réalité on avait l'impression qu'en discutant on la rassurait et on la rassurait pas du tout… c'était toujours de réfléchir… de… se dire mais qu'est-ce qu'on peut faire ?… qu'est-ce qu'on a loupé… à quel moment on s'est trompé… qu'est-ce qu'on peut faire pour l'aider… et on trouvait jamais de solution…

Didier Pleux donne son avis sur l'éducation des adolescents

Didier Pleux : Chez nous dans notre culture, il y a une confusion entre la psychanalyse et la psychologie… c'est une hypothèse… la psychanalyse… non, non, éduquez-le… vous avez le droit de dire à un adolescent « tes idées sont bêtes, tes fringues sont laides, et tes trucs de marque sont nuls »… on a le droit de faire ça… de trouver un adolescent pas très rebelle, trop mou, très consommation… on a le droit de lui dire ça, c'est ce qu'il attend et non pas un parent qui va lui dire « c'est super… ta musique… tout est super »… non c'est pas ça que veut l'ado… c'est… « tu penses quoi toi mon père ? » …et le père a le droit de dire « ben je préfère je ne sais pas quoi… Bob Dylan à un rappeur »… on a le droit de dire ça… alors que là ce que je vois… c'est… « non… non laissons-les… parce que de toute façon… c'est leur monde à eux… faut pas »… vous savez, c'est là qu'il y a une déviance… je crois que… non… dans l'inconscient sans doute… mais pas si important que cela… c'est aussi dans la conscience qu'on se construit… sinon alors cela voudrait dire qu'il n'y a plus que nous les grands gourous psy qui peuvent enlever les symptômes de nos chérubins.

activités

Après plusieurs écoutes, faire plusieurs groupes en choisissant un des intervenants.
Prenez des notes et partagez votre compréhension.

a. Présentation du phénomène : la journaliste.
b. La situation familiale : la mère.
c. La réponse du psychanalyste : Didier Pleux.

Discussion

- Comment vous situez-vous face à ce rôle de l'autorité parentale ?
- Quelle autorité acceptez-vous ? Dans quel contexte ?
- Êtes-vous contre tout type d'autorité ?
- L'éducation des parents est-elle importante pour l'avenir de l'enfant ? Comment concevriez-vous une éducation idéale ?

Gens d'aujourd'hui

Gaillac-Morgue
« Antoine Duléry, l'acteur coup de cœur »
Paris Match n° 2872, 3 juin 2004

Antoine Duléry, l'acteur coup de cœur

Charmeur, drôle, sensible, l'acteur voit sa cote d'amour exploser avec ses performances de séducteur désenchanté dans *Mariages !* et de coureur de jupon émerveillé dans *Mariage mixte*.

Un acteur donne ici ses coups de cœur, c'est-à-dire ce qu'il a aimé tout particulièrement : un film, un lieu, un livre.

Un film : ***Un singe en hiver*, de Henri Verneuil** J'ai eu envie d'être acteur en voyant Belmondo interpréter ce personnage qui part en vrille. En s'oubliant à travers l'ivresse de l'alcool, Bébel devient torero, et Gabin remonte le Yang-Tsé-Kiang ! Ce côté un peu surréaliste où l'on sort de la réalité pour devenir un autre, à travers un déguisement ou une ivresse psychologique, est la condition même du métier de comédien. Claude Lelouch m'a permis de rencontrer mon mythe sur *Les Misérables*, et j'ai retrouvé Belmondo au théâtre dans *La Puce à l'oreille*. J'ai découvert un homme simple, pudique et généreux. Prévert disait : « Il faut toujours être de bonne humeur, ne serait-ce que pour donner l'exemple. » J'ai vu Belmondo monter sur scène le soir de la mort de sa mère et se donner à son public sans rien montrer de sa douleur. Il m'a dit : « Tu sais, dans ce métier, il faut être à l'heure, de bonne humeur, texte su et tête faite. »

Un lieu : l'île de Bréhat Cette île est un peu ma madeleine, j'y ai passé toute mon enfance. Chaque bosquet est le confident de mes premiers baisers. « J'avais 16 ans comme elle, je la trouvais si belle que j'ai plongé pour la sauver, mais comme je ne savais pas nager, c'est elle qui m'a ramené à terre... » comme chantait Montand dans « Clémentine » ! Mes parents se sont mariés sur cette île où, aujourd'hui, mes enfants passent leurs vacances et peuvent aller déposer un petit bouquet sur la tombe de leur arrière-grand-mère qu'ils n'ont pas connue. Mon grand-père avait souhaité que ses cendres soient dispersées au large du phare. Ce lien qui passe entre nous est très important, ce sont nos racines. Je suis très fier de mes origines bretonnes. J'aime éprouver la violence agréable et triste de la mélancolie, quand le temps s'étire. J'ai peur du temps qui passe.

Un livre : ***l'Âme au poing* de Patrick Rotman** Ce roman relate l'engagement dans la Résistance d'un jeune Juif polonais dans le Paris de l'Occupation. J'ai une passion pour cette période. J'admire le courage de tous ces jeunes qui se sont fait flinguer pour un drapeau, et j'ai honte pour qui le siffle aujourd'hui. J'ai lu également *La Vie à en mourir. Lettres de fusillés. 1941-1944.* Ce recueil de courriers adressés à leurs parents par des résistants avant de passer devant un peloton d'exécution me met au bord des larmes. J'ai éprouvé une émotion semblable en visitant le mont Valérien, devant cette inscription sur le mur de la petite église : « Je vais mourir, mais je suis heureux. » De même que j'ai la chair de poule chaque fois que j'écoute ce discours de Malraux sur Jean Moulin : « Puisses-tu approcher tes mains de cette face informe qui n'avait point à parler. Ce jour-là elle était le visage de la France. » Ma génération est extrêmement privilégiée, nous sommes des enfants de la paix. Je me demande parfois si je serais capable d'un même héroïsme...

Jean-François Dortier
« Du troquet au néo-bistrot... La sociabilité dans les bars»
Sciences Humaines, n° 26, septembre-octobre 1999

Être ensemble au bistrot

Au début du siècle, le nombre de cafés en France avoisinait le demi-million pour 38 millions d'habitants, soit un débit de boissons pour 20 ou 30 hommes ! Dans certains petits villages, on trouvait un débit de boissons « à chaque coin de rue » toutes les deux ou trois maisons. Lieu essentiellement masculin, on venait y séjourner à la sortie du travail pour parler, rire et jouer aux cartes, boire. À une époque sans télévision ni radio, et où la communication dans le couple était réduite à presque rien, les débits de boisson étaient le divertissement masculin par excellence. La progression de l'alcoolisme accompagnait bien sûr cette sociabilité ouvrière, paysanne ou bourgeoise. Après avoir atteint son apogée dans les années 30, le nombre de débits de boisson a commencé à chuter systématiquement. La chute du nombre de tavernes, cabarets et cafés – ces « parlements du peuple » selon Balzac – marque-t-elle la fin d'un certain type de vie sociale ? Sans aucun doute. À partir des années 60, la révolution domestique s'opère. Les hommes vont prendre l'habitude de rentrer directement au foyer après le travail.
Nombreux sont ceux qui, enfants des années 60, allaient tirer leur père par la manche au bistrot. « Maman a dit qu'il fallait rentrer... »
La radio, la télévision, le confort domestique, mais aussi une révolution au sein du couple en sont la cause. On parle moins au café mais plus souvent à la maison.

Au « troquet » avec les copains

Au même moment, les cafés sont devenus des refuges pour une jeunesse en plein essor. Dans les années 60, les bistrots se transforment en bars, signe de l'américanisation et donc de modernisation. On y installe des babyfoots et des billards électriques. Après le lycée, on se retrouve entre copains à siroter un diabolo fraise ou un panaché, dont le goût est à mi-distance de la limonade de l'enfance et du véritable demi de l'adulte. Aujourd'hui, le café est, pour les jeunes, un lieu de rassemblement fréquent, puisqu'un jeune sur deux s'y rend au moins une fois par semaine, et 15 % au moins une fois par jour.

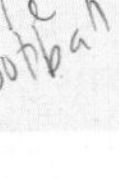

Une renaissance ?

Ces dernières années ont vu la renaissance de nouvelles formes de sociabilité dans les cafés : cybercafés, cafés philosophiques, néo-bistrots, *pubs* à l'anglaise. Une enquête vient d'être menée sur le café Oz, installé au cœur des Halles à Paris.
Ce lieu de rencontre rassemble chaque soir nombre de jeunes de 20-30 ans, urbains, membres de la classe moyenne, plutôt anglophiles[1]. Le café favorise les contacts, rencontres, rapprochements : le cadre convivial, les boissons, la musique, l'ambiance chaleureuse. La pratique du cash and carry (inspirée des *pubs* où l'on commande sa boisson au comptoir et l'emporte avec soi à une table) permet une déambulation dans le café. Les regroupements peuvent se faire et se défaire au gré des affinités personnelles. En même temps, cette sociabilité n'est pas anarchique, débridée. Elle répond plutôt à des codes implicites, un engagement mesuré. Une discrète sélection à l'entrée permet de repousser les indésirables « noctambules aux comportements aléatoires ». L'ivresse ne dépasse jamais les bornes, les échanges sont multiples mais restent superficiels.
En fait, le café Oz propose à une jeunesse un cadre de socialisation propice à l'évasion et la distraction, avec musique et télévision qui retransmet des matchs de football auxquels on vient assister en groupe, facilitant les rencontres nouvelles entre personnes du même âge, même milieu, et partageant les mêmes valeurs.

note
1. *Regards anthropologiques sur les bars de nuit*, D. Desjeux, M. Jarvin et S. Taponier, L'Harmattan, 1999.

activités

Texte 1 : Antoine Duléry, l'acteur coup de cœur

1. Relevez le(s) trait(s) de caractère que révèle chacun des choix de l'auteur. Faites son portrait, puis comparez les différents portraits réalisés par les étudiants.

2. Chaque étudiant rédige quelques lignes sur un film, un lieu, et un livre qu'il a aimés particulièrement, sans indiquer son nom.
Ces « coups de cœur » sont ensuite distribués au hasard aux étudiants par groupe de deux. Ils doivent faire le portrait de celui ou celle qui a rédigé ces « coups de cœur ». Chacun peut tenter de deviner de qui il s'agit.
On est libre ensuite de discuter la vérité des portraits avec l'auteur.

Texte 2 : Être ensemble au bistrot

1. Après avoir noté les grandes étapes de l'évolution de fréquentation des cafés depuis « le bistrot du coin » jusqu'au « café » d'aujourd'hui, vous en ferez un exposé oral :
a. les faits ;
b. votre commentaire ;
c. votre conclusion personnelle.

2. Connaissez-vous dans votre pays, un lieu de sociabilité qui ressemble à ces cafés français citadins ? Faites-en un texte que vous pourriez adresser par e-mail à un correspondant étranger désireux de connaître votre pays.

Les avatars de l'enfant roi

Propos recueillis
par Martine Fournier
Sciences Humaines, Hors série n° 45 ,
juin-juillet-août 2004

Nourris de plaisirs immédiats, mis à l'abri des frustrations, les « enfants rois », garçons ou filles, peuvent s'avérer des individus fragiles et parfois tyranniques pour leur entourage.

Entretien avec Didier Pleux[1]

Sciences Humaines : Le XXe siècle a sonné l'heure de « la libération des enfants »...

Didier Pleux : Fini le temps des fouets, férules et autres cachots où l'on enfermait les récalcitrants au pain sec et à l'eau... Dans les pays occidentaux, l'éducation conçue comme un dressage a laissé progressivement la place à un modèle éducatif dans lequel l'épanouissement et l'autonomie de l'enfant sont devenus des préoccupations centrales. Au tournant des années 60, ce modèle « expressif » a d'ailleurs été encouragé par la diffusion de la psychanalyse (et particulièrement en France par Françoise Dolto) qui, en recommandant la permissivité, l'écoute, le respect de l'enfant, a mis en garde les parents contre tous les traumatismes qu'une éducation mal pensée pouvait occasionner, et par conséquent contre toutes les névroses qui guettaient ces futurs adultes...

Mais n'a-t-on pas poussé le balancier un peu trop loin, se demandent aujourd'hui certains éducateurs et psychologues ? Pour Didier Pleux, les enfants rois, garçons ou filles (dans ce domaine, la parité est respectée, nous affirme ce psychologue), se transforment parfois en véritables tyranneaux ou en petites reines qui perturbent leur entourage et se préparent à de multiples souffrances au fur et à mesure qu'ils doivent se confronter au monde...

Pouvez-vous donner une description de ceux que vous appelez les « enfants tyrans » ?

Avec l'enfant roi, on a donné un statut très fort à l'enfant : d'une part, avec les progrès matériels et la société de consommation, l'enfant devient gâté. D'autre part, il devient désiré, valorisé, stimulé et mis sur un piédestal. L'« enfant tyran » est issu de certains excès qui résultent de cette situation. Évidemment, les enfants ne sont pas tous ainsi, mais j'ai forgé cette expression pour décrire une tendance forte, que nous détectons de plus en plus dans nos consultations. Cet enfant se rend compte qu'il a énormément de privilèges, qu'il domine le principe de réalité et qu'il est là pour exercer son principe de plaisir immédiat. Cet enfant qui a le sentiment d'être omnipotent va commencer à tyranniser son environnement. Il devient alors rapidement, dans la famille, mais aussi dans sa socialisation, à la crèche puis à l'école, très offensif avec son milieu environnant.

Ce sont la plupart du temps des enfants qui vivent dans un contexte familial équilibré, qui reçoivent beaucoup d'affection mais qui ne se satisfont pas de ce qui leur est donné. Chez les bébés, cela se manifeste déjà au niveau de l'alimentation, du jeu... Au coucher par exemple, ils ne vont pas se contenter d'un câlin, ils vont en redemander encore et encore... Si, à ce moment, les parents pensent que c'est la relation qui est en jeu et qu'ils ne posent pas l'interdit, on assiste alors à des renforcements et une insatisfaction permanente de l'enfant qui réclame toujours plus de câlins, plus d'histoires, plus de jouets...

Que se passe-t-il lorsqu'il grandit ? Vous parlez, entre 4 et 13 ans, de l'« enfant castrateur »...

Lorsqu'il grandit, cet enfant tyran a du mal à créer des liens avec les autres, si ce n'est pour son intérêt propre. Il reste centré sur lui et cherche à manipuler les autres (ses camarades, ses grands-parents...) pour son bénéfice personnel.

Or cette période (de 4 à 13 ans environ), que la psychologie classique a appelée la période de latence, est en fait une période de fortes turbulences : dès qu'il entre au CP, l'enfant est confronté à la nécessité des apprentissages scolaires, à l'émulation ou la compétition... Le principe de réalité devient très fort et l'enfant va se heurter à ce qu'il ne connaissait pas dans le monde relativement protégé de la maternelle, à savoir la frustration.

Depuis une dizaine d'années, en travaillant avec des enseignants et des associations, nous nous sommes rendu compte que ces attitudes d'intolérance à toute frustration étaient de plus en plus problématiques.

Cet enfant va alors refuser tous les apprentissages qui ne lui procurent pas de plaisir : il va adorer l'histoire ou le calcul, mais refuser les contraintes de la grammaire ou de l'orthographe... Au niveau de la socialisation, il peut se révéler un petit dictateur, avec toute une vassalité autour de lui s'il est *leader* de ses camarades...

J'appelle cet enfant « castrateur » parce qu'il rend les autres impuissants : à ce stade, il possède de nouveaux outils qui sont le langage et l'argumentation, qu'il manie en général très bien. Ces enfants ont développé une grande éloquence, ce qui pourrait faire croire – à tort – qu'ils ont une grande maturité ou même que ce sont des enfants précoces. À l'arrivée en sixième par exemple, certains parents vont mettre ses échecs sur le compte de l'école ou de l'enseignement qui ne lui conviennent pas. Alors arrivent les premiers échecs à l'école, les grandes désobéissances à la maison...

Les enfants tyrans ont de bons résultats à l'école dans les matières qu'ils aiment, et avec les personnes qu'ils aiment... À la maison, les revendications deviennent de plus en plus fortes : elles portent sur des libertés que l'on peut considérer comme excessives, qui sont aussi, il faut le préciser, stimulées par le *marketing* et les médias : par exemple, aller à 11 ans au McDo avec ses copains et n'en revenir qu'à 16 heures leur paraît un droit légitime...

Pourquoi ces enfants, à qui l'on donne de plus en plus de libertés, apparaissent-ils en fait fragiles et vulnérables ?
D'après les pères de la psychologie cognitive auxquels je me réfère (Jean Piaget, Lev Vygotski, Jérôme Bruner, mais aussi Reuven Feuerstein, Lawrence Kohlberg, Albert Bandura...), si l'enfant ne s'accommode pas au réel par une adaptation au principe de réalité, il ne pourra produire l'« équilibration majorante » qui permet à l'individu de grandir et de se structurer positivement.

Ces enfants tyrans dont nous parlons ont beaucoup de difficultés à s'accommoder au réel. Si tout leur a été donné – aux niveaux affectif et matériel – sans limites, ils n'ont alors aucune résistance à quelque frustration que ce soit. Savoir gérer et doser le principe de plaisir est une façon de prendre en compte le fait que l'autre existe. Dans les années 70, cela paraissait réactionnaire de limiter le principe de plaisir ; en fait, il s'agit plus fondamentalement de la formation du jugement moral et du lien à autrui.

Jean-Jacques Rousseau, dans l'*Émile*, a bien rappelé les dangers d'une trop grande permissivité éducative. Le résultat est que tout enfant qui n'a connu aucune frustration au cours de son développement (l'effort, l'ennui, le fait de ne pas toujours faire ce que l'on veut...) souffrira d'une terrible fragilité qui est l'intolérance aux frustrations. Cet enfant croit que la réalité n'est que plaisir ; dès qu'une épreuve apparaît dans sa vie, il s'écroule : à l'adolescence, un chagrin d'amour devient une catastrophe nationale, un mauvais bulletin scolaire est insupportable... Et cela peut même devenir plus grave avec un refus scolaire radical, ou le refuge dans les addictions de toute sorte. [...]

Vous évoquez aussi la crainte par certains parents de perdre l'amour de leur enfant...
Les développements de la psychologie tout au long du XXe siècle ont montré que l'amour, le relationnel positif, était essentiel dans la relation éducative. Du coup, les parents aujourd'hui ont des grandes craintes lorsqu'ils voient leur enfant pleurer, lorsqu'ils ont l'impression d'interdire trop fort... Le problème est qu'il ne faut pas confondre frustration et dépression. L'enfant qui pleure de dépit parce qu'il vient de subir un interdit – ou l'adolescent qui boude – ne souffre pas pour autant : il n'est pas un enfant déprimé, il est juste frustré.

Il peut arriver aussi qu'il y ait confusion entre les pleurs de l'enfant et la propre souffrance antérieure des parents. Dans le passé, les psychologues étaient amenés à soigner des syndromes scolaires concernant des enfants anxieux et dévalorisés. Les parents les plus permissifs ont souvent été ceux qui avaient le plus souffert d'une éducation répressive, qui engendrait effectivement la dépression de certains enfants.

Ce qui se joue aujourd'hui, c'est la construction du lien soi-autrui. Et il ne peut y avoir d'autrui tout seul, pas davantage que de soi tout seul. L'accompagnement, l'amour et la frustration sont les ingrédients indispensables d'une bonne éducation. L'amour seul produit l'omnipotence ; la frustration seule provoque la castration. C'est pourquoi l'éducation doit rassembler les deux. Hyperprotéger l'enfant est un mauvais pari...

note
1. Didier Pleux
Psychologue clinicien et directeur de l'Institut de thérapie cognitive.
Auteur de *De l'enfant roi à l'enfant tyran*, Odile Jacob, 2002, et de *Manuel d'éducation à l'usage des parents d'aujourd'hui*, Odile Jacob, 2004.

compréhension et reformulation

Grille de lecture
- Présentation du problème et bref historique
- Description de l'enfant-tyran et des étapes de son développement
- Explication du déséquilibre qui caractérise ces enfants :
  - les théoriciens qui en ont parlé
  - les concepts-clés qui permettent de comprendre le trouble des enfants
- Les raisons pour lesquelles les parents ne savent pas traiter ce problème de leur enfant et les conseils du psychologue.

lexique et expression orale

1. Les mots dressage et permissivité s'opposent. Relevez dans le texte les mots, expressions, bribes de phrases qu'on peut associer à chacun des deux termes.

2. Quels comportements peut-on associer au principe de réalité et au principe de plaisir ?

3. Quelle est la différence majeure entre la dépression et la frustration ?

4. Ce phénomène existe-t-il dans votre société ?

activités

1. Résumez oralement, à l'aide de la grille de lecture, si vous le désirez, certains aspects de l'interview qui vous ont particulièrement intéressé(e).
On pourra discuter les contenus des résumés de chacun en grand groupe.

2. Interviews
Vous pourrez aussi faire des interviews par équipes sur un phénomène social intéressant les étudiants.
Un locuteur francophone pourra être interviewé. Il s'agira de rédiger les questions de l'interview, d'enregistrer (ou de prendre des notes écrites), de transcrire s'il y a enregistrement, et de rédiger un texte écrit, clair et mettant bien en évidence la pensée de l'interviewé.

analyse syntaxique

Cette interview est caractéristique du discours oral élaboré qu'on peut également utiliser dans les conférences.
Les phrases indépendantes sont majoritairement employées.
La phrase subordonnée est rare.
Les débuts des paragraphes ponctuent la succession des idées, ils sont constitués des notations temporelles, spatiales ou notionnelles : « Fini le temps des fouets », « Ce qui se joue aujourd'hui », « mais n'a-t-on pas poussé le balancier un peu trop loin ? », « D'après les pères de la psychologie cognitive », etc. Ces marques se retrouvent aussi à l'intérieur des paragraphes placés en début de phrase, elles permettent de mieux suivre la pensée de celui qui parle, même si, comme ici, on a affaire à une interview écrite, c'est-à-dire transcrite et probablement mise en forme.

Vous relèverez un certain nombre de débuts de phrases afin de vous en inspirer quand vous aurez à répondre à des questions portant sur un sujet informatif ou à préparer un exposé oral.
Vous remarquerez également :
- la précision du lexique : **émulation – compétition – frustration – dépression – période de latence**, etc. ;
- et les métaphores : **enfant castrateur – chagrin d'amour qui devient une catastrophe nationale**.

La confession publique ou la tyrannie de l'aveu

Jean-Paul Dubois
« La tyrannie de l'aveu »
Le Nouvel Observateur n° 1932,
16 novembre 2001

Les cobayes contemporains des *reality-shows* vont sur les plateaux de télévision comme on va à confesse. Innocents ou coupables, ils sont sommés de tout dire de leur vie et de passer aux aveux. Et si la prétendue télé du réel était en train de changer notre réalité ?

Il y a une quinzaine d'années, une singulière émission au titre aujourd'hui oublié était diffusée de nuit sur le câble dans la région de San Francisco. Devant un public attentif, un animateur élégant, presque raffiné, recevait quatre couples. Des gens a priori ordinaires, répondant à des questions banales, promis à une soirée convenue, et qui, pourtant, allaient devoir affronter en direct un véritable cyclone affectif. On comprenait très vite les termes de l'enjeu en voyant entrer sur le plateau les quatre anciennes petites amies de ces époux penauds. Toutes tenaient dans leurs bras un enfant en bas âge. Toutes en attribuaient la paternité à chacun de ces hommes récemment mariés. Et eux, bien sûr, niaient avec ferveur. […]

Chaque animateur, chaque chaîne décline ce thème à l'infini. S'appuyant sur des sensibilités et des registres différents, des émissions comme « Tout le monde en parle », « C'est mon choix », « Ça se discute » ou « Vie privée, vie publique » ont en commun de se nourrir de confidences, de confessions, et d'impliquer chez leurs participants l'abandon de toute sorte de pudeur.

Chaque jour, chaque semaine, des individus viennent donc se raconter sur ces plateaux lumineux, passant une sorte de radiographie médiatique, jouant la transparence jusque parfois à en devenir vides, s'accommodant […] de la vulgarité des présentateurs, de leurs indiscrétions, pour pouvoir enfin se révéler, s'autopsier, se désosser, s'écorcher en public. Et de l'autre côté de l'écran, dans la pénombre des salons, cette foule anonyme et silencieuse qui contemple l'Autre, exposé, sous les projecteurs, dans sa souffrance, sa maladie, sa sexualité, sa folie, sa solitude, sa vie. C'est un étrange mode de divertissement, une relation peut-être consentie mais en tout cas fort rude, encore radicalisée avec l'introduction, aujourd'hui, des reality-shows de M6 ou de TF1.

Le point de vue de deux sociologues

Plus on dévoile sa vie privée, ses faiblesses, plus on offre aux autres un contrôle sur soi.

Jean-Claude Kaufmann[1] est sociologue, directeur de recherche au CNRS[2]. Il étudie depuis longtemps ces phénomènes d'extériorisations. « D'abord, je dirais que nous assistons là à une véritable mutation anthropologique. Après le temps des confesseurs, celui des psychanalystes, voici venue l'époque du "dire à tout le monde". Nous sommes en train d'assister au changement de ce qu'est un individu, de ce qui le constitue, de la notion de secret personnel. Avez-vous observé comment en quelques années, avec les portables, les gens qui téléphonent ont modifié leur attitude et se sont mis à parler en public, à intelligible voix, de leurs petites affaires personnelles ? C'est une mutation profonde. Longtemps chacun a vu sa situation définie dans la communauté par la place sociale qu'il occupait. Aujourd'hui, beaucoup désirent sortir de ce schéma en écrivant eux-mêmes leur vie. Dans cette quête personnelle, les gens veulent désormais "se dire", maîtriser leur existence, "raconter leur histoire", vivre un petit événement. »

C'est à ce stade qu'intervient la télévision, poursuit Jean-Claude Kaufmann. Elle se place exactement dans l'évolution sociale, elle l'accompagne. Devant toutes ces paroles offertes, ces confessions, ces témoignages intimes, l'oreille télévisuelle se fait de plus en plus grande, de plus en plus attentive, de plus en plus réceptive. C'est la règle de l'offre et de la demande. Mais ce passage à l'écran n'est jamais anodin car plus on dévoile sa vie privée, ses faiblesses, plus on offre aux autres un contrôle sur soi. Le paradoxe est que ces « invités » livrent en public des secrets qui ne seraient jamais évoqués en famille. Cela peut s'expliquer par le fait que beaucoup n'intègrent pas vraiment l'idée que ces confessions sont reçues par des millions d'individus mais qu'elles sont simplement transmises par une caméra à un « grand anonyme généralisé ». C'est assez différent. Et n'oubliez pas que souvent cela concerne des gens qui n'ont que ces brefs moments d'antenne pour accéder à la notoriété et qui, par ailleurs, estiment que « l'individu se construit par l'image de lui qu'il donne à voir ». Pour mesurer l'ampleur de toutes ces évolutions, il suffit de regarder des documents vieux d'une dizaine d'années où des journalistes posent des questions tout à fait anodines sur des thèmes inoffensifs et se voient pourtant répondre par des citoyens outragés : « Ah non, c'est vraiment trop indiscret, on ne va pas parler de ça ! »

Paul Virilio[3] est sans doute le philosophe contemporain à avoir le mieux analysé et défini l'effet des distorsions spatiotemporelles sur la mécanique sociale. La perte de l'intimité, du secret, s'inscrit pour lui dans un mouvement plus global d'une société surexposée vivant sur des codes de fausse proximité : « Il faut réfléchir à la notion de télé-présence. Qu'est-ce que c'est que d'être présent à distance ? Vous évoquez la perte de vie privée des gens, mais imaginez qu'avec la "télévision", la "télé-présence", c'est tout simplement l'intimité du monde que l'on a perdue, la fin des horizons. Avec l'"oubli" de la distance, la compression du temps, la planète est déréalisée en tant que corps. Avec la "télé-vision" elle a rapetissé. D'une Terre si vaste, nous avons fait un petit territoire irréel, quasi carcéral.

☞

notes

1. Dernier ouvrage paru : *Ego. Pour une sociologie de l'individu*, Nathan, 2001.

2. Centre national de la recherche scientifique.

3. Dernier ouvrage paru : *La Procédure silence*, Galilée.

Au même moment nous sommes passés d'un collectivisme de masse à un individualisme de masse, une société où se multiplient les célibataires et les familles monoparentales. Nous évoluons désormais dans des sphères de solitude. Or savez-vous ce que font les prisonniers isolés en cellule ? Ils parlent seuls, juste pour entendre le son de leur voix, pour s'autofigurer, faire comme si. »

Nous voilà donc soliloquant devant les caméras, parlant de tout puisque « tout le monde en parle », faisant « comme si ». Comme si nous n'avions plus peur de nous, des autres, de nos secrets. Comme si nous n'avions plus rien à cacher. Comme si le désir d'un instant de notoriété primait le besoin profond d'intimité. Comme si l'aveu avait jamais eu à voir avec l'idée d'une quelconque vérité. Il y a fort longtemps, Paul Virilio publiait un texte sur la première émission de télé-dépotoir – elle était allemande – qui s'appelait « XYZ », et au cours de laquelle les téléspectateurs dénonçaient à l'antenne les vies privées de personnes suspectées d'avoir commis des crimes ou des délits.

Aujourd'hui, pour nourrir ses audiences, la télévision n'a plus besoin d'avoir recours à ces pratiques policières de délation optique puisque désormais se rue spontanément dans ses salles d'interrogatoire une nouvelle race de prévenus providentiels : les innocents, qui se livrent eux-mêmes en brûlant de passer aux aveux.

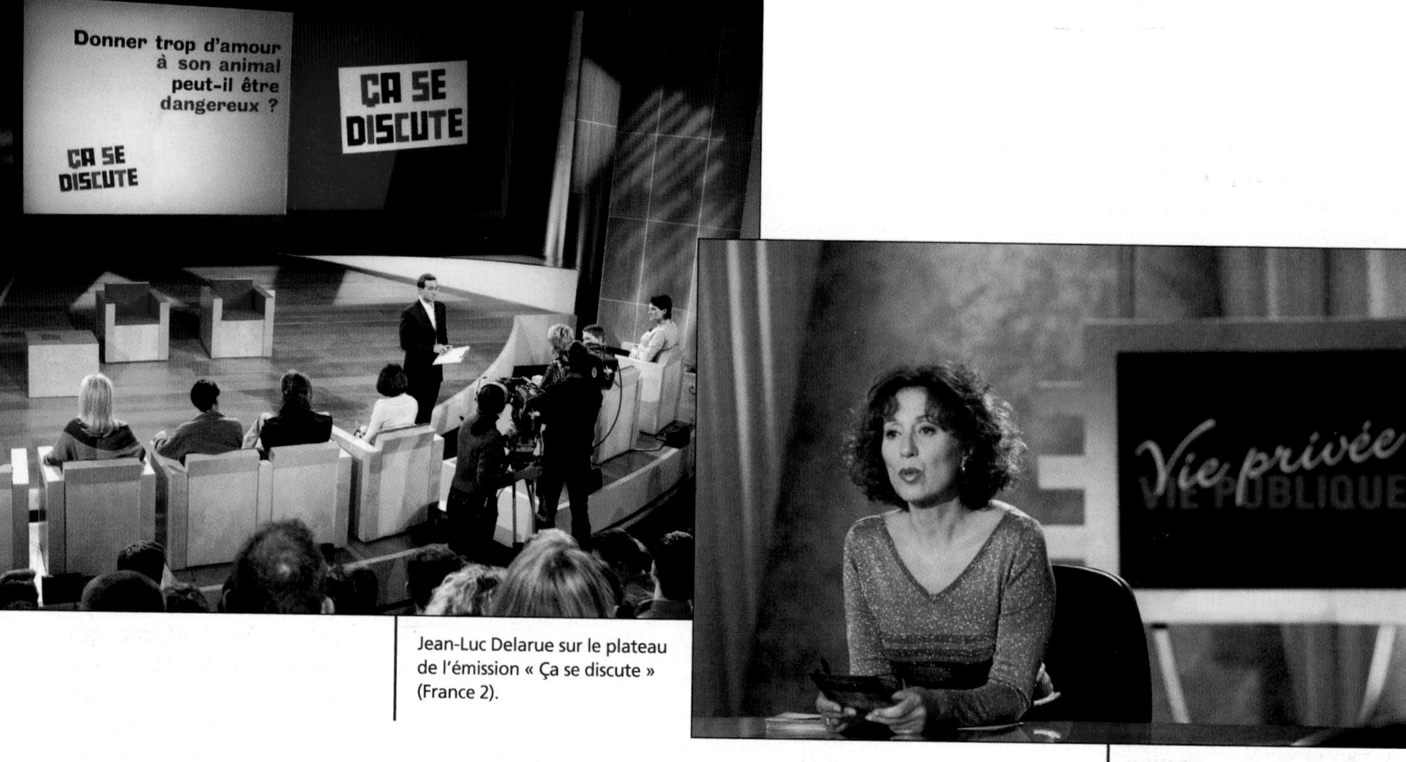

Jean-Luc Delarue sur le plateau de l'émission « Ça se discute » (France 2).

Mireille Dumas sur le plateau de l'émission « Vie privée, vie publique » (France 3).

grille de lecture

- Récit de la première émission du genre
- Situation actuelle
- Nouvelles évolutions et première analyse (Kaufmann) du phénomène
- Rôle de la télévision et analyse d'un philosophe (Virilio) [portrait/indices d'une société à venir]
- Conclusion et interprétation du phénomène par le journaliste (étrange besoin de passer aux aveux)

résumé

Lire à l'aide de la grille ci-dessus et faire un résumé oral du contenu de chacun des éléments de la grille mentionnés.

N.B. : le langage est parfois fortement métaphorisé : s'autopsier, se désosser, s'écorcher, radiographie médiatique, etc.

expression orale

Ces confessions publiques nous semblent-elles malsaines ?
Au contraire, pensez-vous qu'il est possible de les défendre ?
Ces émissions existent-elles dans votre pays ?

Le métissage de la France

Gaston Kelman
Je suis noir et je n'aime pas le manioc
Max Milo Éditions, Paris

Le cri du cœur d'un Français bourguignon : Gaston Kelman, qui milite pour l'assimilation des migrants noirs.

Je suis noir...

Je suis noir et je n'en suis pas fier.

Franchement, je ne vois pas pourquoi je le serais. Tout simplement parce que je ne vois pas de raison à ce qu'on crie sa fierté d'être blanc, jaune, rouge ou noir. Je ne vois pas de raison pour qu'on soit fier d'être noir, et pour le Noir, c'est peut-être même plus que cela.

Je suis noir et j'en suis fier ; cette affirmation comme beaucoup d'autres slogans du monde black, nous est venue des USA. James Brown, le talentueux parrain de la *soul music* a crié un jour : *Say it loud, I am black and proud.* (« Dis-le fort : Je suis noir et fier de l'être. »). Il n'y a rien de plus pathétique pour un peuple que d'être obligé de revendiquer le simple droit à l'existence. Quand un peuple est acculé à crier sa fierté, c'est qu'il ne l'a justement pas encore acquise. Ces déclarations, en fait, sonnent comme un cri de désespoir et de supplique envers ceux-là qui ne reconnaissent pas notre humanité, ou la trouvent inférieure à celle du WASP étalon.

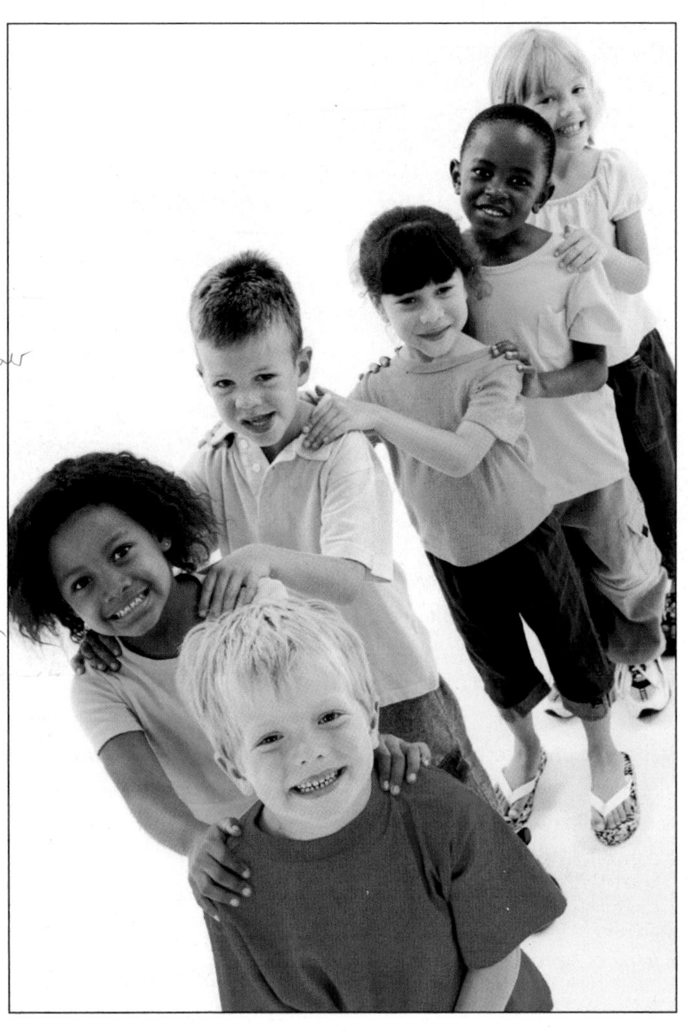

Le Noir se sent obligé de clamer qu'il est fier de sa couleur pour essayer de s'en convaincre avant d'en convaincre les autres qui, se dit-il, pensent *encore* qu'il devrait en avoir honte. Ainsi, dans la bouche du Noir, « je suis fier » équivaut à « je n'ai pas honte ». C'est comme si l'on entendait quelqu'un déclarer : « Je suis fier d'être pauvre, malade, handicapé. » Je suis fier d'avoir conquis ma fierté parce que l'on m'a longtemps acculé à avoir honte de ma couleur.

Cette nécessité pour le Noir de prouver qu'il est un être humain, on la trouve déjà chez certains précurseurs ou pères de la négritude, ce courant littéraire noir francophone, qui s'insurgea contre le colonialisme et l'impérialisme du Blanc sur le Noir et prôna la prise de conscience chez les Noirs de l'égalité des cultures, de la place du Noir au sein de la race humaine. Alors, on comprend la supplique de René Maran qui demandait dans un de ses romans, juste à être « un homme pareil aux autres ». Ce à quoi son interlocuteur lui répondait en substance, qu'il n'était pas sauvage comme les autres Noirs, qu'il était pratiquement normal, juste un peu trop bronzé. ☞

grille de lecture

1. Pourquoi l'auteur dit-il qu'il n'est pas fier d'être noir ?
2. L'américain James Brown est-il fier d'être noir ?
3. Que signifie pour Kelman l'attitude de James Brown ?
4. Comment Kelman définit-il la « négritude » ?
5. Que revendique-t-il pour le Noir ?

Un plaidoyer pour l'assimilation

Un jour, des âmes bien pensantes ont décidé qu'il était malsain de parler d'assimilation comme il est iconoclaste de dire Nègre, comme il est impensable de dire Noir, comme il est injurieux de dire Arabe. Un jour, on n'aura plus le droit d'appeler un chat un chat. Surtout s'il est noir ou arabo-persan !

Il est évident que l'assimilation, dans le contexte historique de la colonisation, était une horreur, parce que la France n'avait pas le droit de transformer contre leur gré, les peuples africains en Français d'Afrique. De toutes les façons, les Français n'avaient qu'à attendre patiemment, les Noirs allaient s'en charger eux-mêmes par la suite, comme ces parents noirs qui vivent en Afrique et qui exigent de leurs enfants qu'ils ne s'expriment qu'en français. Évidemment, je sais que ceci est la conséquence de cela ! Essentialisation, encore et toujours !

Qu'on fasse des réserves sur l'assimilation dans le contexte de l'Afrique coloniale, parce que c'est de l'impérialisme que de vouloir transformer les autres, cela se conçoit parfaitement. Mais qu'on me dise qu'un enfant né sur les bords de Seine ne doit pas être assimilé, c'est-à-dire qu'il ne doit pas se fondre dans le modèle culturel de son espace de vie, qu'il doit conserver ses racines, qu'il doit rester « scotché » à ses origines, alors je ne comprends plus rien. Et d'autant moins que, comme je l'ai énoncé, cette conception de la fidélité à la culture ne s'applique qu'aux enfants noirs et arabes ou maghrébins, c'est-à-dire à ceux dont la différence est *visible*, à ceux qui sont d'origine jugée inférieure et qui ont un faciès non soluble dans la couleur ambiante. Nier l'assimilation d'un enfant noir né et élevé en France ou la lui refuser, cela s'apparente à la croisade de Don Quichotte, à de l'inconscience et à du racisme. [...]

Cette inconscience suicidaire et assassine qui pousse à nier l'occidentalité, c'est-à-dire l'assimilation des enfants français d'origine négro-africaine, est portée par les parents noirs qui ne cessent de leur rappeler qu'ils sont des Africains, comme si l'appartenance à un groupe était héréditaire et non acquise par l'imprégnation à ce groupe. On est Africain non parce qu'on est Noir, mais parce qu'on est né en Afrique et que l'on y a été élevé. Ce n'est pas parce que Johnny Cleg est blanc qu'il est occidental. Il est aussi sud-africain que mon fils est français, et le revendique à juste titre. Il revendique même d'être zoulou et il en a le droit, puisqu'il a été élevé dans cette culture.

analyse

Trois premiers paragraphes

Observez l'argumentation de Gaston Kelman :

• Énonciation de base qui sera contestée dans l'argumentation :
Il est malsain de s'assimiler dans une culture d'accueil quand on est un migrant noir.

• Introduction d'une concession : dans certains cas, cet énoncé de base est juste :
Il est évident que... dans le contexte de la colonisation.

• Reprise du même argument sous forme d'une alternative en termes d'opposition :
- L'énoncé de base est juste dans tel contexte : « *que* + énoncé au subjonctif, ... *cela se conçoit* » (= oui)

Mais
- L'énoncé de base dans tel autre contexte est injuste : « *que* + énoncé au subjonctif, ... *alors je ne comprends plus rien* » (= non)

• Rajout d'un argument supplémentaire :
D'autant plus que... (l'argument : la recommandation ne s'applique qu'aux enfants noirs et arabes)

• Reprise de l'énoncé de départ de manière synthétique pour y porter un jugement de valeur :
Nier l'assimilation... cela s'apparente à de l'inconscience et à du racisme.

grille de lecture

Quatrième paragraphe

1. Que pensent les parents qui ont l'attitude dénoncée par G. Kelman ?

2. Relevez la phrase qui révèle de la manière la plus concise le point de vue de G. Kelman.

analyse

Étude des métaphores du quatrième paragraphe

Reformulez ces métaphores pour en expliquer le sens.
- faciès non soluble dans la couleur ambiante
- appeler un chat un chat
- la croisade de Don Quichotte

expression orale

Ré-emploi de l'argumentation sur un autre sujet.

N.B. On peut aussi étudier l'argumentation en tant que procédé syntaxique de « topicalisation » : c'est-à-dire extraction d'une partie de l'énoncé – ici le prédicat – qui est mise en tête et suivie de l'expression du point de vue de l'auteur (la modalisation), donnant de l'expressivité syntaxique à la phrase banale :
« Je conçois qu'on fasse des réserves sur l'assimilation... »
au lieu de « qu'on fasse des réserves sur... ».
Cf. Grammaire p.167-168 (mise en relief).

Gérard Mermet
Francoscopie
2003

Le Saviez-vous ?

L'usage du portable modifie le rapport à l'espace et au temps...

Plus peut-être que l'ordinateur et Internet, le téléphone portable est l'outil symbolique de la civilisation en préparation et de la transformation des modes de vie qui l'accompagne. Il bouleverse d'abord la façon de gérer le temps, en permettant de modifier jusqu'à la dernière minute l'organisation des activités et des tâches. La notion de planification disparaît alors au profit d'une gestion de la vie « en temps réel » faite d'improvisations, d'ajustements et de changements successifs. Ainsi, la possibilité d'appeler pour dire que l'on va être en retard à un rendez-vous n'incite guère à la ponctualité. Cette évolution est particulièrement sensible dans le comportement des jeunes, qui ont souvent une vision à très court terme de leur emploi du temps et lui font subir des transformations jusqu'au tout dernier moment.
Le portable modifie aussi le rapport à l'espace, en réalisant le vieux rêve d'ubiquité : on peut grâce à lui être présent, au moins virtuellement à plusieurs endroits en même temps. Il illustre et amplifie le mouvement récent et de plus en plus apparent vers un mélange de la vie personnelle, familiale et professionnelle. Avec les avantages et les inconvénients que cela implique : amélioration de l'efficacité par la joignabilité mais accroissement de la corvéabilité et de la « traçabilité ».

... mais aussi aux autres et à soi-même.

Le nouveau rapport au temps et à l'espace créé par le portable n'est pas sans incidence sur la relation aux autres. Avec lui, les membres des « tribus » deviennent vraiment nomades. Mais ils n'ont plus besoin d'être ensemble dans un même lieu pour échanger et forment ensemble une sorte de diaspora. Le portable est aussi l'outil de la multi-appartenance, qui permet de se « brancher » sur des réseaux distincts et complémentaires (famille, amis, relations, collègues de travail, groupes divers...), de façon souvent éphémère. S'il est un moyen efficace pour chacun de garder le contact avec les membres de son univers, il constitue parfois une façon de les tenir à distance, de transformer le contact réel en relation virtuelle et aseptisée.
Enfin, le portable change le rapport que l'on a avec soi-même. La « joignabilité » donne la sensation grisante d'être important, ou tout simplement d'exister. Elle permet de ne pas être seul, à la condition, bien sûr, d'être appelé. Mais elle implique d'être en permanence en état de « veille », c'est-à-dire prêt à décrocher et à répondre à un interlocuteur. Comme pour toutes les machines, le maintien de cet état de veille entraîne chez les humains une consommation d'énergie ; il engendre de la fatigue et du stress.
Outil de la modernité et de l'efficacité, le portable est aussi celui d'une fuite en avant, d'une dépendance à l'égard des autres qui traduit souvent une incapacité à se trouver seul face à soi-même. L'imbrication croissante des différents compartiments de la vie peut être regardée comme un progrès ou comme une contrainte. La volonté de rationaliser l'emploi de son temps peut parfois amener à le perdre et à le faire perdre aux autres. S'ils ont la volonté d'être libres, les Français manifestent surtout le besoin d'être occupés. Or, ces deux états sont en principe exclusifs l'un de l'autre.

Les outils de communication occupent une place croissante dans les modes de vie des Français.

« Nous ne sommes hommes et ne nous tenons les uns aux autres que par la parole », écrivait Montaigne. Outre l'ordinateur, Internet et le téléphone, le fax, les répondeurs et les messageries, les Français sont de mieux en mieux équipés pour communiquer entre eux, de façon orale ou écrite. On estime que les salariés reçoivent et envoient en moyenne 155 messages par jour (208 aux États-Unis, 188 en Allemagne, 187 en Angleterre), répartis entre 40 appels téléphoniques, 27 mails, 18 courriers postaux, 14 télécopies, 9 *post-it* et 7 messages laissés sur des boîtes vocales. Le texto ou SMS a récemment enrichi la palette des moyens de communication ; 3,3 milliards de messages ont ainsi été envoyés en France entre des téléphones portables en 2001.
Cette avalanche de communications est une source de stress dans la vie professionnelle et personnelle. Elle est aussi très chronophage, car il faut beaucoup de temps pour lire les messages, répondre à ceux qui le justifient et alimenter les réseaux internes et externes avec des informations. Le risque est alors de se noyer dans l'information et de perdre du temps au lieu d'en gagner.

Communication et sociabilité

Le téléphone, fixe ou mobile, est un facteur d'intégration sociale. Mais le réseau des relations téléphoniques est plus restreint et moins diversifié que celui des relations sociales en face à face. Il se caractérise par une forte proximité affective et géographique ; un interlocuteur téléphonique sur deux vit à moins de 10 km (INSEE). Les personnes qui vivent seules passent en moyenne 21 minutes de plus par semaine que la moyenne au téléphone. Mais elles sont moins équipées pour communiquer que celles qui vivent en famille. Les inactifs et les chômeurs passent en moyenne 30 minutes de plus.
On constate aussi que les personnes qui n'ont pas accès aux moyens modernes de communication comme Internet sont moins fréquemment adhérentes à des associations que celles qui sont connectées. Contrairement à une idée reçue, la télévision n'est pas non plus un palliatif à l'isolement. Les personnes qui ont peu de contacts avec leur famille regardent deux fois moins la télévision que les personnes qui ont une vie familiale plus fréquente. On note cependant une exception avec le cinéma : les personnes seules le fréquentent 1,7 fois plus que les couples (Crédoc).

Activités

Faites un exposé oral sur ce phénomène, « le portable ».

1. Extraire des textes les points de vue jugés les plus importants selon vous.
2. Rédigez-en un texte écrit pour être dit.
3. Exposé oral.
4. Commentaire personnel et discussions.

bilan

écrit

Quiz sur l'ensemble des textes de l'unité

Dites si chaque proposition est vraie (V) ou fausse (F).

1. Être comédien, c'est accepter d'être toujours de bonne humeur.
2. La baisse de fréquentation des bistrots par les travailleurs a été due à leur fermeture à cause des dangers provoqués par l'alcoolisme.
3. La jeunesse actuelle fréquente les cafés non pour boire mais pour avoir le plaisir de discuter et de s'évader de la vie quotidienne.
4. Une bonne éducation doit concilier amour et frustration.
5. Un enfant qui tyrannise sa famille ne peut pas être heureux.
6. Participer à une émission de télévision pour y raconter sa vie est révélateur de l'immense solitude des individus.
7. La sphère privée tend à disparaître au profit d'un dévoilement public favorisé par les médias télévisuels.
8. On est Africain non pas parce qu'on a une peau noire mais parce qu'on est né en Afrique et que l'on y a été élevé.
9. Le portable est un régulateur du temps quotidien.
10. L'usage du portable favorise le stress.

oral

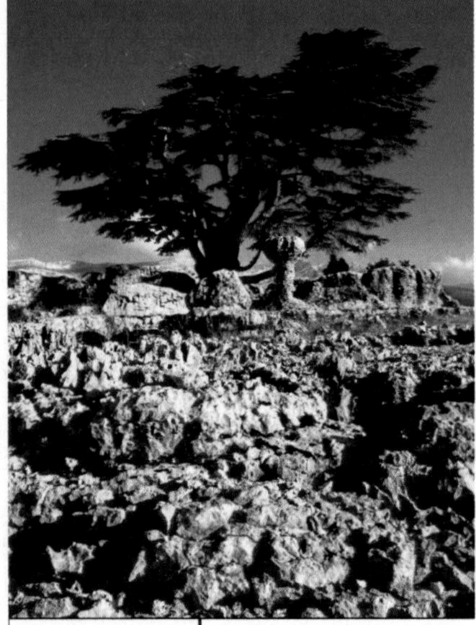

Cèdre à Tannourine (Liban).

Compréhension

Dites si chacune de ces propositions est vraie (V) ou fausse (F).

1. Amin Maalouf est un écrivain libanais, émigré en France.
2. Il a quitté le Liban en 1998.
3. Son livre traite des difficultés rencontrées par les migrants.
4. Cette notion d'identité est récente.
5. La question fondamentale est la place faite à l'autre.
6. Appartenir à un groupe minoritaire est discriminatoire.
7. Il est injuste de subir cette discrimination toute sa vie.
8. Ce problème des identités minoritaires ne se pose qu'au Liban.
9. D'autres sociétés atypiques existent dans le monde.
10. Le monde devient comme un village.
11. Les gens se rapprochent physiquement mais pas culturellement.
12. Il faut apprendre à vivre ensemble en dépit des différences.
13. Le monde est formé d'entités hybrides.
14. Il n'est pas possible d'apprendre à coexister tous ensemble.
15. Amin Maalouf prône la tolérance et la compréhension entre les personnes.
16. La réflexion de cet écrivain libanais est enracinée dans son expérience vécue.
17. Amin Maalouf se fait l'avocat des minorités.
18. Un autre monde est possible.

Production écrite libre *(ou réflexion pour un débat en classe)*

Faut-il respecter en autrui le semblable ou l'être différent ?

Unité 7

Êtes-vous théâtre ou cinéma ?

Oral

Points de vue de comédiens et de critiques

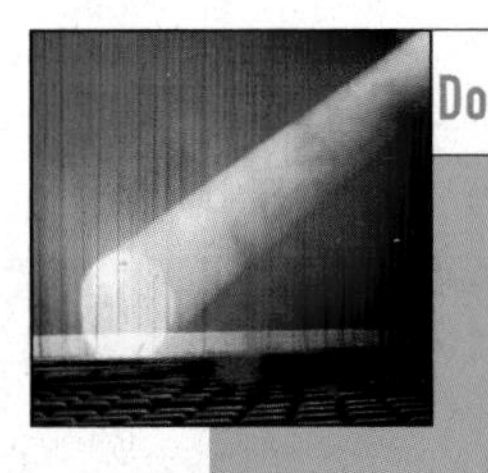

Document 1 Conversation

Béatrice : Euh... dis-moi, Jean-Pierre, toi qui es un excellent comédien... te considères-tu comme comédien ou comme acteur ?

Jean-Pierre : Ah !

B : Ah !

JP : En fait... en fait... je suis les deux... Simplement, c'est la technique qui est différente... Le cinéma demande... demande... par rapport à l'émotion, au travail de l'émotion, une immédiateté... euh... On nous demande face à la caméra d'être, d'être simplement... euh... de se rapprocher le plus de soi... et de garder, d'intérioriser une émotion, de la vivre en face d'une caméra et la caméra, elle, se charge de venir chercher l'émotion. Voilà.

B : Voilà, c'est ça, la caméra va chercher.

JP : Il faut surtout pas la projeter. Si tu la projettes en face d'une caméra, c'est...

B : Il faut être et ne pas jouer.

Patrick : Donc ça c'est le travail de l'acteur, alors en fait ?

JP : De l'acteur de cinéma.

B : Ou le non-travail de l'acteur...

(Rires)

Mara : Très juste...

(Voix superposées)

JP : Il est dans l'action... en fait ou le non travail... Y avait quelqu'un qui disait que tout le monde était capable de faire un film, tout le monde.

B : Oui, je crois...

JP : Il suffit que le personnage corresponde à ce que tu es, d'avoir le courage... parce que c'est la grande difficulté... c'est d'être simplement devant... euh... vingt-cinq personnes qui sont des éclairagistes... enfin qui te regardent... c'est assez difficile d'être, tout simplement ce qu'on est...

B : C'est exactement ce qu'on constate... quand on tourne avec des enfants ou avec des animaux... parce que, eux, ils sont, et ils sont d'une vérité, d'une authenticité que peu de comédiens peuvent atteindre.

Patrick : En fait, la difficulté, c'est de ne rien faire.

JP : Oui, en fait.

B : C'est d'être.

JP : Oui, c'est presque ça, presque ça. Donc, faire un film... il suffit que le personnage corresponde à ce que tu es et voilà... et... Ensuite, le... le film est dans l'air du temps, tu deviens une star... bon... La difficulté, c'est de faire le deuxième film... Pour ne pas refaire le même personnage, dans les mêmes conditions, avec les mêmes mots, parce que... bon...voilà...

B : Et pourtant, les producteurs ayant peu d'imagination en général... ils vous reproposent le même personnage, tripatouillé dans toutes les époques... dans tous les sens...

JP : Et par contre, le théâtre te demande justement d'avoir ce même travail de rigueur par rapport à l'émotion, de même vérité par rapport à l'émotion, mais une fois que ce travail-là est fait... il faut le projeter... Il faut projeter ce... ce... cette émotion au-delà de... au-delà de la scène. Et là, ça demande une technicité un petit peu plus particulière.

B : C'est-à-dire que là, il y a une construction. On parlait d'art l'autre jour, là c'est de l'artisanat aussi, c'est-à-dire qu'il faut construire le personnage et le faire évoluer.

JP : Oui.

B : Alors qu'au cinéma, c'est le réalisateur qui fait évoluer le personnage. Tu tournes la dernière scène, le premier jour, le milieu, le lendemain, le début... euh... trois mois après et le personnage se construit au montage... Alors qu'au théâtre, effectivement, je sais pas ce que tu en penses Patrick... euh... tu dois conduire l'émotion du personnage, l'évolution du personnage pour que le public y croit et entre dedans.

P : Oui, oui je suis d'accord. Mais en même temps, c'est vrai que… au cinéma… euh… il faut être conscient de… de… du moment… enfin, il faut être conscient de ce qui se passe au moment où on le fait… c'est-à-dire, si on est en train de tourner une scène qui se situe à la fin du film, il faut avoir en soi l'évolution du personnage du début à la fin du film aussi, je pense.

B : Je crois pas. C'est le réalisateur, je crois. De toute façon, moi je suis à peu près persuadée que la différence entre comédien et acteur, c'est que comédien, même s'il y a un metteur en scène qui… vous donne des indications, qui a des idées précises sur le personnage… euh… c'est quand même le comédien, c'est la personne qui construit… l'histoire du personnage… qui construit son émotion… alors qu'au cinéma, un film peut être absolument parfait et le comédien, enfin l'acteur, parfait, entièrement construit par le réalisateur qui sait où il va et qui sait ce qu'il veut… et le monteur qui est très important.

M : Dans le théâtre, moi je dirais qu'il y a quelque chose de sacré. C'est-à-dire qu'il y a tout un cérémonial, effectivement, à partir du moment où tu arrives… tu vas dans ta loge, tu te prépares… et puis… tu es déjà dans ton personnage et à partir de là, tu le perds pas, tu vas le garder tout le temps, tout le temps, tout le temps. Alors qu'au cinéma… euh… eh ben, tout d'un coup… hop… terminé ! la prise est faite… alors on passe à autre chose, il y a du bruit sur le plateau, ou en extérieur, y a des gens qui bougent…

JP : On attend beaucoup…

M : …Tu décroches et puis euh… voilà…

B : C'est pour ça que je disais qu'il faut être, tu peux pas jouer un personnage et le garder comme ça… sur six mois… en tournant… euh, tous les huit jours ou tous les quinze jours.

JP : Y a des personnages cinématographiques qui sont difficiles… hein… qu'il faut pouvoir interpréter. Je revoyais hier soir *Adèle H.*

M : Ah oui.

B : Elle… elle est particulière, Isabelle Adjani.

JP : Isabelle Adjani, elle se sert de sa folie, elle est… elle est…

B : Oui … comme dans *Camille Claudel*, comme dans tout ça.

JP : Oui. Elle se sert de sa folie, mais c'est elle… quoi !

B/M : Oui, oui.

JP : C'est sa personnalité… qu'elle amplifie, qu'elle garde, qu'elle conserve, qu'elle entretient. Mais… mais… cette folie-là, elle l'a en elle, elle la construit pas… tu vois.

B : Et est-ce que tu l'as vue au théâtre ?

JP : Non.

Diagonales
« Le cinéma français »
France Inter, 17 juin 2001

Vous allez entendre une émission diffusée sur France Inter à un moment de haute écoute, entre 18 et 19 heures : *Diagonales* produite et réalisée par Laurent Joffrin. En juin 2001, les cinéphiles et le grand public plébiscitèrent le film de Jean-Pierre Jeunet *Le Fabuleux Destin d'Amélie Poulain*. La discussion porte sur ce film. Les intervenants présents : Anne Andreu, journaliste de cinéma, ancienne productrice de l'émission *Cinéma Cinéma* sur Antenne 2 (actuellement France 2), Philippe Lioret, cinéaste, réalisateur de *Mademoiselle*, Pascal Thomas, cinéaste, réalisateur de *La Dilettante* échangent leur point de vue sur le film. Ils ne sont pas d'accord. Ce document vous fait entendre le « feu » qui anime souvent les Français quand ils discutent.

Document 2 Débat à la radio

Anne Andreu : Voilà , *Amélie Poulain*... ensuite je passerai la parole à mon camarade... puisque lui il a écrit une cr... c'est « le » phénomène de société... je veux dire... c'est tellement extraordinaire que ça n'est pas réductible.

Laurent Joffrin : ... il y a 5 millions d'entrées...

AA : 5 millions d'entrées c'est inouï, c'est inouï... bon ben...

LJ : et les gens sont très contents... en plus...

Philippe Lioret : pour combien de temps...

AA : *Amélie*... je ne sais pas... six semaines... bon... alors évidemment... j'entendais avant de venir une Radioscopie de Jacques Tati... et Jacques Tati disait « on ne s'occupe pas suffisamment du bonheur des gens » eh bien je pense... que c'est... évidemment... c'était Tati et lui s'est occupé du bonheur des gens... on peut sans doute dire ça d'*Amélie Poulain*... moi je veux pas rentrer... parce qu'on ne va pas parler trois ans d'*Amélie Poulain*... probablement c'est un film qui s'occupe du bonheur des gens... des petites choses... alors... il y a la référence... ce qui me paraît un peu court dans les analyses... c'est que... la référence au livre de Philippe Delerm *La Première Gorgée de bière*... mais il n'y a pas que Philippe Delerm... je veux dire... tous les grands auteurs de nouvelles de Fitzgerald à Walter Benjamin ont écrit des nouvelles sur les petites choses... de la vie... avant de venir pour faire culturel j'ai relu Walter Benjamin sur une tasse de café dans un bistrot... c'était ça déjà... bon... donc... évidemment la littérature n'est faite que de...

PL : Walter Benjamin...

AA : n'est faite que de ces petites choses... alors... là Jean-Pierre Jeunet il a pris... il a eu la grâce... parce qu'il a beaucoup de grâce... il a beaucoup de talent... il sait très très bien fabriquer en post-prod avec des fonds bleus les trucages... et il a eu la grâce de réunir plein de ces petites choses de la vie qui nous font plaisir... donc moi j'ai adoré le film... je suis sortie j'étais contente et ça va... je lis dans *Libération* de...

LJ : Alors justement... parce que tout le monde a aimé le film ?

PL : Je pense qu'un film comme celui-là se nourrit des dix dernières années de publicité... Il est nourri... vous avez raison... de la publicité avec tout ce que cela a de... disons de métaphore...

Pascal Thomas : J'ai dit « entre autres »... je pense que c'est anecdotique...

PL : Non mais je peux vous dire... je vous assure... je connais bien le monde de la publicité pour en avoir fait... je vous assure... le film est nourri de ça... Tu sors heureuse du film... moi je sors effondré... *(Rires)*

Le Fabuleux Destin d'Amélie Poulain,
de Jean-Pierre Jeunet (2001),
avec Audrey Tautou.

AA : Ce film n'est pas une splendeur... ce film a rencontré le public parce que... effectivement dans une France un peu terne... un peu... qui s'ennuie... La France s'ennuie... on avait eu ça aussi...

PL : Non...

AA : Si... un peu... une France qui s'ennuie... si... un peu...

PL : Non pourquoi tu dis ça ?

AA : Parce que... c'est pas...

PL : Où est-ce que tu vois que la France s'ennuie ?

AA : Parce que il n'y a pas de politique, parce que il n'y a pas d'idéologie, parce que la littérature se repose... parce que... si... comme dit... bon...

PL : Pas du tout je ne suis pas d'accord...

AA : Donc c'est un film plutôt ludique... plutôt rigolo... alors que ça soit un film publicitaire je ne suis pas d'accord parce que les trucages vidéo... c'est utilisé dans le... cinéma...

PL : ... nourri de la publicité... nourri de la publicité.

AA : dans tous les films... Et notamment le cinéma américain comme tous les films qu'on cite... sont faits uniquement comme cela.

PT : On peut pas lui reprocher d'être dans le passé et en même temps de se nourrir des disciplines de son époque... notamment la pub... je veux dire...

AA : Voilà... et d'autre part... alors... tu me dis que tu t'es étonné que j'aime ce film... moi je peux te dire que toi qui aimes tellement le cinéma français d'avant-guerre c'est quand même fabriqué comme un inventaire... c'est fabriqué...

PL : Non...

AA : Mais si j'aime... j'aime pas...

PL : Il est loin très très loin du cinéma français...

AA : Mais si... c'est quand même ces références-là aussi...

PL : C'est pas du tout ça... c'est toi qui...

AA : Mais si les collages... les associations... C'est Prévert[1]... c'est Marcel Aymé... c'est Topor... c'est tous ces gens-là...

PL : Mais quand Prévert écrit *Les Enfants du paradis*[2] ou quand Marcel Aymé écrit *Papa Maman la bonne et moi* il ne se préoccupe pas de collages... il se préoccupe de raconter une histoire... des histoires qui leur plaisent... qu'est-ce que ces histoires de collages... oui Prévert a aussi fait des collages...

notes

1. Jacques Prévert (1900-1977) : poète français qui allie l'image insolite à la parole populaire. *Paroles* (1946) ; *La Pluie et le Beau Temps* (1955) ; *Collages de photos* (cf. le site indiqué ci-dessous).

2. *Les Enfants du paradis*, film français en noir et blanc de 1945 (183 minutes). Drame de mœurs réalisé par Marcel Carné. Scénario : Jacques Prévert. Photographie : Roger Hubert. Musique : Maurice Thiriet, Joseph Kosma. Décors : Alexandre Trauner. http://www.garance.chez.tiscali.fr

activités

1. Écoutez et notez à partir de ce document radiophonique :

a. ce qui explique le succès du film auprès du public selon la critique faite par Anne Andreu ;

b. la raison pour laquelle Philippe Lioret ne partage pas la même opinion sur le film.

2. Mettez-vous par petits groupes et partagez votre compréhension.
Réécoutez le document plusieurs fois.

Le bonheur d'aller au cinéma

Le Fabuleux Destin d'Amélie Poulain,
de Jean-Pierre Jeunet (2001),
avec Audrey Tautou.

Les synopsis[1]

Après avoir écouté des journalistes professionnels critiques de cinéma donner leur opinion sur le film *Le Fabuleux Destin d'Amélie Poulain* (cf. p. 96), voici des textes écrits « à la manière » des échanges sur certains forums d'Internet. Ils expriment cet engouement incroyable que le film a provoqué à sa sortie en 2001.

1

Amélie, une jeune serveuse travaillant dans un bar-tabac de Montmartre, passe son temps à observer les gens et à laisser son imagination divaguer. Elle s'est fixé un but : faire le bien de ceux qui l'entourent. Elle invente alors des stratagèmes pour intervenir incognito dans leur existence.

2

Amélie n'a pas vécu une enfance ordinaire. À 22 ans, elle se découvre un but : réparer la vie des autres à leur insu. Un entourage hétéroclite de gens bizarres lui donne fort à faire, jusqu'à ce que sa mission soit perturbée par la rencontre d'un garçon étrange et décalé, Nino, qui collectionne les photos abandonnées autour des photomatons.

3

Amélie, une Parisienne innocente et naïve, n'est pas une fille comme les autres. Elle a vu son poisson rouge disparaître sous ses yeux dans un bassin municipal et son père reporter toute son affection sur un nain de jardin. Amélie grandit et devient serveuse à Montmartre dans un bar tenu par une ancienne danseuse équestre. La vie d'Amélie est simple, elle aime briser la croûte des crèmes brûlées, faire des ricochets sur le canal Saint-Martin, observer les gens et laisser son imagination divaguer. À 22 ans, Amélie se découvre un but : réparer la vie des autres...

4

Jeune fille timide, elle cultive un goût particulier pour les tout petits plaisirs : plonger la main au plus profond d'un sac de grains, briser la croûte des crèmes brûlées avec le dos de la petite cuillère ou faire des ricochets sur le canal Saint-Martin. Dans la nuit du 30 août 97, le déclic se produit : elle prend la décision de réparer la vie des autres. Mais les cafouillages de sa vie, qui va s'en occuper ?

note

1. un synopsis : un récit très bref qui constitue un schéma de scénario.

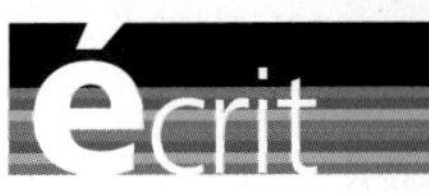

Une critique par un internaute

Un conte de fées moderne !

Attention, ce film donne du baume au cœur et enchante l'esprit.

Ici, tout fleure l'enchantement, l'innocence dans un monde imaginaire peuplé par des personnages tous plus étonnants les uns que les autres. Le sérieux est mis au placard, la légèreté domine. L'absurde trouve une place de choix dans une histoire qui s'ingénie à nous faire croire que l'insolite est le quotidien.

Tout d'abord, une sorte de clip hallucinant de trois minutes retrace l'enfance d'Amélie, puis son poisson rouge et sa mère vivent des aventures qui prouvent la bizarrerie de l'existence et, enfin, son père collectionne les nains de jardin pour remédier à sa solitude.

Quelques années plus tard, à 22 ans, Amélie est serveuse dans un bar de Montmartre où elle reçoit la révélation de sa capacité à rendre les autres heureux !

À partir de là, elle nous emmène à la rencontre de personnages secondaires à première vue mais dont le profil et la personnalité nous touchent : un voisin peintre, repeignant inlassablement la même toile où il copie un célèbre tableau de Renoir depuis 25 ans, une employée hypocondriaque, un épicier grincheux, une concierge, fidèle à son mari décédé depuis longtemps.

Débrouillarde et ingénieuse, elle réussit, à partir de petites choses, à égayer la vie de ses voisins.

Jean-Pierre Jeunet[1] nous entraîne dans un univers de fantaisie, où les procédés de science-fiction alternent avec des prises de vue très prosaïques. Les séquences se succèdent à un rythme bien orchestré.

Chaque seconde du film est travaillée à la perfection, chaque détail est peaufiné, tout est passé au crible, rien n'est laissé au hasard. C'est dans un Paris à tendance populaire que s'agitent tous les protagonistes, avec le côté atypique qui caractérise la plupart des personnages inventés par Jeunet.

Amélie, qui croit aussi au destin, va s'amouracher d'un garçon timide, collectionneur de photos d'identité jetées au pied des cabines Photomaton. Elle use de stratagèmes multiples pour le rencontrer et parvenir à ses fins.

Ce film est résolument construit sur un principe de fantaisie, servi par une musique magnifique de Yann Tiersen et un narrateur de choix, André Dussolier.

Le Fabuleux Destin d'Amélie Poulain est une bouffée d'oxygène à respirer à pleins poumons.

Gaspard

note

1. Jean-Pierre Jeunet est l'auteur du film (2001).

Des avis de spectateurs comme ceux des forums d'Internet

1

Amélie Poulain vit depuis toujours à l'écart du monde, déjà, petite, elle faisait ses études à la maison. Un jour, elle se rend compte qu'elle peut susciter le bonheur chez les autres : elle décide alors de tout faire pour que les gens qu'elle côtoie, soient heureux. Comme dans ses précédents films, le traitement graphique de Jean-Pierre Jeunet est formidable. Paris vit une nouvelle vie grâce à des retouches discrètes et subtiles de l'image. Il fait toujours beau, les rues sont propres… et même le métro est reluisant ! […] Ajoutons à cela la présence de nombreux effets spéciaux (la lampe-cochon, le poisson rouge) qui sont extrêmement bien faits et intégrés de façon magistrale et on comprendra aisément que l'on se situe dans un monde différent du nôtre mais d'une similitude troublante. D'ailleurs, de nombreuses critiques laissaient entendre que *Le Fabuleux Destin d'Amélie Poulain* avait le défaut d'être décalé par rapport à la réalité, d'en présenter une fausse image.[…] On peut penser que ce film est une leçon de bonheur.

Dominique

2

Je vous présente Jean-Pierre Jeunet. Jean-Pierre est un réalisateur de génie qui revient d'un séjour réussi aux États-Unis. Il a décidé de tourner dans la ville qu'il aime : Paris, capitale aux airs de petite ville, animée par des gares et les métros aériens. Jean-Pierre aime regrouper les anecdotes savoureuses, inventer des personnages irrésistibles, trouver à merveille leurs interprètes et créer une atmosphère enchanteresse de conte. Mais Jean-Pierre n'aime pas la routine dans son métier. Il aime les innovations, les jolis balayages, les prises de vue à travers les fenêtres, les effets spéciaux insérés aux endroits où on souhaite les voir apparaître, les bruitages habilement manipulés et la musique folklorique de Yann Tiersen. En gros, Jean-Pierre aime faire des films aboutis, qui apportent du bonheur à ses spectateurs et qui les incitent à aller de l'avant.

Patrick

3

Amélie Poulain raconte l'histoire toute bête mais tellement adorable d'une femme qui ne recherche qu'une chose : rendre les gens heureux ! Elle le fait parfaitement en prenant quelques personnes autour d'elle parmi sa vie quotidienne et elle leur donne quelques instants de bonheur, quelques instants pendant lesquels ils vont être remplis d'une immense joie de vivre.
Amélie Poulain, c'est d'abord la preuve que le cinéma français original, drôle, léger, subtil et beau existe. C'est la preuve qu'une bande d'acteurs épatants peuvent donner vie à une galerie de personnages éblouissants, attachants et tellement humains. C'est aussi un grand maître du cinéma : M. Jeunet qui fait de la belle Audrey Tautou une des plus adorables héroïnes jamais contemplées au cinéma.
Filmé avec une inventivité et un dynamisme étonnant et soutenu par la superbe musique de Yann Tiersen, *Le Fabuleux Destin d'Amélie Poulain* arrivera à un moment donné dans votre vie, durera deux heures et demeurera éternel dans votre cœur.

Jérôme

4

Il n'est jamais trop tard pour parler du bonheur, n'est-ce pas ? *Le Fabuleux Destin d'Amélie Poulain* a volé mon cœur… et j'ai adoré ça ! Toutes mes félicitations à Jean-Pierre Jeunet qui, en deux heures, a réussi à réveiller en moi des émotions pures si rares de nos jours. Ce film est un bijou, une vraie merveille de cinéma… Un autre cinéma, unique et enchanteur. La seule envie que l'on ait en sortant de la salle est d'aller le revoir tellement les idées se bousculent à travers les pointes poétiques et humoristiques… On s'énerve de ne pas se souvenir de tout car chaque plan nous a marqué : les grands yeux noirs d'Amélie, son poisson rouge neurasthénique, Nino qui ramasse les grains de sucre sur la table ou encore le peintre qui rappelle à Amélie que la chance nous passe à travers les doigts sans qu'on ose l'attraper… tous ces bonheurs fugaces constituent ce film magique et inventif. Que tous ceux qui aiment encore rêver et laisser flotter leur imagination dans un bain rempli de poésie, de tendresse et d'amour voient ou revoient ce film, et même les autres car il n'est jamais trop tard pour raviver le feu éteint de sa sensibilité…

Anna

activités

Les synopsis

En vous référant à la définition de ce qu'est un synopsis, choisissez le synopsis qui vous semble être le meilleur. Comparez-les en disant les mots qui accrochent votre attention.

Une critique par un internaute

Des avis de spectateurs sur un forum

Ces textes sont représentatifs de la manière de **communiquer par écrit** sur **un « forum »** : « je dis ce que je pense du film en sachant que les autres internautes vont lire mon texte. »
Il y a le désir de faire partager ses émotions, le plaisir ressenti à la vue du film.

Vous pouvez :
- **rechercher les expressions qui ont trait à la mise en scène, au jeu des acteurs, à l'intérêt culturel du film.**
- **ou repérer l'organisation, le lexique d'appréciation et les expressions choisies pour présenter l'opinion.**

Exemple : Avis n° 1

Organisation du texte	Lexique d'appréciation	Expressions pour présenter son opinion
a. Narration / résumé du film	*formidable*	*Ajoutons à cela* *D'ailleurs* (pour présenter l'avis d'autres critiques)
b. Jugement sur le réalisateur	*retouches discrètes et subtiles*	
c. Exemples : effets spéciaux	*effets spéciaux bien faits / bien intégrés.*	
d. Citation de critiques du film	*le défaut d'être décalé par rapport à la réalité*	
e. Conclusion		

Puis, discutez entre vous pour savoir quel type de spectateur vous êtes.
Quel genre de films aimez-vous ? Préférez-vous le théâtre ou le cinéma ?

Une pièce au succès mondial

Yasmina Reza
« Art » in *Théâtre*

***Art*, pièce de Yasmina Reza, a été créée en 1994, à la Comédie des Champs-Élysées. Cette pièce a connu un grand succès et a été traduite en trente-cinq langues.**

***Art* dépeint trois personnages qui ont des vues différentes sur l'art moderne (ici il s'agit de peinture). Marc a des goûts classiques, certains pourraient dire qu'il est conservateur ou dépassé. Serge fait partie des snobs qui veulent être dans le vent et acceptent la dernière mode en art. Yvan est influençable, « hybride », dit Marc. Sans doute n'a-t-il pas de goût, puisque Marc et Serge, ses amis, qualifient de « croûte » le tableau qu'il a au-dessus de sa cheminée.**

Voici des extraits de la première scène d'*Art*. Vous observerez les réactions de ces trois personnages, qui sont des amis et vous relèverez les expressions qui marquent l'attitude de chacun.

Marc, seul.

MARC. — Mon ami Serge a acheté un tableau.
C'est une toile d'environ un mètre soixante sur un mètre vingt, peinte en blanc. Le fond est blanc et si on cligne des yeux, on peut apercevoir de fins liserés blancs transversaux.
Mon ami Serge est un ami depuis longtemps.
C'est un garçon qui a bien réussi, il est médecin dermatologue et il aime l'*art*.
Lundi, je suis allé voir le tableau que Serge avait acquis samedi mais qu'il convoitait depuis plusieurs mois.
Un tableau blanc, avec des liserés blancs.

*

Chez Serge.
Posée à même le sol, une toile blanche, avec de fins liserés blancs transversaux.
Serge regarde, réjoui, son tableau.
Marc regarde le tableau.
Serge regarde Marc qui regarde le tableau.
Un long temps où tous les sentiments se traduisent sans mot.

MARC. — Cher ?
SERGE. — Deux cent mille.
MARC. — Deux cent mille ?...
SERGE. — Handtington me le reprend à vingt-deux.
MARC. — Qui est-ce ?
SERGE. — Handtington ? !
MARC. — Connais pas.
SERGE. — Handtington ! La galerie Handtington !
MARC. — La galerie Handtington te le reprend à vingt-deux ?...
SERGE. — Non, pas la galerie. Lui. Handtington lui-même. Pour lui.
MARC. — Et pourquoi ce n'est pas Handtington qui l'a acheté ?
SERGE. — Parce que tous ces gens ont intérêt à vendre à des particuliers. Il faut que le marché circule.
MARC. — Ouais...
SERGE. — Alors ?
MARC. — ...
SERGE. — Tu n'es pas bien là. Regarde-le d'ici. Tu aperçois les lignes ?
MARC. — Comment s'appelle le...
SERGE. — Peintre. Antrios.
MARC. — Connu ?
SERGE. — Très. Très !

Un temps.

MARC. — Serge, tu n'as pas acheté ce tableau deux cent mille francs ?
SERGE. — Mais mon vieux, c'est le prix. C'est un ANTRIOS !
MARC. — Tu n'as pas acheté ce tableau deux cent mille francs !
SERGE. — J'étais sûr que tu passerais à côté.
MARC. — Tu as acheté cette merde deux cent mille francs !

Serge, comme seul.

SERGE. — Mon ami Marc, qui est un garçon intelligent, garçon que j'estime depuis longtemps, belle situation, ingénieur dans l'aéronautique, fait partie de ces intellectuels, nouveaux, qui, non contents d'être ennemis de la modernité en tirent une vanité incompréhensible.
Il y a depuis peu, chez l'adepte du bon vieux temps, une arrogance vraiment stupéfiante.

*

Les mêmes.
Même endroit.
Même tableau.

SERGE. — *(après un temps)*... Comment peux-tu dire « cette merde » ?
MARC. — Serge, un peu d'humour ! Ris !... Ris, vieux, c'est prodigieux que tu aies acheté ce tableau !

Marc rit.
Serge reste de marbre.

SERGE. — Que tu trouves cet achat prodigieux tant mieux, que ça te fasse rire, bon, mais je voudrais savoir ce que tu entends par « cette merde ».
MARC. — Tu te fous de moi !
SERGE. — Pas du tout. « Cette merde » par rapport à quoi ? Quand on dit telle chose est une merde, c'est qu'on a un critère de valeur pour estimer cette chose.
MARC. — À qui tu parles ? À qui tu parles en ce moment ? Hou hou !...
SERGE. — Tu ne t'intéresses pas à la peinture contemporaine, tu ne t'y es jamais intéressé. Tu n'as aucune connaissance dans ce domaine, donc comment peux-tu affirmer que tel objet, obéissant à des lois que tu ignores, est une merde ?
MARC. — C'est une merde. Excuse-moi.

*

Serge, seul.

SERGE. — Il n'aime pas le tableau.
Bon...
Aucune tendresse dans son attitude.
Aucun effort.
Aucune tendresse dans sa façon de condamner.
Un rire prétentieux, perfide.
Un rire qui sait tout mieux que tout le monde.
J'ai haï ce rire. [...]

écrit

★

MARC *(seul)*.— Que Serge ait acheté ce tableau me dépasse, m'inquiète et provoque en moi une angoisse indéfinie. [...] Deux cent mille francs ! Un garçon aisé mais qui ne roule pas sur l'or. Je dois m'en référer à Yvan qui est notre ami commun. Quoique Yvan est un garçon tolérant, ce qui en matière de relations humaines est le pire défaut. Yvan est tolérant parce qu'il s'en fout. [...]

Chez Serge

YVAN. — Pourquoi tu ne le mets pas là ?...

SERGE. — Parce que là, il est écrasé par la lumière du jour.

YVAN. — Ah oui.

J'ai pensé à toi aujourd'hui, au magasin on a reproduit cinq cents affiches d'un type qui peint des fleurs blanches, complètement blanches, sur un fond blanc.

SERGE. — L'Antrios n'est pas blanc.

YVAN. — Non, bien sûr. Mais c'est pour dire.

MARC. — Tu trouves que ce tableau n'est pas blanc, Yvan ?

YVAN. — Pas tout à fait, non...

MARC. — Ah bon. Et tu vois quoi comme couleur ?...

YVAN. — Je vois des couleurs... Je vois du jaune, du gris, des lignes un peu ocre...

MARC. — Et tu es ému par ces couleurs.

YVAN. — Oui... je suis ému par ces couleurs.

MARC. — Yvan, tu n'as pas de consistance. Tu es un être hybride et flasque.

SERGE. — Pourquoi tu es agressif avec Yvan comme ça ?

MARC. — Parce que c'est un petit courtisan, servile, bluffé par le fric, bluffé par ce qu'il croit être la culture, culture que je vomis définitivement d'ailleurs. [...]

SERGE. — Mais qui es-tu, Marc ?!... Qui es-tu pour imposer ta loi ? Un type qui n'aime rien, qui méprise tout le monde, qui met son point d'honneur à ne pas être un homme de son temps...

MARC. — Qu'est-ce que ça veut dire être un homme de son temps ? [...]

SERGE. — Un homme de son temps, c'est quelqu'un dont on pourra dire dans vingt ans, dans cent ans, qu'il est représentatif de son époque.

MARC. — Hun, hun. Et pour quoi faire ?

SERGE. — Comment pour quoi faire ?

MARC. — À quoi me sert qu'on dise de moi un jour, il a été représentatif de son époque ?

SERGE. — Mais mon vieux, ce n'est pas de toi qu'il s'agit, mon pauvre vieux ! Toi, on s'en fout ! Un homme de son temps, comme je te le signale, la plupart de ceux que tu apprécies, est un apport pour l'humanité... Un homme de son temps n'arrête pas l'histoire de la peinture à une vue hypo-flamande de Cavaillon...

MARC. — Carcassonne.

SERGE. — Oui, c'est pareil. Un homme de son temps participe à la dynamique intrinsèque de l'évolution...

MARC. — Et ça c'est bien, d'après toi.

SERGE. — Ce n'est ni bien ni mal – pourquoi veux-tu moraliser ? – c'est dans la nature des choses.

MARC. — Toi par exemple, tu participes à la dynamique intrinsèque de l'évolution.

SERGE. — Oui.

MARC. — Et Yvan ?...

YVAN. — Mais non. Un être hybride ne participe à rien.

SERGE. — Yvan, à sa manière, est un homme de son temps.

MARC. — Et tu vois ça à quoi chez lui ? Pas à la croûte qu'il a au-dessus de sa cheminée !

YVAN. — Ce n'est pas du tout une croûte !

SERGE. — Si, c'est une croûte.

Art est aussi une pièce sur l'amitié

À la suite d'une dispute, Serge a lancé un feutre à Marc et lui a dit de dessiner quelque chose sur son tableau blanc. Yvan a essayé d'empêcher Marc de le faire. Mais celui-ci a pris le feutre et a dessiné une ligne oblique représentant une pente et un petit skieur avec un bonnet descendant la pente. Voici la scène finale, quelque temps après, chez Serge.

Chez Serge

Au fond, accroché au mur, l'Antrios.

Debout devant la toile, Marc tient une bassine d'eau dans laquelle Serge trempe un petit morceau de tissu.

Marc a relevé les manches de sa chemise et Serge est vêtu d'un petit tablier trop court de peintre en bâtiment. Près d'eux, on aperçoit quelques produits, flacons ou bouteilles de white-spirit, eau écarlate, chiffons et éponges...

Avec un geste très délicat, Serge apporte une dernière touche au nettoyage du tableau.

L'Antrios a retrouvé toute sa blancheur initiale.

Marc pose la bassine et regarde le tableau.

Serge se retourne vers Yvan, assis en retrait.

Yvan approuve.

Serge recule et contemple l'œuvre à son tour.

Silence.

YVAN *(comme seul. Il nous parle à voix légèrement feutrée)*. — [....] Je pleure tout le temps, ce qui n'est pas normal pour un garçon de mon âge. Cela a commencé, ou du moins s'est manifesté clairement le soir du tableau blanc chez Serge. Après que Serge avait montré à Marc, par un acte de pure démence, qu'il tenait davantage à lui qu'à son tableau, nous sommes allés dîner chez Émile. Chez Émile, Serge et Marc ont pris la décision d'essayer de reconstruire une relation anéantie par les événements et les mots. À un moment donné, l'un de nous a employé l'expression « période d'essai » et j'ai fondu en larmes.

L'expression « période d'essai » appliquée à notre amitié a provoqué en moi un séisme incontrôlé et absurde.

En réalité, je ne supporte plus aucun discours rationnel, tout ce qui a fait le monde, tout ce qui a été beau et grand

dans ce monde n'est jamais né d'un discours rationnel.

Un temps.
Serge s'essuie les mains. Il va vider la bassine d'eau puis se met à ranger tous les produits, de sorte qu'il n'y ait plus aucune trace du nettoyage.
Il regarde encore une fois son tableau. Puis se retourne et s'avance vers nous.

SERGE. — Lorsque nous sommes parvenus, Marc et moi, à l'aide d'un savon suisse à base de fiel de bœuf, prescrit par Paula, à effacer le skieur, j'ai contemplé l'Antrios et je me suis tourné vers Marc :
— Savais-tu que les feutres étaient lavables ?
— Non, m'a répondu Marc… Non… Et toi ?
— Moi non plus, ai-je dit, très vite, en mentant. Sur l'instant, j'ai failli répondre, moi je le savais. Mais pouvais-je entamer notre période d'essai par un aveu aussi décevant ?… D'un autre côté, débuter par une tricherie ?… Tricherie ! N'exagérons rien. D'où me vient cette vertu stupide ? Pourquoi faut-il que les relations soient si compliquées avec Marc ?…

La lumière isole peu à peu l'Antrios.
Marc s'approche du tableau.

MARC. — Sous les nuages blancs, la neige tombe. On ne voit ni les nuages blancs, ni la neige. Ni la froideur et l'éclat blanc du sol.
Un homme seul, à skis, glisse.
La neige tombe.
Tombe jusqu'à ce que l'homme disparaisse et retrouve son opacité.
Mon ami Serge, qui est un ami depuis longtemps, a acheté un tableau.
C'est une toile d'environ un mètre soixante sur un mètre vingt.
Elle représente un homme qui traverse un espace et qui disparaît.

FIN

Fabienne Pascaud in ***Label France*, magazine international du ministère des Affaires étrangères,**
rubrique Arts et Spectacles n° 43, avril 2001
http://www.france-diplomatie.fr

Un critique enthousiaste du théâtre de Yasmina Reza

La championne des succès dramatiques de ce début de millénaire excelle en scène dans des ratés pathétiques. La comédienne-dramaturge n'est pas figée par son succès, ne prend jamais la pose : elle sait trop la précarité des choses, la fragilité et la solitude des êtres pour ne pas rester, toujours, d'un détachement ironique, d'une élégance décalée. À l'image de ses personnages de théâtre, de roman, de cinéma. Autant de naufragés, d'écorchés mélancoliques, en rupture dans un monde qu'ils ne comprennent plus, trop brutal, trop moderne pour eux. […]

La fragilité et la solitude des êtres

Des passagers qui se savent passagers. Avec un certain panache. À l'image de la parentèle de l'auteur, fille d'une violoniste hongroise, ayant choisi de s'installer à Paris lorsque tombe le rideau de fer, et d'un père homme d'affaires, brillant rejeton d'une famille juive russe ayant fui le bolchevisme, Yasmina évoque toujours avec tendresse l'enfance cosmopolite au sein d'une famille aisée, artiste, éprise de musique et d'ouverture sur le monde. L'admiration pour le père, surtout, pianiste à ses heures et passionné sur le tard par les mystères de la religion juive dont il lui a légué la secrète fascination.
Une image masculine qui hante les pièces de celle qui sait si bien y parler des hommes. Les comédiens les plus célèbres, de Sean Connery à Al Pacino en passant par Robert de Niro, ne rêvent-ils de jouer son théâtre ? S'il leur plaît tant, c'est que notre habile styliste manie à merveille l'ellipse, ces répliques brodées sur le fil de l'essentiel, apparemment simplissimes, mais où tout grand interprète peut suggérer des abîmes. À coups de silences justes, quasi musicaux.

Le théâtre de Yasmina Reza est un théâtre de virtuoses ; eux seuls peuvent laisser imaginer le fou au travers du flou, le plein entre les vides ; eux seuls peuvent prendre plaisir à rêver sur les mots purs et durs comme le cristal, féroces et pourtant anodins.

Nourrie par le théâtre de Nathalie Sarraute[1], elle aussi grande brodeuse de non-dits, sous-entendus et autres frustrations, Yasmina Reza vise à exprimer le tout à travers le rien, le tragique à travers le comique, le grave dans la légèreté. Une espèce de quête d'absolu.

note
1. Nathalie Sarraute (1900-1999), écrivain de pièces de théâtre et de romans.

Pages 102 et 103 :
Art de Yasmina Reza, avec Pierre Arditi, Fabrice Lucchini, Pierre Vaneck.
Mise en scène : Patrice Kerbrat.
Comédie des Champs-Élysées, Paris 1994

activités

Analyse

Ce texte est composé d'éléments descriptifs et de jugements sur la dramaturge et sur l'œuvre.

1. Relevez les éléments du lexique qui portent un jugement de valeur et rassemblez-les en un court texte en langage simple, sans utiliser les métaphores.

2. Pensez-vous que les remarques de la journaliste Fabienne Pascaud parlant de l'utilisation du « non-dit », du « tout à travers le rien », du « grave dans la légèreté » s'appliquent au texte de Yasmina Reza ?

3. Interprétez la dernière tirade de Marc.

J'aime le cinéma : quel film choisiriez-vous ?

Alain Corneau a fait un film très remarqué à partir du roman de Pascal Quignard dont voici un extrait.

Pascal Quignard
Tous les matins du monde

Tous les matins du monde

Depuis la mort de sa femme, Sainte Colombe[1] s'est réfugié dans la musique. Seul, il élève ses deux filles Madeleine et Thérèse auxquelles il apprend l'art de la viole. Maître incontesté de la viole, il hait les honneurs et la cour. Marin Marais[2] devient son disciple. Son talent est immense. Mais Sainte Colombe ne veut pas livrer les secrets de sa musique à un homme plus attiré par la gloire et les fastes de la cour que par l'essence même de son art.

***

Monsieur de Sainte Colombe ayant refusé de continuer à donner des cours à Marin Marais, sa fille Madeleine lui en donna en cachette et voilà un jour ce qui arriva…

Marin Marais venait en cachette de Monsieur de Sainte Colombe. Madeleine lui montrait sur sa viole[3] tous les tours que son père lui avait enseignés. Debout devant lui, elle les lui faisait répéter, disposant sa main sur la touche, disposant le mollet pour repousser l'instrument en avant et le faire résonner, disposant le coude et le haut du bras droit pour l'archet. Ainsi ils se touchaient… Ils se mussaient[4] parfois sous la cabane de Sainte Colombe pour entendre à quels ornements il en était venu, comment progressait son jeu, à quels accords ses préférences allaient désormais.

Quand il eut vingt ans, durant l'été 1676, Monsieur Marais annonça à Mademoiselle de Sainte Colombe qu'il était engagé à la Cour comme « musicqueur du roy ». Ils étaient au jardin ; elle le poussait pour qu'il s'installe sous le cabinet de planches édifié dans les branches du vieux mûrier. Elle lui avait tout donné de sa pratique.

Il arriva un jour que l'orage éclata alors que Marin Marais s'était embusqué[5] sous la cabane et qu'ayant pris froid il éternua violemment à plusieurs reprises. Monsieur de Sainte Colombe sortit sous la pluie, le surprit le menton dans les genoux sur la terre humide et lui donna des coups de pied en appelant ses gens…

« — Je ne veux plus vous voir, Monsieur. C'est la dernière fois, dit Sainte Colombe.

— Vous ne me verrez plus.

— Désirez-vous épouser ma fille aînée ?

— Je ne puis encore donner ma parole.

[…]

— Je ne sais si je vous donnerai ma fille. Sans doute avez-vous trouvé une place qui est d'un bon rapport. Vous vivez dans un palais et le roi aime les mélodies dont vous entourez ses plaisirs. À mon avis, peu importe qu'on exerce son art dans un grand palais de pierre à cent chambres ou dans une cabane qui branle dans un mûrier. Pour moi il y a quelque chose de plus que l'art, de plus que les doigts, de plus que l'oreille, de plus que l'invention : c'est la vie passionnée que je mène.

— Vous vivez une vie passionnée ? dit Marin Marais.

— Père, vous menez une vie passionnée ? »

Pages 104 et 105 : Tous les matins du monde, d'Alain Corneau (1991), avec Jean-Pierre Marielle (dans le rôle de Monsieur de Sainte Colombe), Anne Brochet et Guillaume Depardieu.

Madeleine et Marin avaient parlé en même temps et en même temps avaient dévisagé le vieux musicien.

« Monsieur, vous plaisez à un roi visible. Plaire ne m'a pas convenu. Je hèle[6], je vous le jure, je hèle avec ma main une chose invisible.

— Vous parlez par énigmes. Je n'aurai jamais bien compris ce que vous vouliez dire.

— Et c'est pourquoi je n'escomptais pas que vous cheminiez à mes côtés, sur mon pauvre chemin d'herbes et de pierrailles. J'appartiens à des tombes. Vous publiez des compositions habiles et vous y ajoutez ingénieusement des doigtés et des ornements que vous me volez. Mais ce ne sont que des noires et des blanches sur du papier ! » […]

Il se pencha soudain vers son maître.

« — Monsieur, il y a longtemps que je souhaite vous poser une question.

— Oui.

— Pourquoi ne publiez-vous pas les airs que vous jouez ?

— Oh ! mes enfants, je ne compose pas ! Je n'ai jamais rien écrit. Ce sont des offrandes d'eau, des lentilles d'eau, de l'armoise[7], des petites chenilles vivantes que j'invente parfois en me souvenant d'un nom et des plaisirs.

— Mais où est la musique dans vos lentilles et vos chenilles ?

— Quand je tire mon archet, c'est un petit morceau de mon cœur vivant que je déchire. Ce que je fais, ce n'est que la discipline d'une vie où aucun jour n'est férié. J'accomplis mon destin. »

activité

Relevez dans le texte, les expressions qui brossent le portrait moral de Monsieur de Sainte Colombe. Comment exerce-t-il son art ?

notes

Pascal Quignard est né en 1948 à Verneuil-sur-Avre (France). Il vit à Paris. Il est l'auteur de plusieurs romans et de nombreux essais où la fiction est mêlée à la réflexion. Son livre *Les Ombres errantes* a obtenu le prix Goncourt en 2002.

1. Augustin d'Autrecour, dit Monsieur de Sainte Colombe, a été le professeur de Marin Marais.

2. Marin Marais (1656-1728) fut particulièrement apprécié par Louis XIV et occupa les plus hautes fonctions de la Chambre du Roi. Il composa plus de 500 *Pièces de viole* réparties en 5 *Livres*, ainsi que 68 *Pièces en Trio* regroupées en 6 *Suites*.

3. La viole de gambe (c'est-à-dire « de jambe ») ou viole est un instrument de musique à cordes et à frettes joué à l'aide d'un archet. Le terme italien *viola da gamba* le distingue de la *viola da braccio* par la différence de la tenue de l'instrument (la basse de viole est tenue entre les jambes, d'où son nom, et l'archet est également tenu de façon différente). Il existe 7 tailles de viole de gambe.

4. se musser : se cacher.

5. s'embusquer : se cacher.

6. héler : appeler de loin (par exemple : *héler un taxi*).

7. l'armoise : plante aromatique.

François Forestier
« New York Inferno »
Le Nouvel Observateur, n° 1991,
2 janvier 2003

L'Amérique des bas-fonds

Gangs of New York, de Martin Scorcese (2003), avec Leonardo di Caprio.

Quelque part entre *les Misérables* de Hugo et *Heaven's Gate* de Cimino, *Gangs of New York*, tiré du livre d'Herbert Asbury, raconte la naissance de l'Amérique en 1860. Un chef-d'œuvre d'enfer traversé par la poix, le sang et la colère.

À coups de masses, de haches, de gourdins, de crocs, de faux, de chaînes, de serpes, de coutelas, de scies, de tôles affûtées, de croix de fonte, de hachoirs, ils se battent. La neige rougit, les têtes éclatent, les chats rôdent. C'est une guerre de la misère : les gueux des *Five Points*, le quartier le plus sordide de New York, s'étripent pour un bout de rue, un quart de trottoir, un morceau d'égout. Sous un ciel bas, les *Dead Rabbits* éventrent les *Natives*, et les *Natives* équarrissent les *Dead Rabbits* : les gangs, les fameux gangs de New York, sont, en 1860, les maîtres d'un monde de boue. Un pays est en train de voir le jour, dans l'intolérance, la haine, la violence, le racisme puant. L'Amérique n'est pas née dans la rue, comme l'affirme l'affiche de *Gangs of New York*, le magnifique film de Martin Scorsese. Elle est née dans la fange.

Tout débute par une bataille rangée : le seigneur des *Dead Rabbits*, Vallon le prêtre, est massacré par Bill le Boucher, chef des *Natives*. Ceux-ci vomissent les Irlandais, qui sont des « nègres », et qui, par bateaux entiers, chassés par la famine, immigrent dans les sales quartiers. Quinze ans plus tard, le fils du prêtre, Amsterdam Vallon (Leonardo DiCaprio), revient faire justice : il se glisse dans le cercle des initiés, devient le familier de Bill le Boucher (Daniel Day-Lewis). Auprès de celui-ci, il apprend le prix de la viande, porcine et humaine. Toujours sanglé dans sa ceinture de saigneur, Bill porte sur lui des couteaux d'égorgeur et un maillet affûté : il fait régner la terreur, exécute des numéros de lanceur pour épater la galerie, tapote son œil de verre avec la pointe d'un couteau, truque les urnes, commande ses pompiers, fait valser le maire.C'est un poète avec une hache. Peu à peu, Amsterdam s'approche : il voit des Irlandais crucifiés, des miséreux punis (on leur coupe les oreilles et le nez), des policiers vendus, des politiciens véreux, tout un peuple qu'on envoie combattre sur le front de la guerre de Sécession, ou au gibet. […]

L'Amérique n'est pas née dans la rue, comme l'affirmait l'affiche du film de Martin Scorsese. Elle est née dans la fange.

Martin Scorsese rêvait de *Gangs of New York* depuis vingt-cinq ans. « J'ai lu le livre d'Herbert Asbury en 1975, et j'ai failli le tourner en 1977. Mais l'époque n'était plus aux super-productions : le projet a capoté. Régulièrement, au fil des ans, j'ai essayé de le remettre sur les rails. Quand, enfin, il a été possible de le réaliser, en 1999, les problèmes étaient innombrables… » Il a fallu contenter Alberto Grimaldi, le producteur de 1977 ; remplacer Robert De Niro, démissionnaire ; retrouver les plans de circulation des omnibus en 1863 ; rechercher des photos des tables de billard d'époque ; reconstituer les réverbères, les camions d'incendie (étaient-ils à traction humaine ou chevaline ?), les affiches, les vitrines des magasins ; savoir si les fausses dents étaient utilisées ; constituer un dictionnaire d'argot… D'un pan occulté de l'histoire d'une ville (il y a très peu de livres sur le sujet), Scorsese a tiré un opéra violent, une saga emportée.

Sous la crasse, l'humain […]. Tout un peuple des bas-fonds revit : Happy Jack le flic vendu, Maggie la Chatte d'Enfer, Monk McGinn le colosse abattu par traîtrise, McGloin le bouffon cruel… Un éléphant, échappé du zoo Barnum, passe. Les hères, les mouisards[1], les pauvres crèvent sous l'œil des politiciens et des porcs. C'est l'Amérique. C'est le paradis.

note
1. mouisard : qui vit dans la mouise = la misère (parler populaire).

analyse

1. François Forestier a pris le parti de représenter à travers son style la violence du film *Gangs of New York*.
Montrez comment ce choix est réalisé par le lexique et la syntaxe.

2. Montrez le contraste qui existe entre la description du film et le jugement de F. Forestier sur le film.

3. Quels détails montrent la fidélité de la reconstitution historique ?

expression orale

1. Auriez-vous envie de voir ce film ? Pour quelles raisons ?

2. Après avoir choisi le film que vous aimeriez voir, trouvez un camarade qui a fait le même choix et, ensemble, faites un plaidoyer pour défendre votre choix.

Extrait du rapport d'information n° 3197 de l'Assemblée nationale déposé le 26 juin 2001[1]

Le Saviez-vous ?

LE CINÉMA EN EUROPE

Les nouvelles technologies occupent une place croissante dans les foyers...

La réalité du cinéma comme une part déterminante de la souveraineté culturelle explique l'attention précoce que lui ont porté les États.

La France est le pays qui, grâce aux frères Lumière, a inventé le cinéma. Sa date de naissance est le 28 décembre 1895, jour de la première projection payante à Paris, au 14 boulevard des Capucines. Depuis lors, et cette paternité n'y est pas étrangère, les cinéastes français ont revendiqué une responsabilité dans l'illustration et la protection du cinéma, non d'abord comme industrie mais avant tout comme Art, une conception qu'ils n'auront de cesse de défendre contre les tentatives de banalisation industrielle et commerciale. C'est sous leur pression que les pouvoirs publics français ont demandé en janvier 1948 une révision des accords Blum-Byrnes et fait voter le 16 septembre 1948 la première loi d'aide au cinéma français.

Le bilan est rude : dans la quasi totalité des pays du monde, le cinéma national plafonne à 10-15 % des parts de marché. En 2000, le cinéma américain a produit 762 films. La part des films français aux États-Unis a représenté en 1999 0,4 % contre 0,2 % en 1998.

Le cinéma américain est le premier sur les marchés étrangers

Les États-Unis accordent un grand intérêt au marché international, notamment parce qu'en raison de l'explosion des coûts de production, certains films ne sont plus rentables sur le seul marché national. L'amortissement des productions américaines est de plus en plus dépendant du marché international.

Nos diverses rencontres à Los Angeles ont illustré la très grande attention que les studios américains portent à concevoir leurs films pour un public universel. Mme Nadia Bronson, d'Universal studios, nous a énuméré les ingrédients de la recette : *action, adventure, humor, love interest and special effects*. Ajoutez quelques stars, un bon metteur en scène, et vous devriez faire un succès ! Et une réussite américaine – à la différence d'un succès français – se transforme très souvent en réussite mondiale !

Les faiblesses du cinéma européen

Lorsque l'on passe en revue l'état du cinéma européen, le bilan est inquiétant. Jusqu'aux années 1970, la distribution mondiale reposait sur trois piliers solides : les films français, les américains et les italiens. Aujourd'hui seul, le cinéma français constitue aujourd'hui la seule alternative crédible au cinéma américain. Malgré des crises successives, la production française est première en Europe. En 2000, le niveau global des investissements a franchi pour la première fois le seuil des 5 milliards.

Si l'on retient comme définition d'un film français les critères du CNC[2], à savoir un film produit et financé intégralement ou majoritairement par des partenaires français, le nombre annuel de films français s'établit à 118 en moyenne depuis dix ans. Comme l'illustre le tableau ci-dessous, la courbe est ascendante puisqu'on se situe depuis trois ans à un niveau compris entre 145 et 150 films.

1. Rapport sur les forces et les faiblesses du cinéma français sur le marché international, déposé le 26 juin 2001 par la commission des Affaires étrangères et présenté par M. Roland Blum, député.

2. CNC : Centre national de la cinématographie

Évolution de la production française au cours des dix dernières années

	Films d'initiative française				
	Films agréés	Total	Films intégralement français	Films de coproduction	Films de coproduction à majorité étrangère
1991	156	108	73	35	36
1992	155	113	72	41	31
1993	152	101	67	34	36
1994	115	89	61	28	22
1995	141	97	63	34	32
1996	134	104	74	30	27
1997	163	125	86	39	33
1998	183	148	102	46	32
1999	181	150	115	35	31
2000	171	145	111	34	26

Centre national de la cinématographie (CNC)

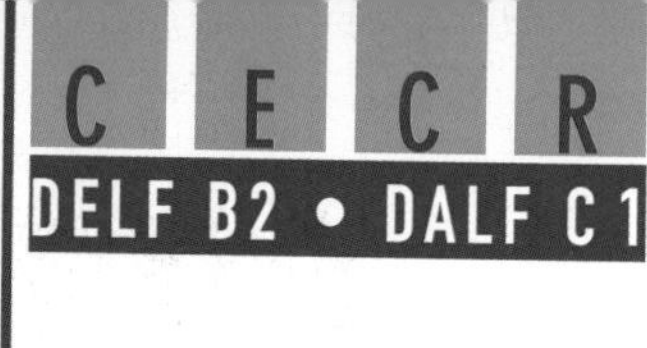

Le Saviez-vous ?

Le rapport de M. Daniel Goudineau sur la distribution des films en salle (mai 2000) a beaucoup insisté sur ce fait, c'est qu'il n'existe pas – tout au moins depuis 1986 – de corrélation entre le nombre de films français produits et les chiffres de fréquentation (voir courbes ci-dessous). Autrement dit, le nombre de spectateurs allant voir les films français n'est pas lié au nombre de films français distribués. Certains en concluent – peut-être trop hâtivement – à un certain éloignement du film français par rapport à son public.

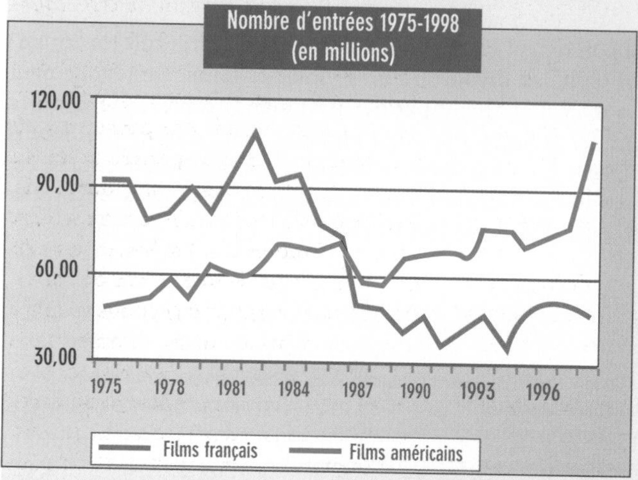

Rapport Goudineau (Centre national de la cinématographie – CNC – mai 2000)

Les statistiques montrent que le public français est assez cinéphile, le second de l'Union européenne derrière l'Espagne, mais beaucoup moins que les États-Unis. Le nombre de tickets vendus s'est élevé à 166 millions en 2000, soit une hausse de plus de 8 % par rapport à 1999.

Les raisons de la suprématie américaine

L'héritage d'un certain regard

Au cours de notre mission aux États-Unis, tous les producteurs américains que nous rencontrions nous ont expliqué la domination du cinéma américain par sa capacité à mettre en image de bons scénarios.

Le reproche le plus souvent adressé au cinéma français est celui de ne pas savoir raconter des histoires, par opposition au cinéma américain, adepte du récit fermé, ou comme le qualifie Alain Masson, « agenceur de ficelles bien nouées dont pas un bout ne reste pendant ». Et certains de prétendre qu'il n'existe plus de cinéma français depuis la Nouvelle Vague, lancée par le festival de Cannes de 1959 avec la Palme d'or attribuée à François Truffaut pour *Les Quatre Cents Coups*. Cette année-là, Jean-Luc Godard tournait *À bout de souffle* et Claude Chabrol sortait en salle *Le Beau Serge* et *Les Cousins*. Les réalisateurs de la Nouvelle Vague, formés à l'école théorique de la cinémathèque et non par la voie traditionnelle technique de l'assistanat, ont mis en avant deux notions-clés : celle d'auteur et de regard.

Cette sacralisation du regard a autorisé toutes les dérives. Le cinéma français est alors menacé de s'enfermer dans des barrières. Toutefois, le cinéma français a su réagir, non pas en inventant un nouveau courant qui aurait fait école mais au contraire en jouant sur la diversité et en cherchant sa voie entre les grandes productions prestigieuses et le cinéma d'auteur confidentiel. Nous ne saurions dire si aujourd'hui la France possède un grand cinéma, mais nous sommes capables d'affirmer qu'il existe une relève de talents à la génération de la Nouvelle Vague avec Patrice Leconte, Alain Resnais, Bertrand Tavernier, Eric Rochant, Michel Blanc, Claude Berri, Cédric Klapisch, Jean-Claude Brisseau, Mathieu Kassovitz, Agnès Jaoui, Jean-Pierre Jeunet…

Pour un film américain, les dépenses de promotion représentent en moyenne 50 % des dépenses de production et peuvent aller jusqu'à 70 % alors que le cinéma français, pour sa part, ne peut compter que sur un marché domestique restreint et peu européanisé ; il n'arrive que difficilement à amortir sa production et à financer ses investissements. L'équilibre économique du secteur repose sur l'apport de financements voulu et orchestré par les pouvoirs publics.

La survie du cinéma français dépend de sa capacité à s'adapter à une triple évolution : la mondialisation, les mutations du marché et les innovations technologiques. […]

Activité

Faites un rapport écrit :

1. sur la situation du cinéma français ;

2. sur la fréquentation des salles de cinéma en fonction des goûts du public.

Écrivains, dramaturges, acteurs, metteurs en scène, réalisateurs, hommes de théâtre ou de cinéma, tous écrivent, réalisent, jouent pour un public et pour l'amour du spectacle.
Philippe Caubère, auteur-acteur de théâtre a choisi ce texte pour dire ce qu'est son métier.

Philippe Caubère[1]
http://www.philippecaubere.fr

Je souhaitais vous proposer un texte qui dirait mieux que je ne saurais le faire moi-même quelque chose sur ce que c'est que ce drôle de métier d'auteur-acteur ou même tout simplement sur ce qu'est le métier d'acteur. Mais je voulais que ce soit quelqu'un d'aujourd'hui. Pas un mort. Pas même un grand mort. Je veux dire ni Jouvet, ni Copeau, ni Vilar. Non, un vivant. Et que ce soit bref, clair et juste. J'ai cherché dans toutes les revues théâtrales, dans des interviews d'acteurs, de metteurs en scène et même d'écrivains, et je n'ai rien trouvé. Jusqu'à ce que je tombe un jour par hasard, sur ce texte qui n'est l'œuvre ni d'un acteur, ni d'un metteur en scène, ni d'un auteur mais figurez-vous, d'un torero. Oui, d'un torero. D'un torero bien vivant.

La forge

D'après **Paco Ojeda**[2]
traduit par Rauda Jamis
Libération, 18 mai 1988

J'ignore ce qu'est la multitude et je ne peux pas toréer pour les multitudes. Mille personnes, c'est déjà une multitude. Vingt également. On est sur le bon chemin lorsqu'il en reste deux ou trois. Si tu es seul avec le taureau, la vérité est là. J'imagine que les écrivains travaillent dans la solitude. L'artiste a besoin de solitude. Son métier est très difficile. Il lui faut concilier ce qui est à l'extérieur et ce qui est à l'intérieur. Je ne sais pas si je m'explique bien : ce qui se trouve à l'intérieur, c'est notre émotion, et ce qui se trouve à l'extérieur, la compréhension que les autres en ont. Ce n'est pas le taureau qui me fait peur, c'est l'incompréhension. [...]
Je crois que l'artiste véritable est dans une forge. Pour s'exprimer, il travaille avec un matériau dur, qui ne s'ajuste pas à ses idées. Les mots sont un matériau dur. Le taureau est un matériau dur. Dans la forge, l'artiste fait fondre ses idées. Elles s'assouplissent et prennent la forme désirée.
La forge de l'artiste doit toujours être en activité. Il doit mettre sur le feu beaucoup d'idées. Une fois, on m'a demandé ce qu'était le temple[3]. J'ai dit que c'était la forge du torero. Dans l'art de toréer, il y a un toreo[4] liquide ou des toreros durs. Un artiste sans forge n'est pas un artiste. Des mots durs sortent de lui, semblables à ceux-ci qui ne savent pas exprimer mon sentiment. En ce qui me concerne, je sais quand un torero modèle, grâce à sa forge, un taureau. Ce qu'il fait alors, c'est l'inventer. Je sais également juger les toreros sans forge, qui ne sont pas de véritables artistes, qui sont des hommes qui répètent ce que d'autres ont modelé. Pour que le toreo soit création, il est nécessaire de savoir s'arrêter. De retourner à la campagne, d'observer le taureau lorsqu'il est tranquille, presque absent. Il faut s'imprégner de lui et de tout ce qui l'entoure. L'artiste doit connaître ce que pense le taureau, ce que pensent les rivières, ce que pensent les arbres. Que deviendraient les hommes sans arbres ni rivières ? [...]
Dans les arènes, je souhaiterais qu'on m'accorde du temps, comme à la campagne. Parfois, lorsque je lis un vers ou un roman, j'imagine l'écrivain. Je le vois marquer une pause, chercher les mots qu'il ne trouve pas, et non partir en abandonnant la page, au contraire, chercher encore et encore, jusqu'à trouver la place (le sitio[5]) dont les mots avaient besoin. L'entente, voilà ce qui est difficile. Il y a des taureaux avec lesquels le torero s'entend immédiatement. Ce n'est guère une question d'inspiration. C'est que le taureau est rapide. Or, certains taureaux mettent du temps à se lier. Comme ces mots que l'on ne trouve pas. Le travail d'écrire et celui de toréer ressemblent au métier de forgeron.
Pour avoir une forge, il faut savoir être seul. L'artiste doit beaucoup réfléchir. Tout doit déjà avoir été pensé car, au moment de créer, la pensée reste en arrière et il n'a de temps que pour sentir. Je comprends les écrivains qui travaillent dans la solitude. Dans l'arène, on est seul aussi. Et lorsque le torero crée de l'art, il advient une chose étrange, nous sommes tous ensemble et nous sommes tous seuls. Je torée dans des arènes qui sont presque toujours combles. Je ne torée pas pour tous, mais pour chacun. Je sens, quelquefois, qu'une multitude de solitudes m'accompagne. Je sais alors que j'ai vraiment toréé. Il se peut que le secret d'écrire et de toréer tienne à la forge.

notes
1. Philippe Caubère est acteur et auteur.
2. Paco Ojeda : matador espagnol. (D'après la revue *El Urogallo*)
3. Temple : concept fondamental de la corrida difficilement traduisible. C'est le fait « d'accorder la vitesse du leurre à celle du taureau » – et beaucoup plus encore.
4. Toreo : manière de travailler un taureau ; le style propre d'un matador.
5. Sitio : une chose est *en su sitio* (à sa place). En tauromachie, le terme désigne le fait que le torero sait mettre entre lui et le taureau la « bonne distance » qui permet à l'animal d'exprimer au mieux ses qualités.

Activités

1. Cherchez dans le texte la réponse aux questions :
a. Quelle est la difficulté du travail de l'artiste ?
b. Quelle est la métaphore qui résume le travail de l'écrivain et du torero ?
c. Comment l'artiste doit-il travailler ?
d. Quel est le métier qui résume celui de l'écrivain et du torero ?
e. Quel est le paradoxe du torero-acteur ?

2. « Je crois que l'artiste véritable est dans une forge ». Que pensez-vous de cette définition de l'artiste ?

bilan

Oral

Compréhension

 Séquence 1

Vrai (V) ou faux (F) ?

1. Une pièce de théâtre, une fois jouée, n'existe plus.
2. Jean-Pierre garde un très mauvais souvenir du théâtre de son enfance.
3. Il allait voir des pièces de théâtre avec ses camarades d'école.
4. Jean-Pierre garde un souvenir très vivace de ses sorties au TNP.
5. La magie exercée par le théâtre sur le spectateur est éphémère.
6. Il est difficile de nommer l'émotion ressentie lors d'une représentation théâtrale.
7. Parler de la magie du théâtre est une manière de valoriser cette expérience.
8. Jean-Pierre est nostalgique de son enfance.

 Séquence 2

Quelles sont les raisons données par Béatrice pour justifier son amour du théâtre ?

1. La scène et ses lumières.
2. Les textes des pièces.
3. La troupe de comédiens.
4. L'ambiance de la salle.
5. Les textes sont toujours bons.
6. Elle a déjà refusé de jouer dans une pièce.
7. Elle aime jouer devant les spectateurs.
8. Le théâtre permet de « crier » sa joie ou sa haine.
9. Le théâtre est éphémère.
10. Le jeu du comédien est sans cesse perfectible.
11. Le théâtre est exigeant.
12. Le théâtre laisse libre.
13. Mara n'est pas d'accord avec Béatrice.

Les Quatre Cents Coups, de François Truffaut (1959), avec Jean-Pierre Léaud.

À bout de souffle, de Jean-Luc Godard (1960), avec Jean Seberg.

Unité 8

Le plaisir du texte

Écrivains et lecteurs

Cosmopolitaine
« Raphaël Confiant »
France Inter, 8 avril 2001

Lors de l'émission *Cosmopolitaine* de Paula Jacques, diffusée à 14 heures sur France Inter, voici comment l'écrivain antillais Raphaël Confiant[1] envisage « la place » tenue par l'Afrique aux Antilles.

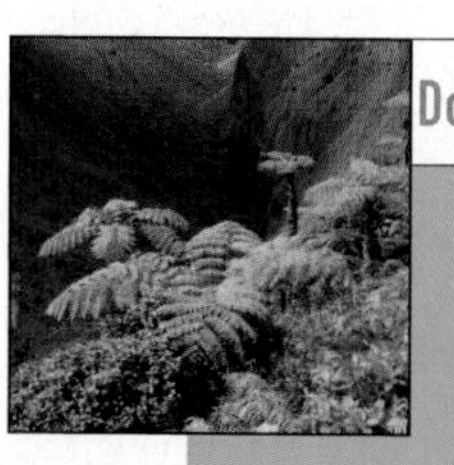

Document 1 Entretien

Raphaël Confiant : C'est une place reconstruite parce qu'il est évident que… trois siècles de… d'américanisation, de créolisation, de non-contact avec l'Afrique ont gravement perturbé ces relations et donc les Antillais ne sont plus des Africains aujourd'hui parce qu'ils ne parlent plus les langues africaines… il y a encore des restes de religion un peu comme le vaudou et tout ça… bon mais je veux dire que nous avons créé notre propre culture différente n'est-ce pas de la culture africaine et ça reste plus un fantasme qu'une réalité.

… Mais une fois qu'un peuple est parti du pays où il est originaire… que des siècles se sont passés… c'est pratiquement plus possible… on revient mais comme étrangers… et d'ailleurs la plupart des Antillais… Maryse Condé[2] la première qui avait prôné ce retour se sont cassé le nez… parce qu'on découvre là-bas… et tiens ! ce qui fait l'unité des hommes c'est pas la couleur de leur peau… c'est leur culture et les Antillais malheureusement ou heureusement je n'en sais rien ils sont cent fois plus français qu'africains… *(Rires)* même si… bon… ils sont plus proches physiquement des Africains… c'est une réalité incontournable…

notes

1. Raphaël Confiant est actuellement l'auteur le plus foisonnant et le plus truculent des Antilles. Originaire du Lorrain (nord de la Martinique) où il est né en 1951, il effectuera des études de sciences politiques à Aix-en-Provence. Il débute sa carrière d'écrivain en publiant à compte d'auteur, et pendant douze ans, des livres écrits en langue créole. « L'écriture en français est un plaisir, dit-il, l'écriture en créole est un travail car l'auteur créolophone est obligé de construire son outil, ce que n'a pas à faire l'auteur francophone qui dispose d'un outil patiné par des siècles d'usage. » Avec *Le Nègre et l'Amiral* (1988), il entre de plain-pied dans une littérature française à laquelle il apporte la verve d'un langage baigné d'imaginaire créole. Son deuxième roman en français *Eau de café* (1991) est remarqué par la critique ainsi que *L'Allée des Soupirs* publié trois ans plus tard.

2. Maryse Condé née à Pointe-à-Pitre (Guadeloupe). Œuvres principales : *Heremakhonon* (1976), *Ségou* (2 volumes, 1984-1985), *Desirada* (1997), *Célanire cou-coupé* (2000).

compréhension détaillée

1. Qui sont les Antillais d'aujourd'hui ?
2. Peut-on retourner au pays d'origine ?
3. Qu'est-ce qui fait l'unité des hommes ?

compte-rendu écrit

Par groupes de deux, faites un compte-rendu écrit de l'interview de Raphaël Confiant.

Charivari
« Philippe Claudel »
France Inter, 16 octobre 2003

Vous allez entendre un extrait d'un entretien entre le journaliste Frédéric Bonnaud et l'écrivain Philippe Claudel, à propos de son livre *Les Âmes grises* paru chez Stock en 2003 lors de l'émission *Charivari* diffusée à 18 heures sur France Inter.

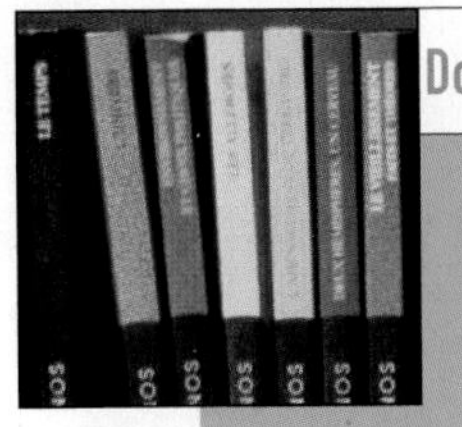

Document 2 Entretien

Frédéric Bonnaud : Philippe Claudel bonsoir…

Philippe Claudel : Bonsoir…

FB : Donc *les Âmes grises* chez Stock, j'ai envie de commencer par mon lapsus… ça sera ma première question… en vous présentant j'ai dit « les Âmes fortes » et non pas « les Âmes grises »… c'est quoi c'est référentiel c'est juste un clin d'œil… parce que dans tous les papiers quasiment que j'ai lus sur le livre on vous fait le coup hein… donc …il y a *les Âmes mortes* de Gogol, *les Âmes fortes*, Giono…

PhC : Oui c'est un peu tout ça… c'est « les Âmes fortes »… c'est « les Âmes mortes »… c'est « les Âmes grises » aussi hein… c'est une expression qui apparaît dans une chanson qui a été chantée par Michel Delpech[1] et Mouloudji[2]… donc… mais c'est surtout en fait la couleur de ces âmes… de nos âmes… ce gris qui peut être un gris infiniment touchant, tendre, dur, foncé, clair, cette palette de couleurs et d'états de sentiments, de pensées et d'actes… dans cette palette dans laquelle on se débat durant toutes nos existences entre le blanc et le noir…

FB : Vous dites « nos âmes »…

PhC : Oui nos âmes…

FB : Celle de tout un chacun, pas uniquement celle des personnages de ce livre…

PhC : Non… Moi j'ai essayé de faire un roman… comment dire ?… humain… ce qui m'intéresse c'est vraiment l'humain, c'est les gens… donc c'est nous… et c'est pas seulement moi… enfin… j'ai voulu raconter une histoire dans laquelle on se retrouve… un roman d'époque puisqu'il est situé effectivement durant la Première Guerre mais un roman de notre époque… ce qui m'intéresse ce n'est pas de camper quelque chose qui est lointain… c'est pas le roman historique… c'est vraiment d'essayer de fouiller à la fois nos âmes et nos ventres.

notes

1. Michel Delpech (né en 1946) Chanteur.

2. Mouloudji (1922-1994) Chanteur d'origine kabyle, artiste libre et libertaire.

compréhension

 Pourquoi Philippe Claudel écrit-il des romans ?

Écrivains d'aujourd'hui (1)

Amélie Nothomb
Hygiène de l'assassin
Albin Michel, 1992

Amélie Nothomb est née à Kobe (Japon) le 13 août 1967, fille d'un ambassadeur belge. Elle reste profondément marquée par la culture nipponne. Elle retourne en Belgique à l'âge de dix-sept ans et suit des études de grec et de latin. En 1992, son roman *Hygiène de l'assassin* est accueilli avec un énorme succès. Frustrée de ne pas être restée au Japon, elle y retourne et retranscrit cette expérience plus que déroutante dans *Stupeur et tremblements*, grand prix de l'Académie française en 1999. Depuis, elle publie à peu près un roman par an, se définissant elle-même comme une « graphomane malade de l'écriture ».

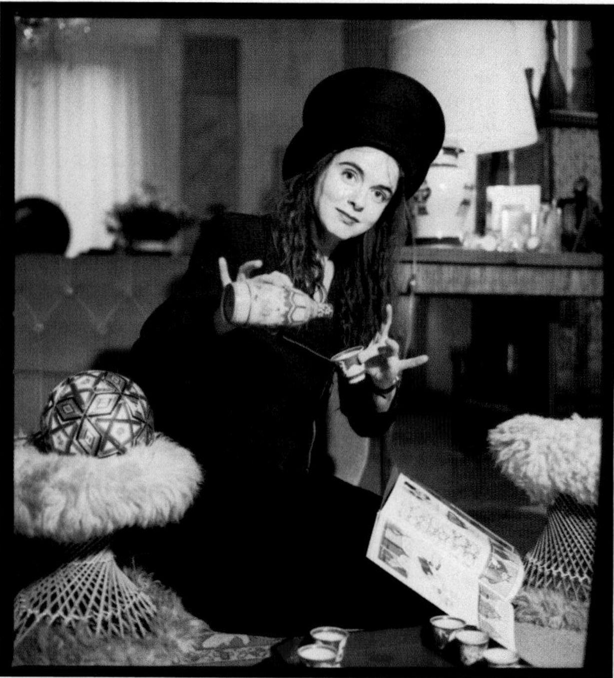

Quel lecteur êtes-vous ?

Prétextat Tach, quatre-vingt-trois ans, prix Nobel de littérature, n'a plus que deux mois à vivre. Monstre d'obésité et de misanthropie, il joue avec une cruauté cynique à éconduire les journalistes venus l'interviewer. Les quatre premiers fuient épouvantés. La cinquième, Nina, aura raison de lui et de son secret. Elle a lu tous les livres de l'ignoble Prétextat, dont l'un inachevé qui a pour titre : *Hygiène de l'assassin*... Patiemment, elle viendra à bout de sa mauvaise foi et de son imposture, non sans être parvenue à lui arracher son secret après une série de répliques aussi cinglantes qu'éblouissantes d'intelligence.

Tach parle avec Nina

— ...N'est-il pas réconfortant, pour un vrai, un pur, un grand, un génial écrivain comme moi, de savoir que personne ne me lit ? Que personne ne souille de son regard trivial les beautés auxquelles j'ai donné naissance, dans le secret de mes tréfonds et de ma solitude ?

— Pour éviter ce regard trivial, n'eût-il pas été plus simple de ne pas vous faire éditer du tout ?

— Trop facile. Non, voyez-vous, le sommet du raffinement, c'est de vendre des millions d'exemplaires et de ne pas être lu.

— Sans compter que vous y avez gagné de l'argent.

— Certainement, j'aime beaucoup l'argent.

— Vous aimez l'argent, vous ?

— Oui, c'est ravissant. Je n'y ai jamais trouvé d'utilité mais j'aime beaucoup le regarder. Une pièce de 5 francs, c'est joli comme une pâquerette.

— Cette comparaison ne me serait jamais venue à l'esprit.

— Normal, vous n'êtes pas prix Nobel de littérature, vous.

— Au fond, ce prix Nobel ne démentirait-il pas votre théorie ? Ne supposerait-il pas qu'au moins le jury du Nobel vous ait lu ?

— Rien n'est moins sûr. Mais pour le cas où les jurés m'auraient lu, croyez bien que ça ne change rien à ma théorie. Il y a tant de gens qui poussent la sophistication jusqu'à lire sans lire. Comme les hommes-grenouilles, ils traversent les livres sans prendre une goutte d'eau.

— Oui, vous en aviez parlé au cours d'une entrevue précédente.

— Ce sont les lecteurs-grenouilles. Ils forment l'immense majorité des lecteurs humains, et pourtant je n'ai découvert leur existence que très tard. Je suis d'une telle naïveté. Je pensais que tout le monde lisait comme moi ; moi je lis comme je mange : ça ne signifie pas seulement que j'en ai besoin, ça signifie surtout que ça entre dans mes composantes et que ça les modifie. On n'est pas le même selon que l'on a mangé du boudin ou du caviar ; on n'est pas le même non plus selon qu'on vient de lire du Kant[1] (Dieu m'en préserve) ou du Queneau[2]. Enfin, quand je dis « on », je devrais dire « moi et quelques autres », car la plupart des gens émergent de Proust[3] ou de Simenon[4] dans un état identique, sans avoir perdu une miette de ce qu'ils étaient et sans avoir acquis une miette supplémentaire. Ils ont lu, c'est tout : dans le meilleur des cas, ils savent « ce dont il s'agit ». Ne croyez pas que je brode. Combien de fois ai-je demandé, à des personnes intelligentes : « Ce livre vous a-t-il changé ? » Et on me regardait, les yeux ronds, l'air de dire : « Pourquoi voulez-vous qu'il me change ? »

— Permettez-moi de m'étonner, monsieur Tach : vous venez de parler comme un défenseur des livres à message, ce qui ne vous ressemble pas.

— Vous n'êtes pas très maline, hein ? Alors, vous vous imaginez que ce sont les livres « à message » qui peuvent changer un individu ? Quand ce sont ceux qui les changent le moins ? Non, les livres qui marquent et qui métamorphosent, ce sont les autres, les livres de désir, de plaisir, les livres de génie et surtout les livres de beauté. Tenez, prenons un grand livre de beauté : *Voyage au bout de la nuit*[5]. Comment ne pas être un autre après l'avoir lu ? Eh bien, la majorité des lecteurs réussissent ce tour de force sans difficulté. Ils vous disent après : « Ah oui Céline[5], c'est formidable », et puis reviennent à leurs moutons. Évidemment, Céline, c'est un cas extrême, mais je pourrais parler des autres aussi. On n'est jamais le même après avoir lu un livre, fût-il aussi modeste qu'un Léo Malet[6] : ça vous change, un Léo Malet. On ne regarde plus les jeunes filles en imperméable comme avant, quand on a lu un Léo Malet. Ah mais, c'est très important ! Modifier le regard : c'est ça notre grand œuvre.

notes

1. Emmanuel Kant (1724-1804)
2. Raymond Queneau (1903-1976)
Écrivain français, célèbre pour ses œuvres en prose : *Zazie dans le métro* (1959), fondateur en 1960 du groupe de l'OULIPO (OUvroir de LIttérature Potentielle) qui décide de créer de nouvelles structures poétiques et romanesques. Il fut le premier écrivain français à « oser écrire de l'oral » en littérature, *Exercices de style* (1947).
3. Marcel Proust (1871-1922)
Auteur de *À la recherche du temps perdu*.
4. Georges Simenon (1903-1989)
Écrivain belge comme Amélie Nothomb, est le créateur du fameux personnage de Maigret, l'inspecteur de police intelligent et rusé.
5. Louis-Ferdinand Céline (1894-1961)
publie en 1932 *Voyage au bout de la nuit* qui lui vaut une notoriété immédiate.
6. Léo Malet (1909-1996)
Écrivain, autodidacte, auteur du célèbre Nestor Burma (détective privé), de nombreux romans policiers et de romans noirs.

repérages

Amélie Nothomb brosse un portrait de Tach qui s'apparente à ce que l'on appelle « une charge » (une caricature, un portrait en charge, genre littéraire caractérisé par l'outrance).

1. Faites le portrait de ce vieil écrivain Tach, prix Nobel de littérature, à partir de ce qu'il dit de lui-même dans cet entretien :

a. Comment parle-t-il de lui ? Relevez les adjectifs par lesquels il se caractérise.
b. Aime-t-il la célébrité ? L'argent ? Croit-il en la valeur du prix Nobel ?
c. Relevez la comparaison qui résume son point de vue sur les lecteurs-jurés des prix littéraires.

2. Cherchez dans le texte les réponses à ces questions :

a. Quelle est la théorie de Tach concernant le succès littéraire ?
b. Qu'est-ce qu'un bon lecteur pour Tach ?
c. Qu'est-ce qu'un bon livre et par là un bon écrivain pour lui ?
d. Quelle est la fonction principale de la littérature ?

analyse

1. Étude de la valeur de la métaphore « les lecteurs-grenouilles ».
Relevez dans le texte les comparaisons et les exemples prosaïques qui définissent cette attitude de lecteur.

2. Étude de l'argumentation de Tach.

a. Réfutation du point de vue de la journaliste.
b. Énonciation de sa position, de son argument.
c. Mise en place d'un exemple qui illustre l'argument.
d. Commentaire généralisant.
e. Conclusion.

expression orale

Premier temps

Mettez-vous par deux et reformulez à l'oral la position de Tach sur ce que doit être pour lui « un bon lecteur ».

Deuxième temps

Situez-vous par rapport à cette définition du lecteur selon Tach. Quelle serait votre définition faite à la manière d'Amélie Nothomb ?
Cherchez un animal qui incarnerait vos valeurs de lecteur. Ici la grenouille-lecteur « ne se mouille » pas, elle est donc imperméable à l'eau, c'est-à-dire à ce qu'elle lit. Le texte glisse sur le lecteur sans le changer, le transformer.
Exemples d'animaux :
- le caméléon (absolu contraire de la grenouille, il change de couleur en fonction de la feuille où il se pose, lecteur qui se laisse influencer totalement par le livre lu) ;
- le guépard (il saute et court vite / lecture rapide mais superficielle) ;
- l'éléphant (il avance doucement mais a une mémoire quasi absolue de ce qu'il lit)...

Discutez-en entre vous.

expression écrite

1. Entraînez-vous à la narration.
Vous êtes la journaliste Nina de ce livre d'Amélie Nothomb et vous rédigez un court article où vous racontez pour vos lecteurs l'entretien que vous avez eu avec Tach. Vous osez donner vos impressions où se mêlent admiration et énervement.

2. Entraînez-vous à l'argumentation.
Vous défendez dans un article votre conception de la lecture.

Écrivains d'aujourd'hui (2)

Michel Houellebecq
Les Particules élémentaires

Un écrivain qui se pose des questions...

Voici trois extraits de *Les Particules élémentaires*

Résumé du livre :
Survivants pathétiques d'une civilisation à bout de souffle, Bruno et son frère Michel ne sont que les pôles d'une même détresse existentielle. Au sein d'un monde où la valeur d'un être humain « se mesure par son efficacité économique et son potentiel érotique », Bruno incarne un matérialiste à la recherche hédoniste permanente. Son frère Michel, scientifique positiviste, est, lui, désespérément étranger à tout désir amoureux.

Aucun résumé de l'intrigue du roman n'étant nécessaire à la bonne compréhension de ces extraits, nous vous les proposons tels quels : ils sont représentatifs du style de Michel Houellebecq qui aime faire des rapprochements entre le monde de la physique, de l'éthologie et de la vie humaine.

I

Bruno arriva vers vingt et une heures, il avait déjà un peu bu et souhaitait aborder des sujets théoriques. « J'ai toujours été frappé, commença-t-il avant même de s'être assis, par l'extraordinaire justesse des prédictions faites par Aldous Huxley dans *Le Meilleur des Mondes*[1]. Quand on pense que ce livre a été écrit en 1932, c'est hallucinant. Depuis, la société occidentale a constamment tenté de se rapprocher de ce modèle. Contrôle de plus en plus précis de la procréation, qui finira bien un jour ou l'autre par aboutir à sa dissociation totale d'avec le sexe, et à la reproduction de l'espèce humaine en laboratoire dans des conditions de sécurité et de fiabilité génétiques totales. Disparition par conséquent des rapports familiaux, de la notion de paternité et de filiation. Élimination grâce aux progrès pharmaceutiques de la distinction entre les âges de la vie. Dans le monde décrit par Huxley les hommes de soixante ans ont les mêmes activités, la même apparence physique, les mêmes désirs qu'un jeune homme de vingt ans. Puis, quand il n'est plus possible de lutter contre le vieillissement, on disparaît par euthanasie librement consentie ; très discrètement, très vite, sans drames. La société décrite par *Brave New World* est une société heureuse, dont ont disparu la tragédie et les sentiments extrêmes. La liberté sexuelle y est totale, plus rien n'y fait obstacle à l'épanouissement et au plaisir. Il demeure de petits moments de dépression, de tristesse et de doute ; mais ils sont facilement traités par voie médicamenteuse, la chimie des antidépresseurs et des anxiolytiques a fait des progrès considérables. « Avec un centicube, guéris dix sentiments. » C'est exactement le monde auquel aujourd'hui nous aspirons, le monde dans lequel, aujourd'hui, nous souhaiterions vivre. » [...]

II

Oubliant à demi la présence de son frère, Michel jeta un regard sur les immeubles en s'appuyant à la balustrade. La nuit était tombée, maintenant ; presque toutes les lumières étaient éteintes. On était le dernier soir du week-end du 15 août. Il revint vers Bruno, s'assit près de lui ; leurs genoux étaient proches. Pouvait-on considérer Bruno comme un individu ? Le pourrissement de ses organes lui appartenait, c'est-à-dire individuel qu'il connaîtrait le déclin physique et la mort. D'un autre côté sa vision hédoniste de la vie, les champs de forces qui structuraient sa conscience et ses désirs appartenaient à l'ensemble de sa génération. De même que l'installation d'une préparation expérimentale et le choix d'un ou plusieurs obstacles permettent d'assigner à un système atomique un comportement donné – tantôt corpusculaire, tantôt ondulatoire –, de même Bruno pouvait apparaître comme un individu, mais d'un autre point de vue il n'était que l'élément passif du déploiement d'un mouvement historique. Ses motivations, ses valeurs, ses désirs : rien de tout cela ne le distinguait, si peu que ce soit, de ses contemporains. La première réaction d'un animal frustré est généralement d'essayer avec plus de force d'atteindre son but. Par exemple une poule affamée (*Gallus domesticus*), empêchée d'obtenir sa nourriture par une clôture en fil de fer, tentera avec des efforts de plus en plus frénétiques de passer au travers de cette clôture. Peu à peu, cependant, ce comportement sera remplacé par un autre, apparemment sans objet. Ainsi les pigeons (*Columba livia*) becquettent fréquemment le sol lorsqu'ils ne peuvent obtenir la nourriture convoitée, alors même que le sol ne comporte aucun objet comestible. Non seulement ils se livrent à ce becquetage indiscriminé, mais ils en viennent fréquemment à lisser leurs ailes ; un tel comportement hors de propos, fréquent dans les situations qui impliquent une frustration ou un conflit, est appelé *activité de substitution*. Début 1986, peu après avoir atteint l'âge de trente ans, Bruno commença à écrire.

---

note
1. *Le Meilleur des Mondes* d'Aldous Huxley (1894-1963), écrivain britannique. En 1958, il écrit *Brave New World revisited*, un recueil d'essais où il réfléchit aux menaces que représentent la surpopulation, les excès bureaucratiques et certaines techniques d'hypnose pour les libertés individuelles. Huxley dénonçait dans *le Meilleur des Mondes* (1932) une substance appelée Soma, sorte de tranquillisant qui procure une joie permanente et qui ôte aux humains tout sentiment. Les individus naissent dans des cuves et leur programmation génétique les destine à une fonction précise dans une catégorie sociale déterminée à l'avance. Les messages qu'on leur répète pendant leur sommeil les conditionnent. Le sexe est libre mais l'amour, le mariage, la parenté sont jugés obscènes. Bref, c'est le meilleur des mondes possibles.

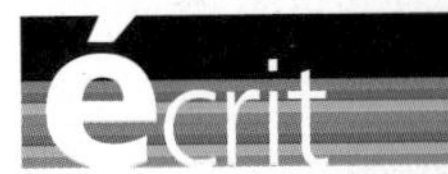

III

Michel passa la soirée chez lui. Il était trop éloigné pour entendre les échos de la fête qui se déroulait au village[1]. À plusieurs reprises sa mémoire fut traversée par des images d'Annabelle[2], adoucies et paisibles, des images également de sa grand-mère.

Il se souvint qu'à l'âge de treize ou quatorze ans il achetait des lampes-torches, de petits objets mécaniques qu'il aimait à démonter et remonter sans cesse. Il se souvint également d'un avion à moteur, offert par sa grand-mère, et qu'il ne réussit jamais à faire décoller. C'était un bel avion, au camouflage kaki ; il resta finalement dans sa boîte. Traversée de courant de conscience, son existence présentait pourtant certains traits individuels. Il y a des êtres, il y a des pensées. Les pensées n'occupent pas d'espace. Les êtres occupent une portion de l'espace ; nous les voyons. Leur image se forme sur le cristallin, traverse l'humeur choroïde, vient frapper la rétine. Seul dans la maison déserte, Michel assista à un modeste défilé de souvenirs. Une seule certitude, au long de la soirée, emplissait peu à peu son esprit : il allait bientôt pouvoir se remettre au travail.

Partout à la surface de la planète l'humanité fatiguée, épuisée, doutant d'elle-même et de sa propre histoire, s'apprêtait tant bien que mal à entrer dans un nouveau millénaire[3].

notes
1. Village de Verrières-le-Buisson dans la région parisienne.
2. Annabelle, la mère défunte de Michel.
3. L'an 2000.

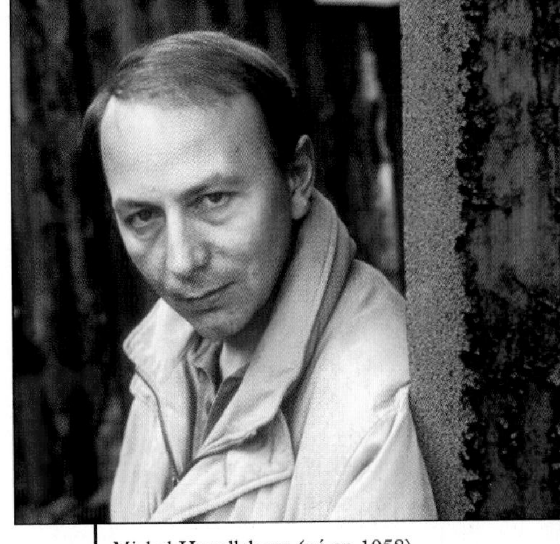

Michel Houellebecq (né en 1958), est l'auteur d'un essai sur Lovecraft et de recueils de poèmes dont *Le Sens du combat*, récompensé par le prix de Flore en 1996. *Extension du domaine de la lutte* est devenu un roman culte.

compréhension

1. Première lecture : situez le cadre, les personnages.

2. Pour la deuxième lecture, le texte comportant deux extraits, chaque groupe choisit un extrait et recherche :

a. Premier extrait : ce qui définit fondamentalement la société décrite dans *le Meilleur des Mondes* et qui est prémonitoire de celle où, comme le dit Bruno, nous souhaiterions vivre. **Qu'en pensez-vous ?**

b. Deuxième extrait : le portrait de Bruno. **Relevez les comparaisons avec le monde de la science et celui de l'éthologie (étude des animaux). Quels sont les mots-clés que vous choisissez pour définir Bruno. Comment l'imaginez-vous ?**

repérage lexical

1. Retrouvez dans le texte les expressions employées par Michel Houellebecq pour exprimer les idées suivantes :

a. Bruno est un être mortel.
b. Bruno aime la vie.
c. Il ressemble à ses contemporains.
d. Il est une personne ballottée par le vent de l'histoire.

2. Relevez dans la comparaison animale, les mots qui expriment l'angoisse de la frustration.

3. Pour fixer le vocabulaire :

a. une vision hédoniste de la vie	1. qui ne peut pas être séparé
b. assigner à	2. furieux
c. ondulatoire	3. qui souffre de la faim
d. affamé	4. qui a le caractère d'une onde
e. frénétique	5. attribuer à
f. indiscriminé	6. activité de remplacement
g. activité de substitution	7. une philosophie qui prône les plaisirs de la vie

expression orale

1. Reformulez à l'oral la position de Michel Houellebecq concernant sa vision contemporaine de l'individu.

2. Après avoir réfléchi à vos arguments, engagez une discussion par groupes où vous exposerez votre point de vue face à ceux de l'écrivain.
En quoi suis-je d'accord avec Michel Houellebecq ? Recherchez des arguments (une idée + un exemple). En quoi ne suis-je pas d'accord avec lui ?

expression écrite

1. Vous adressez une lettre à Michel Houellebecq pour lui faire part de votre point de vue après avoir lu ces extraits des *Particules élémentaires*.
Mise en forme écrite de votre argumentation orale.

2. Vous écrivez un texte descriptif pour faire le portrait d'un frère, d'une sœur ou d'un(e) ami(e) en laissant filtrer votre philosophie de la vie.

La place sociale de l'écrivain

Raphaël Confiant
La Lessive du diable
Éditions Écritures, 2000

La parole du conteur martiniquais

Moi, conteur de mon état, chevaucheur des paroles du temps de l'antan – quand les chiens aboyaient encore par la queue et que le volcan n'avait pas noyé nos songes sous une avalanche de nuées ardentes –, je déclare : que l'on m'écoute ! Que chacun mesure la longueur de mes mots ! Ceux qui préfèrent dissoudre la braise de leur vie dans l'eau tenace des larmes qu'ils ont versées, je vous le dis, il ne vaut point la peine, au regard de toutes les misères qu'ils ont jour après jour endurées, de leur offrir une veillée de vénération, celle qui, neuf jours après la mort, ouvre au défunt les portes du silence absolu.

Mais cet homme-là, Mano Lorimer, nègre de haut parage[1] s'il en fut puisqu'il n'avait nulle crainte d'aller observer l'éclosion du soleil rouge de l'aube à l'en-haut du morne[2] Jacob, insoucieux des âmes en peine qui, furieuses de n'avoir pas trouvé le repos et pressées de fuir la lueur du jour, s'en prenaient à l'univers entier, insoucieux des bêtes-longues[3] qui serpentaient dans les halliers, leur langue fourchue prête à frapper, cet homme-là mérite honneur et respect. Je le dis donc tout haut : honneur et respect sur sa tête [...] !

Messieurs et dames, je m'en vais vous raconter un voyage que j'ai fait, il n'y a pas si longtemps que cela, dans l'Impossible. Ce voyage fut dangereux. Il fut malheureux, courageux, affreux, bilieux, tempétueux, bleu-déveine et en même temps sérieux. Je causai, ce faisant, un beau désagrément à ma vieille mère.

Messieurs et dames, cela se passa un jour à midi et la nuit enveloppa la terre. Des éclairs noirs zigzaguaient pour se rendre invisibles. Le tonnerre lui-même grondait sans arrêt au beau mitan[4] d'un calme terrifiant.

Ah ! il s'agit pour moi de raviver dans vos têtes la mémoire de monsieur Mano Lorimer. Si le conte se répète et se répète depuis que Dieu a offert à l'homme le pouvoir de parler – mais c'est aussi un devoir ! –, ce n'est point parce qu'il est recru de fatigue. La vérité, c'est que le secret originel gagne à être ressassé pour qu'enfin, à la fin des fins, nous puissions l'éventer. Ainsi je demande à votre mémoire de se draper dans des hardes de zombie[5] afin de pouvoir charroyer l'histoire de cet homme-là, l'histoire de son combat si admirable dans sa hauteur, et que tout cela s'imprime jusqu'au plus obscur de votre esprit et celui de vos arrière-petits-enfants (il est impensable que leurs bouches demeurent cousues).

Écoutez donc ma parole ! [...]

D'avoir été si longtemps bridée durant des siècles d'esclavage, notre voix fut contrainte de s'affubler d'absurdité et de dérision, mais ne croyez pas qu'elle ait jamais perdu les quatre points cardinaux (et ceux que nos ancêtres, là-bas, en Afrique-Guinée, savaient aller qui vers l'au-delà, qui dans le giron de la terre-mère, qui nulle part).

Messieurs et dames, écoutez la parole du conteur, quand bien même elle vous semble rouler sens dessus dessous !

Écoutez la parole qui raconte le malheur

Des gens du morne Capot (surtout des négresses belles comme des nuits de décembre), des gens de Macédoine (en particulier des chabines[6] rousses dont les yeux ressemblaient à des pluies d'étoiles) venaient augmenter la troupe. La terre était devenue propriété privée du soleil (quel jour d'implacable chaleur !). Ils finirent par se retrouver devant l'usine et des fusils se mirent à parler français dans leur direction, en staccato. Les balles sifflaient en tous sens, dégrappant les nègres tels des prunes-mombin[7] un jour de grand vent. Le soleil ne leur accordait pas le moindre répit. Boum ! Boum ! L'oncle de Mano décéda sur-le-champ, Géraud s'étira par terre avant de sombrer dans la mort. Les nègres s'escampèrent dans les halliers[8] remplis de piquants. Deux jours plus tard, Julien et son compère Théodose, muletiers à l'habitation Beaufond, s'en allèrent au pays où l'on ne porte plus de chapeau...

— Je vous mets au défi de m'expliquer pourquoi le nègre se trouve dans une situation si lamentable, demanda Damien. La raison en est que notre marmaille étudie ses leçons à la claireté[9] de bougies, je vous assure.

— Ha-ha-ha ! Si tu commences avec tes éternels : « Je vous mets au défi... », tu n'en finiras pas, compère, rétorqua un grand escogriffe. Les nègres doivent se taire dans ce pays. Les nègres sont moins que des chiens. Ils sont comme des zéros devant un chiffre, oui !

— Et pourquoi cela ? reprit Damien. C'est parce que nous avons peur de notre ombre, voilà...

— Ferme-la, mon vieux ! Ha-ha-ha ! Non mais regardez-moi ce jeunot me tenir tête. [...]

— Quand on veut fuir la réalité, on prétend qu'elle est une énigme. Dans ce pays-là, tout est pourtant clair : les nègres coupent la canne, fabriquent le sucre et le rhum depuis des siècles sans la moindre récompense, alors que ces messieurs les Blancs nagent dans l'heureuseté[10]. Voilà !

Et celle qui « roule sens dessus dessous »

Dans ce pays de Martinique, messieurs et dames, la situation est tellement critique que j'ai vu des moustiques qui se dirigeaient vers la boutique de madame Monique pour acheter des cosmétiques afin d'astiquer la loi patriotique, et tout le monde fut pris d'une panique frénétique. Yé Crac !

Messieurs-dames de la compagnie, j'ai assisté au verdict du procès d'une chique qui comparaissait devant le procureur de la République, assise sur le dos d'une bourrique, au tribunal des sadiques d'où j'ai dégringolé sur le flanc d'un morne à pic, défiant les lois de la physique dans un saut magique, ce qui m'obligea presque à une gymnastique féerique pour ne pas paraître quelque mystique. Yé Misticric !

Chose absolument fantastique, mesdames-messieurs, j'ai vu un lombric qui grimpait à pic jusqu'à mon nombril parce qu'il l'avait pris pour une basilique à la fois catholique, romantique, apostolique et évangélique. À la vérité, il voulait, de là, prêcher une parole canonique à des laïques, tout en racontant l'histoire de la princesse Suzanne, fille unique d'un grand roi dynamique et philosophique tant dans les affaires pratiques que dans les affaires logiques, messieurs-dames, c'était dramatique de voir une situation aussi tragédique [...] !

notes

1. haut parage : haute naissance.
2. morne : colline.
3. bête-longue : serpent
4. au beau mitan : au beau milieu.
5. zombie (n. m.) : fantôme, revenant.
6. chabine : négresse antillaise à la peau et aux cheveux clairs.
7. prune-monbin : petit fruit des Antilles, utilisé pour faire le punch.
8. hallier : buisson touffu.
9. claireté : clarté.
10. heureuseté : bonheur.

grille de lecture

1. À quoi le conteur fait-il appel pour qu'on l'écoute ?
2. Qui est l'homme dont il va parler ?
3. Pourquoi va-t-il conter son histoire ?
4. Les circonstances du voyage dans l'impossible.
5. Les raisons de l'action du conteur.
6. Le récit de la bataille.
7. La condition des nègres : relevez la phrase qui résume la situation des nègres en Martinique.

étude linguistique

1. Observez et paraphrasez :

Les métaphores :

« Le volcan n'avait pas noyé nos songes sous une avalanche de nuées ardentes. »

« Dissoudre la braise de sa vie dans l'eau tendre des larmes. »

Les phrases et expressions :

« Conteur de mon état – nègre de haut parage – cet homme-là mérite honneur et respect.

Je m'en vais vous raconter... raviver dans vos têtes la mémoire de monsieur Mano Larimer, à la fin des fins. »

« Elle n'a point perdu les quatre points cardinaux » (en langage courant, on dit « perdre le nord »)

signifie : elle a gardé ses repères, elle apprécie les situations avec réalisme.

L'expression de la cause :

« D'avoir été si longtemps bridée, ... notre voix fut contrainte de s'affubler d'absurdité et de dérision »

Paraphrase : notre voix a revêtu un aspect absurde et dérisoire parce qu'elle a été si longtemps bridée.

« Qui... qui », pronoms indéfinis :

« Nos ancêtres savaient aller qui vers l'au-delà, qui dans le giron de la terre même, qui nulle part »

« Qui... qui... » est ici l'équivalent de « les uns... les autres... d'autres encore... »

2. Lexique

Relevez l'expression des idées suivantes :

a. des négresses aux yeux étincelants
b. il faisait une grande chaleur
c. on tira des coups de fusil vers eux
d. ils moururent
e. les nègres ne comptent pas, ils n'ont aucune importance
f. les blancs sont dans le bonheur parfait.

expression écrite

Observez le procédé utilisé par Raphaël Confiant dans la parole qui « roule sens dessus dessous » :

Martinique... critique... moustique... etc.

Essayez de comprendre le sens littéral. Puis de rédiger un couplet.

Pour cela, mettez sur une feuille de papier ou au tableau tous les mots que vous connaissez en « -ique » (autres que ceux du texte) ou en « -al », en « -able », « -oir », etc.

Assemblez-les en tentant de faire des phrases (travail de groupe).

Du poète maudit à l'écrivain entrepreneur

Jean-François Dortier
« Du poète maudit à l'écrivain entrepreneur »
Sciences humaines n° 112, janvier 2001

Dans son enquête sur le métier d'écrivain, Nathalie Heinich[1] explore les multiples tensions du créateur, entre le souci d'authenticité et celui d'être reconnu, entre le projet de faire une belle œuvre et celui de gagner sa vie.

L'écriture est-elle un métier ou une activité créative qui échappe à tout statut ? Quel rôle joue l'écriture dans le sens qu'on peut donner à sa vie ? Comment être « reconnu » comme auteur ?

Nathalie Heinich a mené une enquête auprès d'une trentaine d'écrivains : certains sont romanciers à succès, d'autres presque inconnus. Certains vivent de leur plume, d'autres sont habitués des petites maisons d'édition et des tirages confidentiels. [...]

Le premier clivage apparaît entre deux figures possibles de l'écrivain : l'artiste créateur marginal et le professionnel intégré. Certains auteurs défendent une conception « inspirée » de l'écriture : pour eux, il est contre nature de vouloir enfermer l'acte d'écriture dans le cadre d'un métier avec des horaires fixes, un volume de pages produites à la journée, un revenu fixe et stable. Telle est l'image que défend ce « poète maudit » : âgé de 45 ans, il écrit depuis l'adolescence des poèmes, des nouvelles, et a publié un essai « bio-bibliographique ». Il a fait plusieurs métiers pour gagner sa vie, mais se considère avant tout comme un « poète professionnel ». Auteur marginal, il a longtemps cultivé son indépendance, rejetant « le parisianisme » et les compromissions de l'édition grand public. [...]

En contre-pied complet de cette attitude, un jeune romancier à succès refuse la pose de « l'écrivain souffrant », du « personnage qui gratte ses plaies du matin jusqu'au soir ». Il publie depuis la fin de ses études à Sciences po. Il a adopté sans complexe un « modèle entrepreneurial » de l'écriture. Un bon roman est, pour lui, un roman qui plaît, et qui plaît à un large public. Il faut pour cela « intéresser le lecteur ». Et cela exige une forme d'écriture particulière, efficace et vivante, fondée sur une bonne histoire, un « bon scénario » comme il se plaît à le dire. Pour obtenir des tirages importants, il travaille en vrai professionnel. « J'ai des horaires de bureau : je commence à 9 heures jusqu'à midi et demi. Puis quand j'ai un déjeuner au-dehors, je reprends à 3 heures jusqu'à 7. » Il connaît bien les ficelles du marketing éditorial. Les pages littéraires des journaux ne l'intéressent pas. Lui vise le grand public et donc les rayons livres des supermarchés, la présence dans les magazines *people*. Il vit ainsi, sans complexe, de sa plume, en alternant romans et scénarios de films.

Entre les deux cas extrêmes – du poète maudit au romancier scénariste à succès –, la plupart des « écrivains » doivent transiger entre des exigences perçues comme contradictoires. Témoin cet auteur polygraphe, qui gagne sa vie comme professeur de lettres et satisfait sa passion de l'écriture en écrivant des romans érotiques, des ouvrages pratiques ou des poèmes qu'il signe sous différents pseudonymes.

Cet autre écrivain partage son temps entre des activités alimentaires – journalisme, traduction ou animation d'atelier d'écriture – et la rédaction parallèle de son œuvre personnelle. [...]

Les enjeux de la reconnaissance

L'image sociale de l'écrivain dépend de plusieurs « cercles de reconnaissance » : celui de l'entourage, celui des éditeurs (incontournable pour être publié), celui des lecteurs, des journalistes et des critiques, celui des pairs. Évidemment, les critères de reconnaissance varient d'un cercle à l'autre. [...]

Mais l'enjeu principal de la reconnaissance porte bien sur le monde éditorial, celui des éditeurs, des lecteurs, de la bourse du Centre national des lettres (CNL). Ici, les attitudes sont encore plus ambiguës, faites souvent d'attraction et de rejet vis-à-vis de ce monde. Pour recevoir une bourse du CNL, qui permet à certains écrivains de s'adonner quelque temps à l'écriture sans souci de rentabilité, il faut passer par une commission qui juge l'œuvre. [...]

N. Heinich explore bien d'autres facettes de l'identité de l'écrivain. Comment une élite parvient à « se faire un nom » : soit une réputation immédiate, soit, encore plus rare, une postérité qui se conservera au fil du temps, le summum étant atteint lorsqu'on entre dans le domaine étroit des « auteurs classiques » : les Balzac, Flaubert, Proust, Beckett... ceux dont on ne dit plus le prénom. L'identité de l'écrivain exprime de façon aiguë les tensions de l'individu moderne. Tiraillé entre le désir d'être soi et le souci de reconnaissance, entre le besoin de gagner sa vie et celui de la « réaliser », entre l'envie de se singulariser et celle de s'intégrer à des collectifs... C'est pourquoi N. Heinich y voit un thème fertile pour cette sociologie de l'identité et de la singularité qu'elle s'attache à construire.

note

1. Nathalie Heinich, *Être écrivain : création et identité*, La Découverte, 2000.

activités

1. Résumez la problématique de l'écrivain : le dilemme de celui qui veut écrire.

2. Décrivez brièvement les deux grands types d'écrivains et les cas intermédiaires.

3. Comment l'écrivain parvient-il à être reconnu de nos jours ?

4. D'après vous, écrire peut-il être un métier ?

Unité 8

D'après **Dominique Viart**[1]
« Écrire avec le soupçon – enjeux du roman contemporain »
in Michel Braudeau, Lakis Prodiguis, Jean-Pierre Salgas et Dominique Viart,
Le Roman français contemporain,
adpf – ministère des Affaires étrangères, Paris, 2002
http://www.adpf.asso.fr/
adpf-publi/roman/19.html

Le Saviez-vous ?

UN ROMAN PARADOXAL

Vingt ans après la grande mutation esthétique des années quatre-vingt, que peut-on retenir de ce roman qui s'écrit là où on ne l'attend pas, et de la variété de ses territoires ?

Je placerais volontiers le roman contemporain sous le signe du paradoxe. En faisant jouer tous les sens du terme. [...] Le contenu s'avère effectivement assez peu « romanesque » et préfère le témoignage, l'enquête, le matériau réel, historique ou biographique. Non pour en livrer l'exacte expression, que l'on sait toujours déformée par l'acte d'écrire ; mais pour, dans le moment même de l'écriture, en projeter l'éphémère configuration. La forme narrative est elle-même revisitée, tendue, perplexe : parce qu'il ne s'agit plus simplement de raconter mais aussi bien d'interroger, de soupçonner, de faire entendre. D'investir des champs incertains plutôt que d'inventer de nouvelles fables ou de reproduire celles de l'histoire littéraire. Et cependant il faut bien reconnaître que ces variations, ces extensions ont de tout temps constitué la vitalité même du roman, qui jamais ne se satisfait d'une forme ni d'une définition préalables et demeure en constante mutation.

Paradoxal, ce roman l'est encore par sa dimension explicitement ou implicitement polémique. Il fait la guerre à la langue comme aux discours. Il s'érige face aux idées reçues, aux leçons apprises, aux pensées consensuelles – non pour en opposer d'autres, tout aussi certaines de leur fait, mais pour instiller sans relâche le soupçon et le doute.

Sans doute vivons-nous une époque qui voit le roman s'affranchir tout à fait de sa parenté originelle avec l'épopée comme avec les fantasmes du « livre total ». Il n'a plus de collectivité sociale à fonder, plus de mythes à véhiculer, plus de « grands récits » à illustrer ni de prolifération chaotique à mettre en œuvre. L'ambition désormais ne se mesure ni à l'élan lyrique ni à la quantité de mondes brassés. Elle tient de la nature éthique du roman et de son plus grand scrupule, qui certes – c'est ce que d'aucuns lui reprochent – nuisent à l'emballement de l'imaginaire romanesque.

Note

1. Dominique Viart est professeur de littérature française à l'université de Lille. *Le Roman français au XXe siècle* (Hachette, 1999).

Activités

1. Lire l'essentiel du texte pour en faire un résumé écrit.

a. Quelle est l'attitude des romanciers contemporains ?

b. Relevez ce qui semble être constitutif du roman contemporain pour l'auteur.

2. Vous ferez un commentaire personnel sur le sujet exposé.
Une discussion peut avoir lieu sur la notion de roman mise en rapport avec la production littéraire contemporaine de votre pays.

Philippe Claudel
« Les foules (1/5) - Le concert »
Le Monde 2, 27-28 juin 2004

Ici, Philippe Claudel (né en 1962, Prix Renaudot 2003 pour Les Âmes grises*) raconte un concert au Bataclan (une salle de music hall à Paris) du groupe Television*[1]*, groupe de rock anglais (Tom Verlaine, Richard Lloyd, Fred Smith, Billy Frica) en 2004.*

Extraits de « The last word is the lost word »[2]

À 21 heures, lorsque les lumières se sont éteintes, il y a eu un formidable soulèvement, comme si toutes les bouches ne faisaient plus qu'une, comme si tous les corps, tous les cœurs se fondaient dans un seul être. C'est délicieux ce sentiment. Les projecteurs ont saupoudré la scène de lave. J'étais environné de peaux rouges, d'yeux incandescents et qui tous regardaient en riant dans la même direction.

Le groupe est entré sur scène. Tom Verlaine a fait un petit signe. La foule a hurlé de plus belle. Television[2] ressuscitait de ses cendres. Pendant près de deux heures. Deux belles heures de bruits, de musique, de touffeur, de cordes cassées, de corps à corps pacifiques, deux heures qui ressemblaient à un grand poème lorsqu'on dit à la suite des chansons *The dream's dream, 1880, Venus, Call Mr Lee, Stax, See No Evil, Balloon, Little Johnny Jewel, Prove it, Squazzle, The Sea, Persia, The Rocket, Rhyme, Marquee Moon.* Deux heures pendant lesquelles j'ai eu de nouveau douze ans, quinze, dix-sept, vingt-cinq, trente-trois, plus d'âge du tout.

La musique possède la vertu majeure de nous plonger au cœur, de nous emmener vers la plus profonde des destinations, qui est en nous mais dont il nous est difficile de retrouver le chemin. Elle nous isole tout en nous reliant à celles et ceux qui nous entourent. Le paradoxe de son effet est bien là : nous amener en nous-même tout en restant au plus près des autres. Ce n'est pas tant qu'elle nous donne un supplément d'âme, mais plutôt un supplément de vie, de sève, d'électricité, de sauvagerie positive, d'électricité saine, de sang.

Je n'ai, il me semble, jamais vu autant de visages heureux que dans ces rassemblements majeurs que sont les concerts rock. Tous ces sourires, tous ces gestes, cette union improvisée et temporaire, qui ne s'assoit sur aucune revendication, aucune récrimination, aucune haine, aucun rejet, aucune guerre, aucune dispute, aucun conflit m'ont toujours redonné l'immense confiance dans l'être humain, qui parfois me fait défaut. C'est tellement étrange, et le monde et la vie. Pourquoi rater ce qui nous tend les bras ?

Notes

1. groupe *new wave* anglais (site http://www.i-n-f-r-a.net).

2. « Le dernier mot est le mot perdu », paroles d'une chanson du groupe Television.

Expression écrite

Test

1. Choisissez la bonne réponse.

1. Le concert **a.** a eu lieu dehors.
   b. a eu lieu la nuit.
   c. a eu lieu en Angleterre.
2. **a.** La salle était pleine de monde.
   b. Il y avait peu de monde.
3. Le concert **a.** a duré trois heures.
   b. a duré deux heures.
4. Philippe Claudel **a.** a toujours aimé le rock.
   b. aime le rock depuis qu'il a douze ans.
5. Il aime **a.** être avec les autres.
   b. être seul avec lui-même.
6. La musique **a.** touche le cœur.
   b. ne sert à rien.
7. Un concert **a.** c'est comme une manifestation politique.
   b. c'est comme une réunion syndicale.
8. Un concert rock **a.** rend heureux.
   b. ressemble à la guerre.
   c. rend violent.

2. Choisissez l'explication qui vous semble la plus correcte.

1. « À 21 heures, il y a eu un formidable soulèvement »
   a. Tous les spectateurs se sont levés.
   b. Les spectateurs se sont tous levés en même temps pour saluer le groupe.
   c. Toute la salle a vibré avec la même émotion.
   d. Tous les spectateurs étaient heureux.
2. « tous les cœurs se fondaient dans un seul être » :
   a. ne faire plus qu'un
   b. s'unir
   c. être à l'unisson les uns avec les autres
   d. disparaître
3. « les projecteurs ont saupoudré la scène de lave. J'étais environné de peaux rouges… » :
   a. La scène a été recouverte d'un voile rouge.
   b. La lumière est devenue rouge.
   c. Les spectateurs se sont déguisés en indiens et en indiennes.
4. « d'yeux incandescents » :
   a. Les spectateurs ont fermé leurs yeux.
   b. La lumière les a aveuglés.
   c. Les yeux des spectateurs sont devenus rouges.
   d. Les spectateurs ont eu les yeux brûlés.
5. « Television ressuscitait de ses cendres » :
   a. Le groupe n'existait plus.
   b. Le groupe n'avait pas joué depuis longtemps.
   c. Le groupe revivait avec force.

écrit

3. Choisissez les propositions qui vous semblent justes.

1. Philippe Claudel :
   a. est heureux comme un gamin.
   b. a trop chaud.
   c. écoute les chansons comme si elles étaient des poèmes.
   d. s'est battu avec ses voisins.

2. La musique :
   a. nous procure une sensation de solitude.
   b. nous renvoie à la partie sombre de nous-même.
   c. réveille en nous le meilleur.
   d. nous aide à vivre avec les autres.
   e. électrise la part sauvage de nous-même.
   f. ravive notre vie.

3. Un concert de rock :
   a. rend les gens heureux.
   b. favorise la paix.
   c. attise la violence qui est en nous.
   d. permet de revendiquer nos droits.
   e. donne confiance en l'humanité.
   f. rend étrange notre vie.

Production libre

Choisissez un concert de musique rock, ou de musique classique auquel vous avez assisté et qui vous a particulièrement plu et écrivez « à la manière de Philippe Claudel » un récit où vous exprimez vos émotions.
(une vingtaine de lignes)

Oral

Compréhension

Dites si chacune de ces propositions est vraie (V) ou fausse (F).

1. Adapter un livre au cinéma est une chose difficile.
2. Mara a aimé l'adaptation au cinéma du livre qu'elle a lu.
3. Jean-Pierre n'a pas aimé lire *l'Étranger* de Camus.
4. Lire fait travailler l'imagination.
5. Lire cultive l'esprit.
6. Le livre est un moyen magnifique pour se reposer.
7. Lire est un passe-temps utile et créatif.
8. Lire aide à écrire sans fautes.
9. La lecture procure beaucoup de plaisirs.
10. Seuls les auteurs classiques comme Balzac ou Zola sont utiles à lire.
11. Un bon lecteur doit se laisser guider par ses désirs de lecture.
12. Lire un livre de Proust n'est pas plus difficile que de lire Balzac.
13. Savoir lire demande un apprentissage.
14. La lecture accompagne notre vie.
15. Tout est bon à lire.
16. En fonction de nos humeurs, nous lisons des livres différents.
17. Il n'est pas bon de lire des romans policiers.
18. C'est bon de lire une saga de 1500 pages.
19. Lire un livre de San Antonio[1] fait du bien.
20. Autant de livres que de lecteurs.

note
1. San Antonio est le pseudonyme de Frédéric Dard (1921-2000) pour la célèbre série de romans policiers (300 romans).

Unité 9

Loisirs et voyages

Oral

Voyages et temps libre

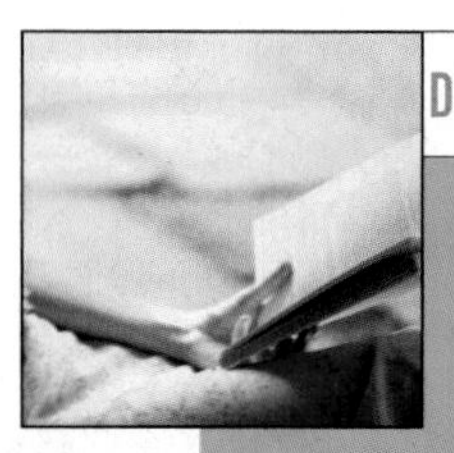

Document 1 Conversation

Jean-Pierre : J'adore le train, j'adore le train !

Béatrice : C'est vrai que c'est bien…

JP : J'adore le train.

B : C'est bien le train, on peut lire.

JP : C'est du temps suspendu, du temps qui t'appartient, où tu peux dormir, tu peux lire, tu peux rêver…

B : Tu peux ne rien faire…

JP : Devant les paysages… tu regardes la France…

B : Et tu es pratiquement sûr d'arriver et presque à l'heure.

JP : Et presque à l'heure. C'est extraordinaire j'adore le train…

Patrick : Alors, maintenant, c'est de plus en plus difficile de lire dans… en train parce que y a les portables qui sonnent toutes les dix minutes.

JP : Non, non, non y a eu cette période-là… mais je prends beaucoup le train.

P : Ah oui.

JP : Ça s'est arrangé, ça.

P : Oui ça a dû se calmer.

Mara : Bon est-ce que vous voyagez beaucoup ?

JP : En France, pas mal ouais.

M : Bon, je parle pas de voyages de travail, je parle uniquement de voyages d'agrément hein, de vacances, de loisirs.

JP : Oui, mais comme j'ai ma famille qui habite dans le midi je… donc on part dès qu'on peut partir… on saute dans un train et et euh…

M : Et en dehors de la France ?

JP : Et maintenant Paris-Marseille c'est trois heures.

B : Jean-Pierre, là où je comprends très bien ton ton ton ton amour du train… c'est que tu as le plaisir de la distance. Je m'explique, c'est que chaque kilomètre parcouru, tu as vu des arbres supplémentaires, des maisons supplémentaires, puis des montagnes, puis des fleurs, le paysage change et tu sais que tu t'approches du but. Alors en avion, déjà on sait pas, on sait pas où où on va atterrir, y a pas ce plaisir euh… je sais plus qui disait « avoir un but, c'est bien, mais l'important, c'est le trajet » euh euh pour arriver à ce but.

JP : Oui.

B : Et peu importe finalement si on n'arrive pas au but, l'important c'est d'avoir fait ce trajet, d'avoir eu cette envie et d'avoir profité de chaque instant… de chaque petite route, de voir une petite vache par-ci, une petite chèvre par-là.

JP : Mais y a pas uniquement « voir ». Moi parce que j'adore aussi conduire la nuit, donc c'est…

B : Tu conduis les trains la nuit ?

(Rires)

JP : En voiture… Il m'est arrivé de partir en Espagne et de de de décider de partir à 6 heures du soir… 18 heures de de faire une petite halte euh de donner, on mangeait et ensuite on couchait le gamin derrière et et et je reprenais la route comme ça jusqu'à 4 heures du matin et là tu tu as ce déroulement de la route, des villes, du temps, je sais pas, c'était « t'es dans la nuit comme ça ». tout le monde dort…

M : Tu as surtout moins d'embouteillages.

JP : Oui oui… et puis les gens qui conduisent la nuit je je je trouve que qu'il y a une complicité.

Oral

Alter ego
« Les vacances »
France Inter, 30 janvier 2001

Vous allez entendre un extrait de l'émission *Alter ego* diffusée sur France Inter, le matin entre 10 et 11 heures, animée par Patricia Martin. Autour de la table, ce jour-là : Alain Corbin, historien ; Jacques Maillot, à l'époque PDG de Nouvelles Frontières.

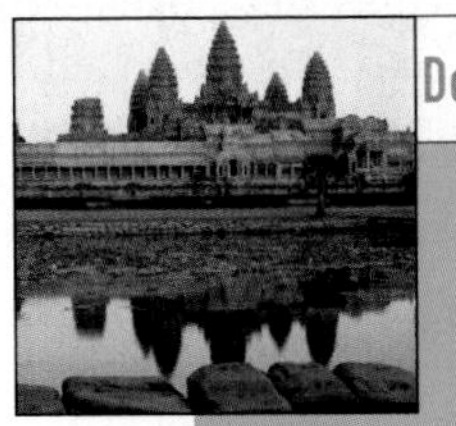

Document 2 Table ronde

Une voyagiste vend des vacances

Voix 1 : Qu'est-ce que vous vendez vous, en fait ?
Voix 2 : Je vends les sports d'hiver, le soleil, le club Med 2, les découvertes car nous aussi nous vendons des circuits.
Voix 1 : Vous vendez des vacances quoi ?
Voix 2 : Des vacances... et des découvertes...
Voix 1 : Et ça les vacances, c'est un produit qu'on peut acheter ?
Voix 2 : Oui tout à fait...

Le temps des vacances est un temps important

Patricia Martin : Partir, partir quelques jours ou plus longtemps... pas loin de chez soi ou à l'autre bout de la planète, les vacances théoriquement c'est pour tout le monde...
On notera tout de même que les voyages, eux, ne sont pas à toutes les portées de main puisque quatre Français sur dix ne quittent pas leur domicile pendant leur congé.
Alain Corbin bonjour...

Alain Corbin : Bonjour...

PM : On a l'impression à l'heure actuelle que le temps de vacances c'est un temps qui... c'est vraiment quelque chose de rationnel, de réfléchi, de calculé, de prévu... il y a peu de gens qui partent encore le nez au vent... il y en a peut-être encore d'ailleurs... j'attends qu'ils appellent mais il n'y en a pas énormément...

AC : Oh écoutez, c'est plus qu'un temps réfléchi, calculé, etc... ça participe vraiment de l'identité de la personne... il y a quelques années ou il y a trente ans peut-être... on demandait « qu'est-ce qu'il a comme voiture » ou bien « à quelle période il part » etc... maintenant c'est « qu'est-ce qu'il fait pendant ses vacances »... c'est vraiment constitutif de la personne... or c'est relativement nouveau...

PM : Et vous le dites, parce que vous êtes historien ? Vous avez étudié les choses de près, vous avez retracé en fait les étapes qui nous ont menés à la civilisation des loisirs depuis 1850 jusqu'à 1960 puisque c'est là que vous arrêtez votre étude mais à mon avis vous avez quand même une idée sur ce qui se passe aujourd'hui... cette frontière justement entre le temps du travail et le temps du non-travail elle est assez récente...

Aujourd'hui : le temps de travail est un temps plein

AC : Elle est récente et elle est compliquée si vous voulez... traditionnellement il y avait deux modèles disons de temps libre, il y avait la récréation c'est-à-dire recréer la force de travail, c'est l'ouvrier, le travailleur manuel qui a besoin d'une scansion[1]... c'est le dimanche... traditionnellement c'est le dimanche plus toutes les fêtes.

PM : C'est pas le saint lundi ?

AC : Oui aussi pour les ouvriers parisiens du XIXe siècle... pour la première partie du XIXe certainement... et puis il y a un autre modèle qui est le loisir cultivé, destiné aux élites... ça remonte à l'antiquité latine... ça on peut le suivre au cours des siècles réaménagé... alors là c'est très différent c'est un temps lié... un temps pour soi... lié à la méditation, à la lecture, à l'hospitalité, à la conversation philosophique mais aussi à... aux affaires de la cité dans l'Antiquité mais encore au XIXe siècle ou bien la charité pour les femmes donc c'était un temps plein... malgré tout... c'était un temps disponible mais plein, les élites encore au XIXe siècle ne se caractérisaient pas seulement par

note
1. une scansion : un rythme

Oral

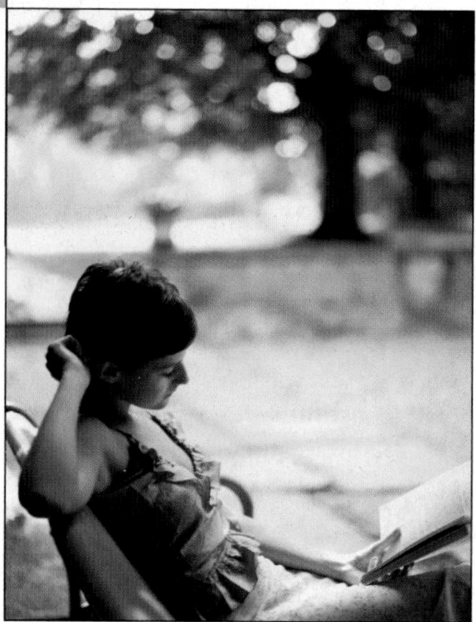

l'argent mais par la disponibilité du temps... le temps de travail est un temps plein...

PM : De plus en plus plein d'ailleurs avec les 35 heures...

AC : ...développé mais même au cours du XIXe siècle alors qu'avant le temps de travail était dilaté... jusqu'à 12 heures-15 heures par jour mais on pouvait s'arrêter, le maçon pouvait aller boire une chopine, le porcelainier... pour envoyer chercher des victuailles... et de faire une sorte de pique-nique à l'atelier... bon il y avait une disponibilité... chez l'artisan rural aussi, il pouvait s'absenter pour aller, comme vous le dites, aller faire autre chose, au moment des foins c'était un autre travail mais surtout... nous sommes entrés dans une période... je dirais... de monochronie.

Plusieurs conceptions du voyage

PM : Jacques Maillot, vous vous êtes PDG de Nouvelles Frontières, un voyage réussi... c'est un voyage précisément, minutieusement préparé, il ne faut pas rater son coup !

Jacques Maillot : Il y a plusieurs conceptions du voyage... c'est au consommateur de choisir... mais c'est vrai que le voyageur qui veut faire une découverte... par exemple... qui va en Inde... il faut en effet que ce voyage soit très bien préparé... Mais il existe aussi des personnes qui partent en vacances... ce qui n'est pas la même chose... qui ne préparent strictement rien... qui prennent un vol uniquement... parce qu'ils sont très attachés à leur liberté et ils veulent surtout... ils ne veulent pas voyager en groupe et puis à l'opposé... il y a aussi des personnes qui disent ne pas avoir le temps de préparer leur voyage et qui vont prendre des formules en demi-pension voire même en pension complète... par exemple actuellement il y a un rush pour la République dominicaine où il y a des formules de tout compris... on ne prépare strictement rien... et on fait de la plage... pendant une semaine ou pendant deux semaines.

activités

1. Faire trois groupes correspondant aux trois séquences du document sonore.

Le temps des vacances...

a. Tous les Français partent-ils en vacances ?

b. Qui est Alain Corbin ?

c. Combien de modèles de comportements face au temps libre ?

Aujourd'hui...

a. Quelles différences y a-t-il entre le temps de travail au XIXe siècle et aujourd'hui ?

b. Quel est le mot qui résume la manière de gérer le temps de travail aujourd'hui ?

Plusieurs conceptions du voyage

Quels sont les trois types de voyageurs répertoriés par Jacques Maillot ?

2. Faites un résumé écrit par groupes sur le sujet qui vous intéresse le plus :

- le temps libre
- les vacances
- les divers types de voyageurs

3. Et vous ? Comment gérez-vous votre temps de travail et votre temps libre ?

Une soirée de télévision en France

Le Nouvel Observateur,
3 juin 2004,
Rubrique TéléObs

Le « Prime Time » ou l'heure de grande écoute

Dimanche 6 juin

TF1

20h50 Football
Match amical. France/Ukraine. Au Stade de France, à Saint-Denis. EN DIRECT.
Une semaine avant d'affronter l'Angleterre pour son tout premier match de l'Euro, l'équipe de France passe un dernier test et effectue les derniers réglages sur sa pelouse fétiche de Saint-Denis, face à une formation ukrainienne toujours difficile à prendre en défaut. L'objectif sera double ce soir pour Jacques Santini : engranger de la confiance avant de rejoindre le Portugal et ne pas trop exposer ses joueurs cadres, dans l'optique du choc face au grand rival anglais. On pourrait ainsi retrouver ce soir des jeunes joueurs qui n'ont pas l'aura des Zidane, Henry et autre Trezeguet, mais qui dévoilent peu à peu au sein du onze national toute l'étendue de leurs talents, comme par exemple le Sochalien Benoît Pedretti ou encore le Mancunien Louis Saha, qui avait marqué son premier but en équipe de France à l'occasion de sa première sélection.

France 2

LE CHOIX DE TÉLÉOBS
20.00 Journal. Édition spéciale Débarquement.
20h55 D-Day, leur jour le plus long
Film documentaire anglo-germano-franco-américain de Richard Dale. (1 et 2/2). (2004). Avec David Lyon (Eisenhower), Tracy Moore (Kay Summersby), Andrew Havill (John Masterman). 2 h 20.
Le 6 juin 1944 est resté dans l'Histoire comme le jour J, le D-Day pour les Alliés. Ce film raconte l'incroyable histoire de ce que Cornelius Ryan a appelé « le jour le plus long » et qui fut marqué par la plus grande invasion de tous les temps. Le Débarquement a été préparé longtemps à l'avance et fut précédé de missions secrètes d'entraînement et d'actes héroïques de toute sorte. À travers des images extraites des grands films d'action s'inspirant du jour J et grâce aux techniques de pointe utilisées en documentaire, le réalisateur fait revivre avec précision cet événement capital, depuis sa préparation jusqu'à l'arrivée des troupes sur les côtes normandes.

France 3

20h55
On ne peut pas plaire à tout le monde
Magazine d'actualité. Présenté par Marc-Olivier Fogiel, Ariane Massenet, avec la participation de Stéphane Blakowski, Alexis Trégarot, Serge Moati, Claude Chabrol, Jean-Michel Apathie, Anne-Elizabeth Lemoine, Loubna Méliane.
Dernière émission de la saison et premier bilan de la prise d'antenne en début de soirée, en direct et en public. Avec en moyenne 2,7 millions de téléspectateurs et une part d'audience de 13 % sur les seize numéros diffusés depuis le 18 janvier, « On ne peut pas plaire à tout le monde » nouvelle formule a su plaire à suffisamment de fidèles pour revenir l'année prochaine, même chaîne, même jour, même heure. Il y aura d'ici là une série spéciale été. « ONPP vue de... », animée par le trio Ariane Massenet, Alexis Trégarot et Stéphane Blakowski pour la troisième année consécutive.

23.40 Soir 3.

Canal+

21h00
Le roi Scorpion (The Scorpion King)
Péplum américain de Chuck Russell. (2002). En 16/9. Avec Dwayne Johnson (Mathayus), Michael Clarke Duncan (Balthazar), Steven Brand (Memnon), Kelly Hu (Cassandra). 1 h 30.
Cinq mille ans avant notre ère, Memnon, l'impitoyable tyran de la ville de Gomorrhe, veut s'emparer de toutes les terres des tribus du désert. Il est invincible car il est aidé par les visions d'une mystérieuse sorcière. Les tribus s'unissent pour faire appel aux services d'un guerrier akkadien, Mathayus. Celui-ci, accompagné de son frère et d'un ami, s'introduit dans le camp de Memnon. Trahis, le mercenaire et ses deux compagnons tombent dans un piège et seul Mathayus reste en vie.
OBS **Mélange désormais habituel d'action (sans surprise), de fantastique (bof) et de plein d'autres choses encore (trop). Sans grand intérêt.** **N.D.**

Arte

LE CHOIX DE TÉLÉOBS
20h50 Thema
Histoire de voir.
Seule dans la nuit (Wait Until Dark)
Film de suspense américain de Terence Young. (1967). Avec Audrey Hepburn (Susy Hendrix), Alan Arkin (Roat junior et senior), Richard Crenna (Mike Talman), Ephrem Zimbalist Jr (Sam Hendrix). 1 h 50.
À l'aéroport de New York, une mannequin confie une poupée remplie d'héroïne à Sam Hendrix, un photographe qui en ignore le contenu. Les trafiquants qui la poursuivent découvrent le stratagème et l'assassinent. Ils se rendent chez Sam pour récupérer la poupée et ne trouvent que Susy, sa femme aveugle. LIRE NOTRE ARTICLE CI-CONTRE.
OBS **Audrey Hepburn dans l'un de ses derniers grands rôles : celui d'une aveugle aux prises avec des malfrats. Le suspense est oppressant à souhait, la mise en scène de Terence Young exploite bien les conventions théâtrales du sujet.**

M6

20h50 Capital
Magazine économique. Présenté par Guy Lagache. La France est-elle trop chère pour vos vacances ?
Au sommaire : « Les Anglais à la conquête de la Bretagne ». Ils seraient 7 000 à avoir investi dans l'immobilier breton. Du côté français, les prix sont en effet nettement inférieurs à ceux pratiqués outre-Manche. Comment se passe la cohabitation ? – « Deauville : réservée aux riches ? ». Le must serait d'y posséder une villa second Empire ou une maison à colombage. Mais en trois ans, les prix de l'immobilier ont grimpé de 40 %. – « Tunnel sous la Manche : révélations sur un fiasco ». Dix ans après son inauguration, le tunnel sous la Manche a perdu 85 % de sa valeur boursière : explication d'un fiasco financier. – « Gorges de l'Ardèche : le grand embouteillage ». Près de 150 000 estivants sont attendus cet été sur cette autoroute pour canoës. La concurrence entre loueurs de bateaux est acharnée.

activités

1. Lisez les programmes des six chaînes et dites l'intérêt que présente pour vous chacun des programmes.

2. Quel est celui que vous choisiriez ? Celui que vous refuseriez ? Et celui qui vous ferait hésiter ? Et donnez vos raisons.

3. Comparez vos choix.

4. Comparez ces programmes à ceux qui existent chez vous pendant les heures de grande écoute (le « prime time »).

Comment choisissez-vous vos voyages ?

Voici quelques extraits d'articles décrivant des lieux touristiques variés : New York, Malte, La Jordanie. Choisissez les aspects qui vous intéressent dans chacun de ces lieux et dites pourquoi.

New York

Carol Berens,
architecte

La ligne bleue des gratte-ciel

L'ambition de New York se voit à l'horizon. Toutes les modes, tous les styles se lisent sur la Skyline, cet espace magique où les buildings rejoignent le ciel.

La silhouette de New York émerveille tout autant le touriste que l'autochtone. Elle plonge l'âme la plus blasée et la plus cynique dans une douce poésie et lui donne confiance dans l'avenir. Les New-Yorkais aiment leur horizon urbain ; ils aiment les bâtiments qui le composent ; ils aiment les mythes qu'il cache. Et ils ne sont pas les seuls. Même Le Corbusier, dont on connaît le sens critique vis-à-vis de New York, admit en 1935 que cette silhouette ressemblait à « la voie lactée tombée sur la terre ».

Les gratte-ciel de New York sont aussi impétueux et orgueilleux que ceux qui les ont construits – c'est d'ailleurs ainsi que ses habitants sont perçus par le monde entier. Ces bâtiments relient les New-Yorkais à leur ville, tant par leur architecture que par les informations qu'ils leur apportent. Les tours diffusent des nouvelles, indiquent l'heure, annoncent la météo, les principaux événements culturels… Quelques minutes après la mort de Frank Sinatra, en mai 98, le sommet de l'Empire State Building baignait dans un bleu électrique en mémoire de *Ol'Blue Eyes*.

Un objectif : forcer l'admiration

Dans l'imaginaire collectif, les gratte-ciel new-yorkais ne sont pas des parallélépipèdes anonymes frappés du sigle d'une société, mais le couronnement d'ambitions individuelles. Leur histoire est celle du progrès technique et du désir de surpasser les autres. Ils ne furent pas conçus en fonction de tel ou tel style architectural, mais en fonction de leur hauteur : plus ils s'élevaient et attiraient l'œil et plus ils forçaient l'admiration.

Les gratte-ciel sont une invention américaine et un phénomène du XXe siècle. Ce terme apparut dans les années 1880 et, dix ans plus tard, le mot *skyline* définissait pour tout le monde la ligne magique où les constructions rencontrent le ciel.

Ces tours sont tout autant le produit de la technique de construction sur ossature acier, traditionnelle en Amérique, que du capitalisme effréné qui souhaitait – exigeait même – toujours plus de grandeur.

Au fur et à mesure de leur construction, leur style a évolué.

Dans les années 60, le style international a détrôné l'Art-déco. Mais la mode est un éternel recommencement. Le style international est maintenant considéré comme stérile et l'Art-déco un trésor national.

La disparition tragique des tours jumelles, en 2001, n'a pas abattu l'élan architectural, puisqu'on a décidé de reconstruire à leur emplacement… Malgré – ou à cause de – tous ces changements, on éprouve à la vue de New York les mêmes émotions que celles décrites en 1906 par H. G. Wells dans *Future of America* : « (Les gratte-ciel) se dressent en un ensemble dont les hauts créneaux irréguliers créent la plus étrange couronne qu'une cité ait jamais portée. »

Olivier Pascal-Moussellard,
journaliste

East Village, un village dans la ville

Loin des bousculades de Wall Street, la vie quotidienne dans East Village colle mal avec l'idée que les étrangers se font de Manhattan.

À New York, les communautés se croisent mais ne se mélangent pas. Dans mon immeuble cohabitent neuf nationalités : khazak, canadienne, indienne, américaine, pakistanaise, mexicaine, japonaise, allemande et française. Les échanges sont courtois, mais rarement intimes. Sans doute parce que beaucoup de locataires vivent dans une situation irrégulière – l'un de mes voisins Pakistanais m'a expliqué qu'ils habitaient à quatorze dans un trois pièces et dormaient à tour de rôle, y compris dans la baignoire. Ou bien est-ce tout simplement parce que New York, en permettant à chaque culture de persister, rend aussi les relations plus cloisonnées.

En fait, le seul mélange culturel que je connaisse a lieu sur le terrain de foot de l'avenue D, au bord de l'East River. Chaque mardi, nous nous retrouvons à une vingtaine pour un mini mondial, où tous les continents sont représentés – sauf le nord-américain, toujours aussi hermétique aux joies du ballon rond.

Je suis devenu new-yorkais et non américain : New York offre sur l'Amérique une porte d'entrée qu'on est libre de ne jamais franchir. Cette liberté permet aux habitants de la « Grosse Pomme » de conserver leur culture d'origine et constitue le nerf de la créativité new-yorkaise. Sans elle, pas de bouillon de culture, ce qui semble avoir échappé à Rudy Giuliani, le maire de New York. Lorsqu'il a décidé de mettre de l'ordre dans « sa » ville, l'ex-tombeur de la mafia italienne a simplement oublié que la cité avait besoin d'un peu de désordre pour respirer.

East Village a beau jouer les m'as-tu-vu, j'y reste attaché. Pour moi, l'exotisme est ailleurs. *Uptown* ou dans le quartier de Wall Street, je me sens touriste. C'est le pays des cols blancs, des talons hauts et des limousines.

Les galeries d'art de Tribeca ou de East Village ou les entrepôts industriels réaménagés en lofts d'artistes sous le pont de Brooklyn ont pris la relève de Soho, beaucoup moins frondeur qu'avant. La provocation, plus fréquente que le génie artistique, exprime une vraie spontanéité. Quant aux lectures improvisées de poésie, elles se pratiquent encore au *Nuyorican Café*, sur la 3e rue, où les survivants de la *Beat Generation* lisent leurs vers dans une atmosphère enfumée.

Dès l'arrivée du printemps, je passe des après-midi dans les jardins communautaires d'Alphabet City, minuscules lopins de terre amoureusement cultivés par les riverains qui ouvrent leurs grilles aux artistes de tous poils.

Malte, un pays méconnu : de la préhistoire à la Communauté européenne

Alain Blondy
Université Paris IV Sorbonne

Un pays de contrastes

Comme se plaisent parfois à le dire certains Maltais, leur pays est le plus grand des micro-États, mélangeant intimement un complexe d'infériorité dû à une taille géographique et économique réduite, et un complexe de supériorité frisant le nombrilisme, dû à une histoire longue et prestigieuse ainsi qu'à sa position méditerranéenne. Certains universitaires maltais surnomment cette étrange cohabitation mentale, le complexe de Lilliput.

Dans le monde méditerranéen, aucune île – sauf la Sicile qui n'est pas un État – ne peut rivaliser avec la richesse préhistorique et historique de Malte. Les Maltais peuvent donc être, à juste titre, fiers, voire orgueilleux, d'un passé qui pourtant, de la fin de la préhistoire à 1964, s'est bien déroulé chez eux, mais sans eux. Singulier peuple dont la destinée fut décidée tour à tour par les Phéniciens, les Carthaginois, les Romains, les Byzantins, les Arabes, les dynasties siciliennes, l'ordre de Saint-Jean, les armées de Bonaparte et enfin les Anglais ! Davantage mitoyens que citoyens, les Maltais en ont conservé une sorte d'aversion inconsciente envers toute forme de contrainte étatique et légale. [...]

La société maltaise évolue extraordinairement vite. Durant des siècles, à côté d'une masse laborieuse, vivait une poignée de nobles et une petite minorité d'armateurs-négociants tirant avantages et honneurs des dominations successives ; très longtemps, les partis maltais furent des partis de l'étranger. Au XIXe siècle apparut le parti nationaliste, puis, au XXe siècle, le parti travailliste qui portèrent le débat politique, non plus dans le domaine des clientèles, mais dans celui des idées. Depuis l'indépendance de 1964, puis la proclamation de la République en 1974, ces deux partis dominent la vie politique, même si aujourd'hui un tiers parti écolo-gauchiste cherche à poindre, en se donnant des airs soixante-huitards sympathiquement attardés. [...] ☞

Dans les années 90, Malte est entrée dans l'ère de la société de consommation : son parc automobile s'est accru de façon exponentielle, ses vieilles maisons ont été abandonnées au profit de lotissements nouveaux aux allures de banlieues londoniennes avec le soleil en plus ; les champs clos de murets de pierres sèches si typiques ont été lotis sans discernement, entraînant la constitution d'une vaste conurbation qui s'étend désormais sur près de la moitié de l'île. […]

La société maltaise se cherche douloureusement, même si elle affiche une sérénité de façade et affirme qu'elle vit dans le meilleur des mondes possibles. La fringale de matérialisme fait chanceler la pratique religieuse dans un pays où la piété a toujours été plus une affaire de liturgie que de foi. L'Église (d'État), très riche, continue à recevoir des dons impressionnants, car les Maltais pensent se dédouaner ainsi à l'heure du grand voyage. Ceux qui reviennent, enrichis, d'un séjour au Canada ou en Australie, s'empressent de doter richement leur paroisse, voire d'élever une nouvelle église, toujours trop grande, qui doit souvent beaucoup plus à l'art de la pâtisserie qu'à l'architecture.

Mais les vocations sont toujours très importantes et de nombreux prêtres et religieux maltais servent au Proche ou au Moyen Orient et en Amérique latine. De même, l'Église reste le facteur essentiel qui donne à toute une partie de la jeunesse un but et une justification d'existence, tandis que d'autres jeunes connaissent, à l'instar de ceux d'autres pays, la drogue et la violence.

Un kaléidoscope

Malte étonne. Certes, le touriste pressé en escale lors d'une croisière, qui ingurgite en un jour les grandioses reliefs des chevaliers de Malte, celui qui vient satisfaire sa faim de préhistoire ou de baroque, voire celui qui grille sur des plages restreintes, peut considérer que l'île n'est qu'un lieu où il ne reviendra pas. Pourtant Malte représente autre chose. Derrière la superbe de ses oripeaux glorieux, pardelà le laisser-aller bon enfant et un tantinet débraillé, ce pays attachant, miroir brisé de ses dominations successives, kaléidoscope de tous les mondes méditerranéens, cache sous un dilettantisme paresseux une sourde inquiétude et un mal-être indéfini. Il enrage de n'être réduit qu'à ses propres capacités. Visitée pour son ancien art de vivre aristocratique, Malte transfigure en fierté exacerbée son complexe de n'offrir au regard de ses hôtes de passage qu'une humble image. Rien ne traduit mieux cette schizophrénie que le soin qu'elle apporte à accueillir les touristes pour leur montrer les richesses héritées de cultures étrangères en les tenant loin de sa propre essence : ses maisons, sa vie domestique, sa campagne. Aimer Malte, c'est avant tout vouloir comprendre une étrangeté qu'elle revendique avec exaspération : son envie de vivre comme les autres avec, pour autant, l'espoir désespéré de perpétuer un rêve que d'autres lui ont légué. Miguel de Cervantès n'était-il pas chevalier de Malte ?

Malte et les géants : le mystère des origines

D'après **Dr Nicholas C. Vella**
University of Malta

Quand Giovanni F. Abela, vice-chancelier de l'ordre des chevaliers de Saint-Jean, publia sa *Della Descrittione di Malta* en 1647, il suggéra que les impressionnantes ruines mégalithiques de Malte et de Gozo étaient l'œuvre de géants qui auraient vécu avant le grand déluge biblique. Cette interprétation n'était pas exceptionnelle parmi les historiens du XVIIe siècle : à cette époque, et même par la suite, le peuple était persuadé que les monuments mégalithiques de l'Europe et de la Méditerranée avaient été réalisés par des géants. Pour preuve, des os « gigantesques » et de très grosses dents avaient été trouvés dans de nombreuses grottes ! Le vieux Testament, les cyclopes d'Homère et les légendes des géants Phéaciens apportaient d'autres confirmations.

À la fin du XVIIIe siècle, ces histoires de géants n'étaient plus prises au sérieux. Les amateurs éclairés commençaient à dissiper le mystère entourant les ruines qu'ils visitaient attentivement ; en 1804, un guide des îles maltaises attribuait à un « peuple primitif » la construction de la « Tour des Géants » (les temples de Ggantija) à Gozo. D'autres amateurs préféraient toutefois donner aux monuments maltais une origine phénicienne, au moment où les druides et les Celtes passaient pour responsables du même phénomène en Europe du Nord. Des opérations de nettoyage puis, plus tard, de véritables fouilles furent menées dans ce que les archéologues en vinrent à définir comme des « temples », mettant en valeur leur caractère unique. Les spirales creusées sur les murs du complexe de Tarxien furent alors inévitablement reliées à la culture mycénienne grecque. Ce n'est qu'avec l'utilisation de la datation au radiocarbone, et de la dendrochronologie (analyse des anneaux de croissance des arbres), que les archéologues ont pu prouver que les temples remontaient à 3 600 années avant notre ère. Bien avant les grandes pyramides d'Égypte ou Stonehenge en Angleterre, Malte affirmait son originalité.

Une fois les géants écartés, il fallait bien chercher à savoir quel peuple avait construit les monuments, comment il vivait, et dans quel type de société. Les premiers colonisateurs de Malte vinrent de Sicile ou d'Italie du sud vers 5 000 avant notre ère. Il s'agissait de fermiers vivant simplement, élevant des moutons, des chèvres, des bœufs, des cochons et cultivant de l'orge, du blé dur, des lentilles. [...] Toutefois, la remarquable activité architecturale qui se développa au millénaire suivant, doit refléter un changement complet de la société. Les archéologues pensent qu'il s'agit d'une entreprise de si grande envergure qu'elle a requis la collaboration de tous. Une organisation efficace, peut-être dirigée par un chef, aurait permis la mobilisation de la majeure partie de la communauté. Ce chef aurait bénéficié d'un prestige et d'un statut lui permettant d'exercer son pouvoir sur la population, notamment les artisans, potiers, maçons, artistes... À la fin de cette période, ce chef aurait pu être assisté par un clergé qui aurait dirigé les cérémonies religieuses.

Si nous ignorons l'origine précise de ce peuple, nous avons quelques indices concernant ses pratiques culturelles, l'habitat et la parure.

Les pratiques rituelles étaient importantes, témoignant de sacrifices animaux et du culte des morts. Les statues des sanctuaires pourraient avoir été réalisées au moment où l'archipel maltais connaissait des problèmes économiques et écologiques, et dans le but de se libérer de ces préoccupations. Mais cela n'empêcha pas le déclin de cette culture. À partir de 2500, plus aucun temple ne fut construit et vers 2000, les îles furent occupées par un peuple aux pratiques différentes.

En Jordanie : retrouver la mémoire du Proche-Orient

Jacques Seigne,
Directeur de recherches au CNRS
Laboratoire Archéologie et Territoires
UMR 6173 CITER
Université de Tours

Située dans une contrée où se sont succédé inventeurs de l'alphabet, héros bibliques, conquérants romains, musulmans et croisés, la Jordanie porte l'empreinte d'une histoire féconde, depuis la période nabatéenne jusqu'aux civilisations de l'Islam, sans oublier la grandeur de l'Antiquité romaine.

Le jour où j'ai découvert Jerash !

Ulrich Jasper Seetzen
Né en 1767, Ulrich Jasper Seetzen a étudié à Göttingen. Il a ensuite entrepris plusieurs voyages vers l'Orient, au cours desquels il découvre Jerash en 1806, et visite La Mecque, en 1809. Il meurt assassiné en 1811 à Taiz, au Yémen, où tous ses journaux de voyages sont détruits, ce qui explique qu'il soit aujourd'hui moins connu que d'autres explorateurs.

*L'archéologue **Jacques Seigne**, qui a travaillé douze ans sur ce site, a imaginé l'émotion de l'explorateur.*

Tous les sites d'anciennes cités de la Décapole sont remarquables, mais aucun d'eux n'atteint l'ampleur, la beauté et l'état de conservation de Jerash, que je viens de découvrir.

Ses ruines se dressent à l'écart de toute route, au fond d'une petite vallée fertile et pourtant inhabitée des montagnes de Galaad. Un ruisseau les traverse. Je peux apercevoir ses eaux pérennes couler entre les pieds des lauriers-roses qui encombrent son lit.

Des deux grands temples qui dominaient la cité, l'un n'a conservé qu'une colonne de son péristyle alors que sa cella (chambre sacrée) n'est que partiellement ruinée. L'autre, situé au ☞

centre de la ville, en possède onze, encore couronnées de splendides chapiteaux corinthiens, les plus admirables qu'il m'ait été donné de voir à ce jour.

Mais la chose la plus extraordinaire de cette ville, ce sont ses longues rues rectilignes, se coupant à angles droits et bordées de rangées de colonnes. La plupart sont encore debout, ornées de leurs chapiteaux corinthiens et de leurs entablements. Sur l'ensemble du site j'en ai compté plus de deux cents, encore droites. Le nombre de celles tombées à terre, mais qui pourraient être relevées, est bien plus considérable.

Au sud, devant le temple à une seule colonne, la grande rue se termine par une admirable place ovale ceinturée par plus de soixante colonnes ioniques, debout et réunies par leurs architraves (« poutres en pierre »).

La qualité des constructions et le décor de la plupart des monuments me les font rattacher à l'âge d'or de l'architecture romaine, le IIe siècle de notre ère. [...]

Après l'exaltation des premières heures de la découverte, les innombrables questions que posent ces admirables vestiges du passé, parvenus jusqu'à nous par miracle, m'obsèdent. [...]

Je fais le vœu que ce site garde son isolement en attendant que l'on puisse l'étudier à loisir.

Post Scriptum
Jerash, 192 ans plus tard

Depuis qu'Ulrich Jasper Seetzen a pénétré à Jerash, en 1806, la ville a été largement étudiée par les archéologues. On en sait désormais plus sur ce qu'elle était. [...]

Deux grands temples ont déjà fait l'objet de campagnes de fouilles : le temple de Zeus, toujours en travaux, avec son entrée monumentale et son escalier, et le temple d'Artémis, immense, au milieu d'une esplanade autrefois entourée d'une double colonnade. L'impressionnant *cardo*, la rue principale, conserve toujours ses colonnes, tout comme la place ovale, à la forme unique dans le monde romain. Le *cardo* traverse la ville de part en part [...].

Jerash prospéra à l'âge byzantin comme en témoignent ses nombreuses églises.

Jean-Christophe Augé
Archéologue

Avoir vingt ans en Jordanie

Quatre millions d'habitants, dont une bonne moitié de Palestiniens ; une modernité affichée mais un conservatisme social puissant... La Jordanie est un pays contradictoire, à l'image de sa jeunesse, qui concilie hidjab *et culture américanisée.*

Ahmad, élève ingénieur à l'Université de Jordanie, vient de fêter ses vingt ans ; il ne sait pas encore s'il s'agit du « plus bel âge de la vie ». Avec des dizaines de milliers d'étudiants, il prend d'assaut chaque matin les minibus qui relient les diverses parties du Grand Amman au campus. Ouvert en 1962 à l'écart des murs, ce dernier constitue un rare îlot de verdure et de tranquillité, désormais intégré aux extensions nord-ouest de la capitale. Depuis le début de la décennie, de nouvelles universités privées se sont édifiées sur la route de Salt ou sur celle de l'aéroport. Elles viennent s'ajouter à une cinquantaine de « collèges communautaires » qui délivrent des formations courtes en deux ans, comparables à nos instituts universitaires de technologie.

État jeune (65 % des Jordaniens ont moins de vingt-cinq ans), comme ses voisins, le royaume hachémite se distingue pour avoir accordé une véritable prime à l'éducation depuis son indépendance. Tandis que l'instruction primaire touche à présent la quasi-totalité des enfants, les diverses filières de l'enseignement supérieur accueillent presque un quart des 18-23 ans, soit un taux supérieur à ceux qu'affichent de nombreux pays développés. Cette réussite, au moins quantitative, devrait en premier lieu participer au développement de l'économie.

À l'instar de la très grande majorité de ses camarades, Ahmad a dû, pour pouvoir fréquenter le campus, passer l'épreuve du *tawjihi*, l'équivalent de notre baccalauréat. À cet examen, une moyenne avoisinant les 9 sur 10 s'impose pour qui ambitionne de devenir médecin ou ingénieur.

Présente dans la capitale jordanienne, la chaîne Mac Donald remporte un réel succès auprès d'une jeunesse très américanisée dans ses goûts alimentaires, musicaux, voire vestimentaires. A fortiori auprès de futurs ingénieurs dont une bonne partie des études s'effectue encore en anglais et qui, habitués à s'exprimer en *amia* (dialecte analogue au syro-libanais, ont parfois du mal à parler spontanément l'arabe « littéral modernisé » des médias et des hommes politiques.

S'ils ne goûtent guère la politique régionale de l'oncle Sam, Ahmad et ses amis aiment fréquenter les *coffee shops*. Jusqu'à des heures très raisonnables (comme presque partout dans l'austère Amman), ils peuvent y déguster un café à la cardamome ou un narguilé. Au son d'une programmation musicale qui mêle Michael Jackson, la voix d'or de la Libanaise Fayrouz ou celle de Kathem Saher, la grande star iraquienne du moment. De même, si les salles obscures leur offrent avant tout une programmation américaine, ils ont ri aux éclats en voyant la dernière production du comique égyptien Adel Imam.

Tandis que ces jeunes gens arborent, de manière presque uniforme, blue-jeans et casquette de base-ball, les étudiantes, qu'ils côtoient dans les amphithéâtres mais guère en dehors des salles de cours, portent en majorité le voile, le *hidjab*. Quelles que soient les raisons, et parfois les motivations qui se cachent derrière le voile, la population des campus sera bientôt pour moitié constituée d'étudiantes. Pour l'instant, moins de 15 % de Jordaniennes travaillent en dehors de leur foyer. Interrogées sur la question, Khadija et ses amies du département d'anglais ne lèvent pas l'ambiguïté. Résolues à obtenir leur diplôme, voire à poursuivre leurs études à l'étranger, elles ambitionnent de faire valoir leurs compétences sur le marché du travail... en tout cas jusqu'à leur mariage, précisent-elles.

Jerash (Jordanie).

Jeunes filles à l'école (Jordanie) ▼

expression orale

La ligne bleue des gratte-ciel

- Une partie du texte comporte des informations (exemple : *les gratte-ciel ont une ossature d'acier*) ;
- une autre partie des appréciations (exemple : *la silhouette de New York émerveille le touriste, plonge l'âme dans une douce poésie*).

1. Choisissez une, ou plusieurs, information(s) que vous avez envie de retenir. Et dites avec quelle(s) appréciation(s) vous êtes en accord ou en désaccord.

East Village

1. Quelle idée vous paraît importante à retenir ?
2. L'auteur formule deux critiques : lesquelles ?

Malte, un pays méconnu

1. Malte est un pays de contrastes. Relevez ces contrastes dans les textes.
2. Dites ce que vous considérez comme les aspects positifs de ce portrait contrasté.

Malte et les géants

1. Comparez l'interprétation des ruines de Malte avant et après le XVIIIe siècle.
2. À quel(s) monument(s) archéologique(s) ces ruines ont-elles été apparentées ?

Le jour où j'ai découvert Jerash !

1. Relevez les marques de l'admiration dans le discours de l'archéologue Seetzen.
2. Comparez les monuments décrits par Seetzen avec la description actuelle des archéologues

Avoir vingt ans en Jordanie

1. Reformulez les informations apportées par l'auteur sur :
a. Les études en Jordanie
b. Les habitudes alimentaires, sociales, vestimentaires des jeunes Jordaniens et la langue parlée par les futurs ingénieurs.

expression écrite

• Un pays ou un lieu peut présenter des intérêts divers pour un individu donné. On peut classer les différents types d'intérêt en :

- intérêt de type esthétique (beauté des lieux, des villes) ;
- intérêt de type intellectuel (philosophie, art, idées) ;
- intérêt de type social (comportements, population) ;
- intérêt de type culturel (ethnique, anthropologique).

• Ou bien, on peut désirer connaître un pays pour tout autre raison : curiosité, goût de l'inconnu, évasion, etc.

Analysez les pays décrits dans cette section afin de décider celui ou ceux qui présentent le plus d'intérêt pour vous. Faites votre choix et préparez ou rédigez un compte rendu (oral ou écrit) pour exprimer les raisons de ce choix.

Le temps libre, une conquête du XXe siècle

Évelyne Jardin
« Loisirs : le temps libre, une conquête du XXe siècle »
Sciences humaines, Hors série n° 34, septembre 2001

Comment définir le loisir ? Selon Joffre Dumazedier, « le loisir est un ensemble mouvant et complexe d'occupations auxquelles l'individu s'adonne de plein gré soit pour se délasser ou se divertir, soit pour développer sa participation sociale, ses goûts, ses informations, ses connaissances ou ses aptitudes, après s'être libéré de toutes les obligations professionnelles, familiales ou sociales ». Le temps de loisir ne peut être confondu avec le temps physiologique (repas, sommeil) ou avec le temps domestique (courses, ménage, éducation des enfants). Dans l'*Encyclopédie* de Diderot et d'Alembert, la définition donnée est d'ailleurs sans équivoque : le loisir est « le temps vide que nos devoirs nous laissent ».

Le temps de loisir

Le temps de loisir ne cesse d'augmenter. En l'espace de quinze ans, les Français ont gagné une demi-heure par journée. Ils bénéficient maintenant de près de quatre heures de loisirs, en moyenne, par jour. Comment expliquer ce phénomène ? Le développement du travail à temps partiel et le passage progressif aux 35 heures ont participé à cet accroissement notable du temps de loisir.

Au cours du XXe siècle, diverses lois viennent libérer du temps en limitant, tout d'abord, la durée journalière du travail. C'est ensuite la durée hebdomadaire qui est restreinte : la loi des 40 heures est votée en juin 1936. Les premiers congés payés sont octroyés sous le Front populaire. C'est alors la durée annuelle du travail qui se trouve réduite. À l'échelle d'une vie, le temps de loisir s'est accru, car on travaille de plus en plus tard (avec l'allongement des études) et on s'arrête de travailler de plus en plus tôt (avec l'abaissement de l'âge de la retraite). Chez les étudiants et les retraités, le temps de loisir est le plus élevé, compris entre six et huit heures en moyenne par jour. Chez les actifs, le temps n'est pas égal pour tous. L'agriculteur ou le commerçant ont les journées de travail les plus longues et les vacances les plus courtes. Les femmes sont aussi lésées. Prises par les tâches domestiques, elles ont près d'une heure de moins de loisir par jour. Ces différences ne doivent pas masquer la tendance générale. Le XXe siècle a libéré du temps de loisir. Comment ce temps est-il utilisé ?

Le tiercé gagnant des loisirs culturels des Français : la télé, la radio et la lecture

Donc, les pratiques culturelles qui ont la préférence des Français sont : la télé, la radio et la lecture. Pour un quinté gagnant, il faudrait ajouter le cinéma et la visite des musées. On note, par ailleurs, un récent engouement pour les parcs de loisir. Disneyland en est la figure de proue, mais des parcs véhiculant une identité culturelle forte marchent bien aussi. Les Français sont nombreux à aller glisser sur les moustaches d'Astérix et les Roumains attirent les foules dans leur Draculaland niché dans un village au fin fond des Carpates. Notre mode de vie de plus en plus sédentaire et urbain n'est peut-être pas étranger au plaisir de se retrouver ensemble, en famille et en plein air. Spectacles de rue ou de pyrotechnie, reconstitutions historiques, quand la culture sort des lieux sacrés et consacrés (musées, galeries d'art), c'est souvent un triomphe. Le sculpteur Ousmane Sow a attiré des millions de curieux en exposant ses œuvres sur le pont des Arts, à Paris. Le sport n'a plus le monopole du plein air.

Le sport

Nous sommes de plus en plus sportifs. Pour être plus précis, il faudrait dire de plus en plus sportives. Car la diffusion des activités physiques s'effectue par les femmes. Plus de la moitié déclarent pratiquer un sport contre un quart en 1967. Adeptes de la natation, de la gymnastique ou de la « petite reine », le souci de garder une silhouette agréable ou de se maintenir en forme ne sont pas leurs seules motivations. Les femmes n'hésitent plus à se lancer dans des sports jugés virils comme le football ou les arts martiaux, voire risqués tels le parachute, le parapente ou le saut à l'élastique. Elles, aussi, recherchent des montées d'adrénaline. D'un point de vue plus général, le nombre de licenciés sportifs augmente, mais lentement. Les valeurs sûres sont toujours le football, le tennis et le judo. Les progressions les plus notables sont enregistrées dans les sports en voie de démocratisation : l'équitation, le golf, la plongée sous-marine.

Les nouveaux espaces de socialisation

Mais les loisirs ne sont pas seulement l'occasion d'être avec soi-même, ils sont le moment de la communication, de l'échange, voire de la communion. Bref, de la socialisation. Un Français sur deux adhère à une association. Le nombre d'associations a d'ailleurs explosé et changé d'objet. L'époque des dames patronnesses, des Jeunesses communistes révolutionnaires semble derrière nous. Par contre, les associations de quartier, les associations sportives et culturelles sont en plein boom. Lieu d'échanges et de rencontres, elles participent à la reconstruction du lien social.

Du côté des jeunes, ils se réapproprient le café, espace jadis fréquenté par la « classe ouvrière ». Décliné sous de nouvelles formes : cybercafés, néo-bistrots, pubs à l'anglaise, le café est devenu un espace polymorphe. On y déambule, on y danse aux sons d'un orchestre latino, on y pratique le karaoké, on y regarde les matchs de foot... Le football, voilà une passion collective qui en dit long sur notre société. Selon l'ethnologue Christian Bromberger (*Football*, Bayard, 1998), « c'est la bagatelle la plus sérieuse du monde ». Entre le plaisir individuel (celui qui consiste à taper dans un ballon rond) et le plaisir collectif (celui du match), le sport le plus populaire en France peut être considéré comme un « jeu universel ». Il a tous les atouts pour : simplicité de pratique (dans la rue, dans une cour d'école) et simplicité de règles (un but, un point). De plus, c'est « un drame exemplaire », souligne C. Bromberger. Comme chez Racine ou chez Corneille, on respecte les trois unités : de temps (quatre-vingt-dix minutes), d'action (le déroulement du jeu) et de lieu (le stade). Seule différence avec le théâtre classique : l'issue n'est pas tragique pour tous. Les victorieux iront « arroser ça », selon la formule consacrée, au bistro du coin ou au QG du club. Enfin, ce loisir construit et nourrit le sentiment d'appartenance à une ville, une région ou une nation.

Vers une civilisation du loisir ?

Les formidables gains de productivité, les luttes sociales et de multiples législations ont libéré du temps hors travail. L'audiovisuel est devenu le partenaire privilégié de nos loisirs. Les vacances sont aussi le temps, quasi plein, du loisir.

Est-on en passe de basculer dans une « civilisation du loisir » ? En tout cas, ce n'est pas une culture commune mais une mosaïque de pratiques (*Passions ordinaires*, Fayard, 1998) qu'il conviendrait d'évoquer, des « accros » de l'informatique aux « mordus » de la généalogie, en passant par les « fans » de voile ou de trekking.

Points de repère
Quatre théoriciens des loisirs

Le loisir est un objet qui a suscité la curiosité de nombre de penseurs (économistes, sociologues, ethnologues, géographes, historiens) sans pour autant constituer un champ disciplinaire à part entière.

THORSTEIN VEBLEN (1857-1929)
Pour cet économiste, « la vie de loisir est belle et ennoblissante aux yeux de tout homme » (*Théorie de la classe de loisir*, 1899) mais il y a une seule classe sociale qui a fait du loisir son mode de vie : les rentiers oisifs. À l'époque, seule une minorité de riches Américains peut partir en voyage et dépenser sans compter en vêtements, boissons, armes, bijoux, etc. Ces dépenses, outrancières aux yeux de T. Veblen, sont apparentées à une « consommation ostentatoire ». Le loisir est donc socialement discriminant. Il manifeste et renforce les inégalités sociales.

PAUL LAFARGUE (1842-1911)
Selon le gendre de Karl Marx, le travail est avilissant, les conditions de son exercice sont déplorables. On étouffe, enfermé dans des usines pendant douze à quatorze heures par jour, au milieu de machines dangereuses. Le « dogme » du travail a créé des esclaves. Libérons-les, propose ce militant socialiste, en leur offrant du temps libre pendant lequel ils goûteront aux joies des spectacles, de la lecture et du bon vin ! C'est *Le Droit à la paresse* (1880, rééd. Allia éditions, 1999).

ROBERT ET HELEN LYND
Au XXe siècle, le temps libre explose et les sociologues vont se pencher sur le phénomène. Les Américains sont les pionniers. Robert et Helen Lynd réalisent la première enquête sur les loisirs des habitants d'une ville moyenne des États-Unis qu'ils nomment *Middletown* (1929). Ils observent quatre changements majeurs : la réduction des heures de travail, la venue de l'automobile, l'arrivée du cinéma et l'invention de la radio. Conséquence : le loisir est devenu plus individuel.

JOFFRE DUMAZEDIER (né en 1915)
En France, Joffre Dumazedier fonde l'équipe de Sociologie du loisir et des modèles culturels en 1943. Dans son ouvrage *Vers une civilisation du loisir ?* (1962), il affirme que le loisir « n'est pas un produit secondaire mais central de la civilisation actuelle ». Il offre le délassement, le divertissement et le libre développement.

grille de lecture

1. D'après la définition de Dumazedier, à quoi sert le loisir ?
2. La libération du temps de travail est-elle égale pour tous ?
3. Qu'est-ce qui cause l'engouement pour les parcs de loisirs, les spectacles de rues, et les reconstitutions historiques ?
4. Quelles sont les motivations des adeptes du sport ?
5. Quelles sont les différentes « activités de socialisation » pratiquées actuellement par les Français ?
6. Comment explique-t-on la popularité du football en France ?

expression écrite

1. Selon vos intérêts ou vos besoins, rédigez un texte sur l'un ou l'autre des sujets suivants :

a. Comment vous situez-vous par rapport aux pratiques et activités de socialisation décrites dans le texte ?

b. Faites un exposé ou article (oral ou écrit, au choix) sur les tendances concernant l'occupation du temps libre en France comparées à la situation dans votre pays, ou tout autre pays que vous connaissez bien.

Quatre théoriciens des loisirs

2. Faites une synthèse des travaux de ces quatre théoriciens des loisirs en montrant en quoi les analyses des deux premiers théoriciens sont datées (dans le temps).

Gérard Mermet
Francoscopie
2003

Le Saviez-vous ?

LES JEUNES ET LE SPORT

Le sport fait aujourd'hui partie de la culture des jeunes...

Les enfants sont de plus en plus concernés par le sport. Ils sont influencés par les médias, les marques de vêtements et d'équipement et l'aura des grands champions. Ils sont souvent encouragés par leurs parents, qui voient dans la pratique sportive une habitude de vie saine, ainsi qu'une forme d'apprentissage utile. Contrairement aux adultes qui pratiquent pour rester en forme, le sport est pour eux une activité ludique et un moyen de dépenser de l'énergie, qui s'intègre naturellement dans leur vie.

Le sport est aujourd'hui devenu partie prenante de la culture des jeunes. Il est, avec la musique, le cinéma ou les jeux vidéo, l'un de leurs sujets de conversation favoris. Comme ces autres activités, il a une dimension planétaire qui les séduit. Il favorise aussi l'intégration à des groupes partageant les mêmes intérêts, admirant les mêmes héros. Il est un moyen privilégié de construire son identité en se confrontant aux autres. Les jeunes se sont en outre appropriés certains sports, notamment ceux dits « de glisse » qui font partie de leur univers quotidien et de leur imaginaire.

... mais il concerne aussi les plus âgés.

Les adultes sont de plus en plus nombreux à pratiquer un sport. On observe depuis quelques années une volonté de poursuivre, parfois de reprendre à partir de 45 ou 50 ans, une discipline abandonnée. Le sport est alors avant tout un moyen efficace d'entretenir sa forme physique, de retarder le vieillissement et les inconvénients qui lui sont liés : difficulté de déplacement ; douleurs ; handicaps... Les « seniors » privilégient les activités qui leur sont le plus accessibles comme la marche, la gymnastique, la natation ou le vélo. Mais ils apprécient aussi celles qui leur permettent de rencontrer d'autres personnes et d'avoir avec elles des échanges pour rompre leur solitude.

Cet accroissement général de l'intérêt pour le sport à tout âge ne doit cependant pas masquer les écarts qui demeurent. On pratique dix fois moins fréquemment le football ou la danse entre 40 et 60 ans qu'entre 15 et 20 ans, cinq fois moins le tennis, trois fois moins la natation ou la gymnastique. En dehors du golf ou des boules, la pratique sportive décroît régulièrement avec l'âge. La césure se fait le plus souvent entre quarante et cinquante ans, mais elle est régulièrement repoussée dans le temps, car les générations de « jeunes seniors » sont de plus en plus convaincues de l'intérêt de la pratique sportive.

Les femmes rattrapent progressivement les hommes.

Depuis une dizaine d'années, les femmes ont réduit leur retard sur les hommes en matière de pratique sportive. Mais la parité des sexes n'est pas encore réalisée : un tiers des femmes de plus de 18 ans font du sport au moins occasionnellement, contre la moitié des hommes. Si ceux-ci recherchent les sports d'équipe, le plaisir, la compétition, les femmes pensent davantage à l'entretien de leur corps et à leur apparence, ainsi qu'au bien-être procuré par l'exercice. Il s'agit pour elles de rester en bonne forme physique, de se forger un corps séduisant, de lutter contre les signes apparents du vieillissement ou, de plus en plus, de les prévenir.

C'est sans doute l'une des raisons pour lesquelles les sports d'équipe ne les passionnent guère (à l'exception du basket et du handball). Elles sont en revanche très attirées par les sports individuels : plus des trois quarts des licenciés des fédérations de gymnastique (78 %) sont des femmes (2000). 73 % des licenciés d'équitation sont des femmes. Elles sont aussi plus nombreuses que les hommes dans les fédérations de natation (55 %). Ce sont elles qui ont assuré le développement récent de certaines activités comme la randonnée.

Activités

Exposé oral

Dites ce qui différencie le rapport au sport des trois catégories de la population française : les jeunes, les plus âgés et les femmes.

Évelyne Jardin
« Loisirs : le temps libre, une conquête du xxe siècle »
Sciences humaines, Hors série n° 34, septembre 2001

Quels sont nos loisirs ?

Selon la classification de Roger Sue (*Le Loisir*, PUF, 1988), on peut distinguer les pratiques culturelles des loisirs physiques (sport), pratiques (bricolage, jardinage) ou sociaux (cafés, restos, associations). Du côté des pratiques culturelles, le tiercé gagnant est : la TV, la radio et la lecture. La « lucarne magique » est présente quasiment dans tous les foyers et le temps passé devant n'a cessé d'augmenter. Trois heures en moyenne chaque jour sont consacrées à regarder le petit écran. Beaucoup plus si vous êtes ouvrier ou employé. Il y a une culture télévisuelle chez ces catégories socioprofessionnelles ainsi que chez les moins diplômés. *Le Bigdill*, *Questions pour un champion*, les émissions sportives et les grandes séries romanesques ont leur préférence. Mais les plus téléphages sont les retraités et les femmes au foyer ; les séries soap, les émissions de bien-être sont programmées pour cette cible. La radio est aussi un média très présent dans nos loisirs. Les baladeurs, les radiocassettes dans les voitures, tous ces instruments nous permettent de combiner une activité de déplacement (voire même de travail) avec l'écoute des informations ou des programmes musicaux. Les jeunes sont les plus consommateurs et, selon l'INSEE, ils préfèrent nettement le rap, le rock, le *reggae* ou le jazz. Enfin, à la troisième place du tiercé figure la lecture. Elle nous occupe une demi-heure par jour. Concurrencés par l'audiovisuel, les journaux ont moins bonne presse. Les magazines spécialisés tirent mieux leur épingle du jeu. Et si les publivores sont moins nombreux, la démocratie de la lecture se poursuit. Des livres sont présents dans la plupart des foyers. De plus, on peut lire à peu de frais dans les nombreuses bibliothèques, dont la fréquentation est en hausse.

Source : AFJV
www.afjv.com
Étude IPSOS juin 2003 pour Sony France

Les nouvelles technologies révolutionnent les loisirs

Après avoir profondément modifié la sphère du travail, l'enquête Ipsos-Sony montre que les nouvelles technologies ont fait leur entrée remarquée dans le monde du loisir. Internet, jeux sur ordinateur ou console, DVD, « home cinéma », montage photo ou vidéo occupent une place toujours plus grande dans le temps libre des Français.

8 Français sur 10 sont d'accord avec l'idée que la société accorde de plus en plus de place aux loisirs et aux divertissements. Les cadres supérieurs sont d'accord avec cette affirmation à 91 % et les 15-25 ans à 87 %.

43 % des Français déclarent utiliser Internet, 40 % regarder des films sur DVD et 35 % effectuer des activités de loisir sur un ordinateur (comme télécharger de la musique ou scanner des photos)

Avec ce changement dû aux nouvelles technologies, de nouvelles typologies de comportement apparaissent.

a. Les cinéphiles
représentent 65 % de la population. 80 % des Parisiens appartiennent à ce groupe contre 53 % des Français habitant en milieu rural.

b. Les « computéristes »
49 % des Français appartiennent à ce groupe. Ils se recrutent surtout chez les moins de 35 ans.

c. Les joueurs
32 % des Français appartiennent à ce groupe. 40 % des hommes et 68 % des 15-25 ans. Ils sont suréquipés en connexion Internet et consoles de jeux. Ils se déclarent le plus souvent à l'aise avec les nouvelles technologies.

d. Les basiques
Comprennent 27 % de la population et se distinguent par le fait de n'appartenir à aucun des groupes cités, limitant leurs pratiques à la télévision, au téléphone et à la musique. 63 % des 65 ans et plus appartiennent à ce groupe.

Quatre cadeaux arrivent en tête : le home cinéma (18 %), le camescope numérique (17 %), l'appareil photo numérique (15 %) et l'ordinateur (14 %).

Expression écrite

Faites un résumé écrit des aspects les plus novateurs des loisirs des Français.

bilan

Oral

Compréhension

Dites si chacune de ces propositions est vraie (V) ou fausse (F).

Séquence 1

1. Mara voyage pour se reposer.
2. Elle met la clé sous la porte et elle s'en va n'importe où.
3. Quand elle est fatiguée, elle participe à un voyage organisé.
4. Mara n'aime pas prévoir son voyage.
5. Mara voyage comme une aventurière.
6. Mara ne part jamais sans avoir organisé son voyage.
7. Elle ne fait pas de réservation quand elle a décidé de partir.
8. Elle est allée au Mexique avec son sac à dos.
9. Jean-Pierre n'aime pas aller au Club Méditerranée.
10. Aller au Club Med, ce n'est pas voyager.
11. Voyager, c'est vivre comme les gens du pays visité.
12. Prendre des vacances, c'est ne rien faire.

Séquence 2

1. Pour voyager, il suffit de prendre l'avion.
2. Rencontrer les autres est un aspect fondamental du voyage.
3. Jean-Pierre a beaucoup apprécié son voyage en Gambie.
4. Il a loué une voiture sur place.
5. Ce voyage en Afrique lui a beaucoup plu.
6. Être touriste, c'est accepter de voyager superficiellement.
7. Le touriste aime son confort.
8. Voyager, c'est faire des découvertes.
9. Mara semble moins satisfaite de ses voyages que Jean-Pierre.

Fête de clôture de « Lille 2004 » (capitale européenne de la culture).

Unité 10

Des choix pour le XXIe siècle

Oral

Quel avenir pour l'homme ?

Document 1 Conversation

Séquence 1

Jean-Pierre : Est-ce que tu es optimiste par rapport à l'avenir de l'homme sur cette terre ?

Béatrice : Alors là vraiment je n'en sais rien... Parce que on nous annonçait des catastrophes y a 50 ans pour l'an 2000... on nous annonçait des catastrophes... sur tous les plans à une époque on vous disait que si les véhicules dépassaient 60 à l'heure les corps allaient exploser... euh, on nous disait que toutes les maladies seraient guéries... or y'en a des nouvelles... rien que pour nous embêter... donc je suis extrêmement sceptique... j'attends... je vous dirai dans 50 ans si euh j'ai eu raison d'attendre ou non...

JP : Qu'est-ce que tu en penses toi Patrick ?

Patrick : Euh euh moi je pense que... euh on on gagne en espérance de vie... je sais plus quel est euh le nombre d'années qu'on gagne enfin tous les 10 ans... enfin bref... et euh au Moyen Âge à 40 ans on était déjà des vieillards... et puis aujourd'hui on peut espérer vivre euh jusqu'à 80 ans, 70, 80 ans en pleine forme... et puis... quand on y sera... euh ça va encore s'allonger un petit peu... donc euh moi j'ai j'ai un espoir... c'est dans l'espérance de vie... maintenant après qu'est-ce qu'on fait de cette espérance de vie... et dans quel monde on sera pour vivre aussi longtemps etc... et et et comment on sera quoi... physiquement et intellectuellement... voilà mais...

JP : À quoi ça sert ?

P : À quoi ça sert de vivre longtemps quoi... finalement... parce que de toute façon on n'en a jamais assez... euh dans dans dans deux siècles on vivra peut-être jusqu'à 110 ans... mais étant donné que tout le monde pourra vivre jusqu'à 110 ou 120 ans... ben... on en voudra encore plus... donc de toute façon on a on a jamais assez de ... parce qu'on a toujours des tas de choses à faire... et des tas de choses à découvrir... donc voilà mais... euh mmm c'est peut-être un... c'est un l'espérance de vie peut être peut être un espoir... pour pour l'humanité.

B : Peut être un espoir... mais j'ai toujours peur moi dans ce genre de choses... que la nature se venge... c'est-à-dire qu'on va vivre de plus en plus longtemps... donc on va être de plus en plus de monde... donc y aura de moins en moins d'eau... de moins en moins de nourriture...

JP : Là ça t'inquiète.

B : Ben fatalement on va être obligé de euh... de de de créer de la nourriture... ou de trouver d'autres nourritures... bon on disait aussi qu'en l'an 2000 on se nourrirait tous de pilules... Heureusement ça n'est pas vrai... mais on va être forcé de créer... je sais pas trouver de l'eau quelque part... et trouver de la nourriture pour nourrir tous ces gens qui vont vivre longtemps...

P : Oui.

JP : Mara tu tu tu es pessimiste aussi ?

Mara : Moi je dirais pas que la nature se venge, je dirais que la nature elle régule... Si on regarde aussi loin qu'on peut remonter dans le passé... c'est ce qui s'est toujours passé... et euh malheureusement elle est elle est quand même quelque part injuste... parce qu'elle régule toujours euh, aux mêmes endroits, et c'est toujours les mêmes populations qui qui qui disparaissent... alors y a les épidémies... y a les... comme tu dis les nouvelles maladies... mais y en a toujours une qui arrive... et qui va qui qui remet les pendules à l'heure au niveau de la mortalité et de la natalité etc... bon tout ça c'est très... moi je moi je suis moi je suis assez pessimiste... euh je pense...

Oral

Page précédente et page 158 :
Centre national de la mer
Nausicaa (Boulogne-sur-mer).

Séquence 2

M : Les inventions de l'homme, des inventions infernales et dramatiques qui se retournent contre lui... euh plus ça va plus il multiplie la technicité etc... et plus cette technicité se retourne contre lui et devient dangereuse à double tranchant... on ne respecte pas la planète... elle est en train de se révolter... et ça à mon avis ce sera de pire en pire... euh euh. Moi je suis allée euh y a quelques années à la Sorbonne assister à une conférence de de d'un astrophysicien... euh qui euh qui... le thème de sa conférence c'était euh une planète en danger... donc il parlait de la Terre... euh ça c'était il y a environ une douzaine d'années... à cette époque-là il disait « attention attention danger »... mais euh euh pas avant un siècle... et on peut encore réagir d'ici là... et le même et c'est et les astrophysiciens aujourd'hui... les autres tiennent le même discours que lui aujourd'hui... et disent attention attention grave danger... et c'est pas pas avant un siècle... c'est maintenant c'est dans cinquante ans qu'il risque d'y avoir tel problème tel problème... et et là ils sont beaucoup moins optimistes sur les les les moyens que l'on peut trouver pour combattre euh justement les méfaits euh tout ce qui se passe en ce moment... donc moi vraiment je suis pour l'avenir... je suis... assez pessimiste.

Séquence 3

P : Voilà c'est ça oui c'est dévoyé... et est-ce que sous prétexte qu'y a toujours quelques énergumènes qui euh qui vont utiliser ça à des fins euh je sais pas quoi... à à des fins négatives enfin pour pour pour les humains autour d'eux... est-ce que sous prétexte qu'y a des gens comme ça... est-ce qu'il faut interdire de faire des recherches sur le clonage par exemple... ou sur sur les les organismes génétiquement modifiés ? etc. quoi... est-ce qu'il faut aller détruire les champs, est-ce qu'il faut aller détruire les champs de maïs euh OGM[1]... sous prétexte que éventuellement il peut y avoir des conséquences négatives sur la santé... alors que il peut aussi y en avoir énormément de positives... Je crois que globalement en fait... on on est dans un monde où où la richesse augmente... où la la qualité de la vie augmente... globalement... même s'il y a des disparités et que et qu'en fait c'est toujours les mêmes qui en profitent plus ou moins... mais euh, n'empêche que il y a cinquante ans on mourait de la tuberculose et puis on n'en meurt plus aujourd'hui.

note
1. OGM : abréviation pour « organisme génétiquement modifié »

Diagonales
« Les nouvelles interventions de l'homme sur le vivant »
France Inter, 18 novembre 2001
© INA

Vous allez entendre un extrait de l'émission *Diagonales* produite et réalisée par Laurent Joffrin sur France Inter à 18 heures. Autour de la table, des spécialistes : Axel Kahn, généticien à l'INSERM, membre du comité national consultatif d'éthique, Joël de Rosnay, directeur de la prospective et de l'évaluation de la Cité des Sciences et de l'Industrie de la Villette, commissaire général de l'exposition « Les défis du vivant ».

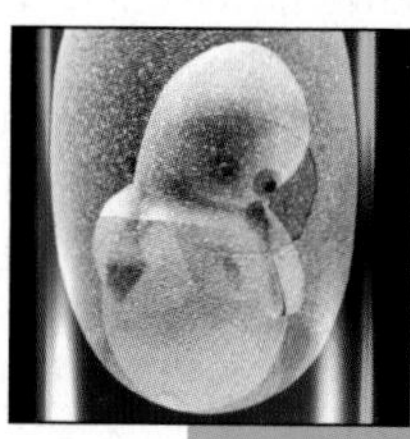

Document 2 Table ronde

Introduction de l'émission : présentation du sujet

Laurent Joffrin : Bonsoir ! la science est-elle dangereuse ?... Voilà une question largement académique mais qui ne cesse de faire l'actualité : clonage humain, organisme génétiquement modifié, OGM, diagnostic prénatal et bien d'autres choses... l'emballement des biotechnologies suscitent à la fois le rêve et l'angoisse... On pourrait dire que deux figures mythiques surplombent ce débat, le docteur Frankenstein, personnage fictif dont le savoir crée un monstre mais aussi Galilée par exemple, le savant opprimé par le préjugé... la science qui doit émanciper l'homme finit-elle par le menacer ? C'est peut-être pour y voir plus clair que la Cité des sciences et de l'industrie... et de l'industrie organise une exposition... Plutôt un cycle d'expositions intitulé « Le Défi du vivant » et dont France Inter est partenaire... C'est donc autour de cette question et de cette exposition que nous avons organisé *Diagonales* aujourd'hui... *Diagonales* : l'émission où la culture se mêle de ce qui ne la regarde pas, aujourd'hui le débat sur les biotechnologies.

Trois types de clonages

Laurent Joffrin : Pour un néophyte comme moi c'est une chose un peu choquante... quoi... on en a beaucoup parlé... Mais à chaque fois qu'on en parle... c'est toujours choquant... est-ce que c'est une chose choquante d'après vous ?

Axel Khan : Ah oui moi je trouve ça choquant... il y a des quantités de problèmes éthiques qui se posent mais il faut distinguer trois choses :
– le clonage reproductif...

LJ : Ça c'est celui dont on parle...

AK : Le clonage thérapeutique...

LJ : Ça c'est autre chose... on utilise les embryons...

AK : Et le lignage, la lignée continue qu'on appelle souvent à tort « clonage » ce qui veut dire qu'on peut effectivement utiliser les embryons ou d'autres cellules du corps comme du cordon ombilical, du placenta, même des cellules embryonnaires adultes qu'on retrouve dans le cerveau des souris... par exemple... hein... et ces cellules peuvent être cultivées et traitées par des produits qui vont modifier.... qui vont les faire se différencier et les faire se transformer en cellules spécialisées : par exemple on part de cellules embryonnaires pluripotentielles ou pluripotentes et on va fabriquer des cellules de foie, des cellules de muscle, voire éventuellement des cellules d'os... ça c'est un clonage thérapeutique parce que ces cellules ainsi fabriquées...

LJ : Ça c'est très utile j'imagine ?

AK : C'est très utile... ça pourra servir à des greffes, ça pourra servir à réparer un muscle cardiaque qui a été lésé, nécrosé par un infarctus, peut-être éventuellement à régénérer des cellules nerveuses pour rétablir des... des liaisons qui ont été coupées par un accident... peut-être... on dit peut-être... donc ce clonage thérapeutique il pose quand même le problème de l'origine des embryons... d'où on les obtient ?... c'est le grand débat éthique d'aujourd'hui mais les chercheurs vont... On pourra peut-être en dire un mot...

LJ : Vous pouvez préciser cela quel est le problème de l'origine ?

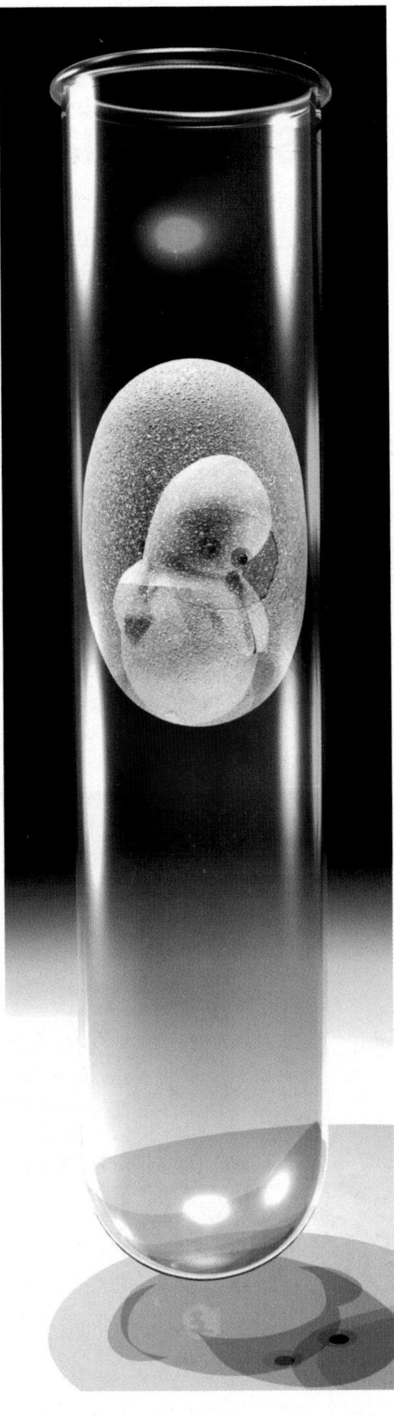

AK : Le problème... C'est qu'on instrumentalise l'embryon... c'est-à-dire... si on prend des embryons humains pour prendre leurs cellules pour fabriquer d'autres tissus cellulaires c'est un vrai problème... en revanche si on utilise des cellules, des cellules... telles que le placenta, les cellules de cordon ombilical, voire des cellules de graisse quand les gens se font des liposuccions, on peut éventuellement de ces cellules graisseuses sortir des cellules embryonnaires... à ce moment-là il y a moins de problèmes éthiques.

Le savoir est pouvoir

Joël de Rosnay : Comment peut-on faire... comment peut-on faire éventuellement pour se tirer de ces problèmes... notamment éviter le clonage reproductif moi j'ai pas de... de solutions miracles...

LJ : Mais on en est où du point de vue de la loi et des recommandations... aujourd'hui ?

JdR : Alors ça dépend... il y a des pays où le clonage reproductif est expressément interdit...

LJ : Aux États-Unis par exemple ?

JdR : Non même pas, la loi n'est pas complètement votée... des pays où c'est explicitement interdit depuis un bout de temps... Il y a l'Allemagne par exemple... je crois autant que je me le rappelle mais il y a également l'Angleterre...

LJ : Il n'y a pas la France ?

JdR : Non mais ça va être le cas dans la révision des lois de bio-éthique...

AK : Le clonage thérapeutique est en voie de...

JdR : Non le clonage thérapeutique est en discussion et probablement...

AK : Il est accepté chez les Anglais... plus...

JdR : Voilà le seul pays où le clonage thérapeutique soit légalement accepté au monde aujourd'hui c'est l'Angleterre mais ça correspond à quelque chose de particulier c'est que les Anglais, ça fait dix ans qu'ils ont accepté de faire des embryons uniquement pour la recherche... alors comment s'en tirer ? pour répondre très brièvement à votre question...

LJ : Le jour où on pourra le faire pour les hommes ?

JdR : En gros mais très généralement parce qu'on va parler d'autres biotechnologies... au XVIIe siècle un homme génial, des fois un peu compliqué, Francis Bacon a dit pour la première fois... c'est évident pour nous... mais il l'a dit pour la première fois : le savoir est pouvoir ; mais comme nous, on se prétend libres, bien évidemment on a la capacité toujours depuis la première invention de faire de ce pouvoir un usage bénéfique ou maléfique ; si bien que la seule possibilité de s'en tirer est de se poser, parallèlement à la question de la technique dérivée du savoir, de l'usage que l'on va faire de ce pouvoir... Il n'y a pas d'autre possibilité... ce questionnement il passe éventuellement par notre débat par des comités d'éthique... Il passe avant tout par la démocratie informée.

activités

1. Après plusieurs écoutes et prise de notes, reformulez :

a. la présentation de l'émission ;

b. les trois types de clonages ;

c. et la problématique éthique posée par ces biotechnologies.

2. Partagez votre compréhension et faites une synthèse orale des points qui vous semblent les plus importants pour réfléchir à la problématique posée par le journaliste animateur de l'émission : « La science qui doit émanciper l'homme finit-elle par le menacer ? »

Discussion

En fonction de l'intérêt que vous portez à ces questions et après avoir lu le texte de Bernard Debré proposé à votre lecture et à votre réflexion (page 147), vous organiserez une discussion sur ces problèmes. Vous préparerez attentivement votre prise de parole en recherchant vos arguments pour pouvoir les présenter aux autres.

Irons-nous dans l'espace ?

D'après **Hartmut Müller**
« Destination Espace »
Espace magazine, septembre-octobre 2004

À quoi pourrait ressembler le tourisme spatial ?

Le responsable des études à long terme chez EADS ST nous donne une idée d'un projet européen d'hôtel orbital.

Pourquoi les gens veulent-ils aller dans l'espace ? Parce qu'ils veulent profiter d'un point de vue unique sur notre planète bleue.

Il n'y a pas de meilleure place pour un hôtel spatial que sur l'orbite basse. Une inclinaison de 50° permet de passer au-dessus des zones les plus peuplées et une altitude de 350 kilomètres procure une vue sensationnelle de tous les sites intéressants.

Une vue incomparable, l'absence de pesanteur et l'ambiance d'un complexe hôtelier moderne feront du séjour sur orbite une expérience unique et inoubliable.

L'hôtel orbital sera d'une capacité de 220 clients pour un personnel de 80 personnes. Il comportera des restaurants, une salle de sport. Le véritable divertissement est situé au centre de l'hôtel où l'on trouve une pesanteur pratiquement égale à zéro. La piscine en micropesanteur garantit une sensation de nage inhabituelle et à l'intérieur de la sphère centrale on peut véritablement « voler » ou bien regarder par un hublot et contempler sa contrée natale tout en flottant. Les plus courageux pourraient même quitter l'hôtel, en participant à une marche dans l'espace, seuls avec eux-mêmes et l'Univers.

Le prix serait environ de 280 000 euros pour un voyage complet incluant quatre jours dans l'hôtel. Les études de marché existantes indiquent un potentiel de 20 000 clients à ce prix.

L'engin spatial pour s'y rendre décollerait à l'horizontale sur un rail et atterrirait conventionnellement comme un avion. Il aurait une capacité de 110 passagers et 6 membres d'équipage.

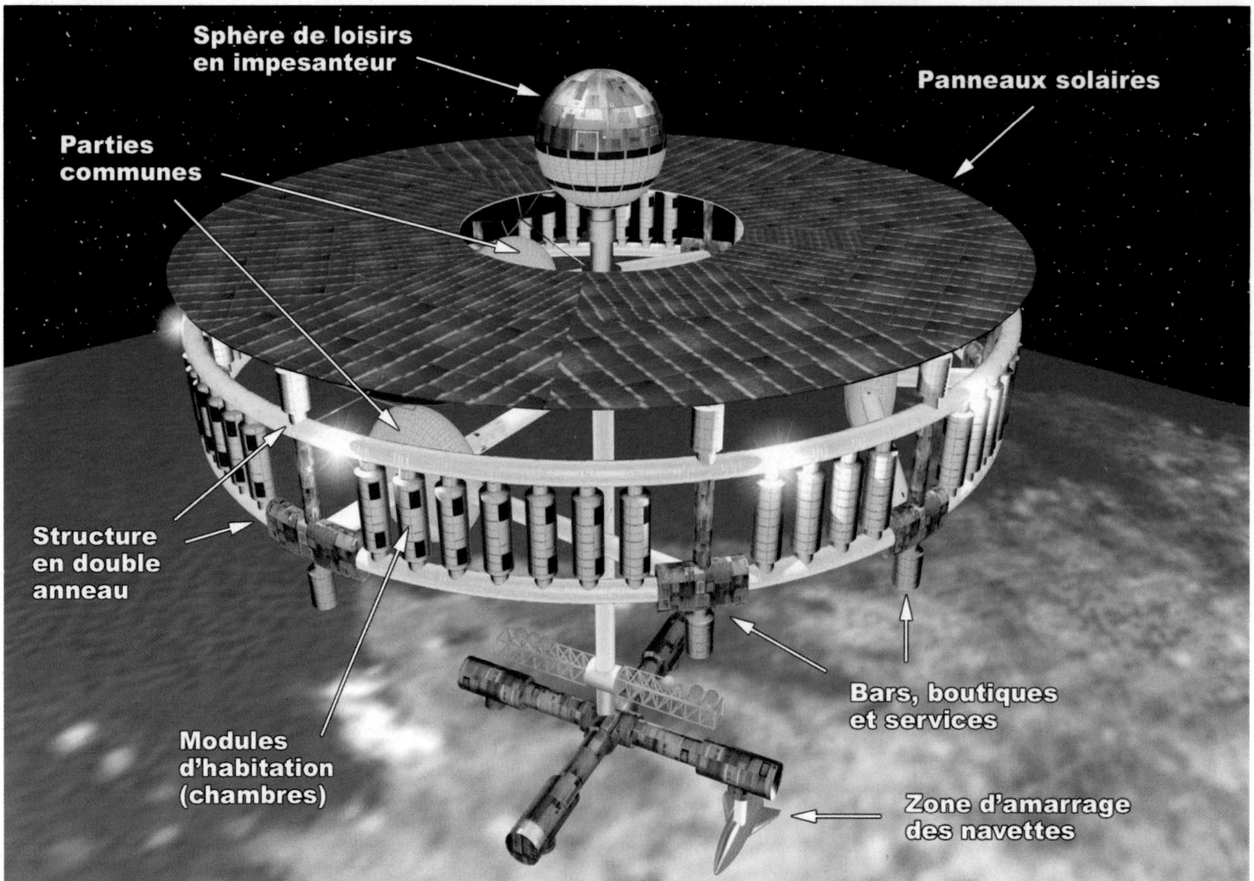

Maquette d'hôtel spatial (EADS Space Transportation).

expression orale

Voudriez-vous aller passer des vacances dans cet hôtel orbital ?

La biologie ou le meilleur des mondes possibles ?

Bernard Debré[1]
La grande transgression, l'homme génétiquement modifié
Éditions Michel Lafon, 2000

Allons-nous vers un siècle de transgressions et la disparition de l'Homo sapiens ?

L'homme change perpétuellement, il change dans la transgression, peut-être même grâce à elle. Transgression des idéologies, des lois, des morales et des religions.

Le XXIe siècle sera celui des transgressions suprêmes, qui vont bousculer les lois, transformer les religions et ouvrir l'espace pour d'autres règles. Cette mutation extraordinaire se fera dans la révolte. Un monde nouveau ne s'installe pas sans heurts et la mutation fondamentale qui nous attend ne saurait aboutir sans profondes remises en question.

Le refus de tout changement serait vain. Rien n'est plus stérile qu'un conformisme moral, politique ou spirituel ; rien n'est plus fécondant qu'une révolution. Le XXIe siècle sera celui de toutes les révolutions scientifiques et médicales. La conception même de l'homme et du vivant va changer. Attention cependant à ne pas oublier une certaine idée de l'humanité. Ces transgressions nécessaires doivent avoir un sens, un chemin, celui de l'évolution de l'être. La pire attitude serait de nier le divin. Nos découvertes, pour sensationnelles qu'elles soient, ne tuent pas le divin, seulement elles repoussent loin, très loin, les limites de sa compréhension. Si tant est qu'il puisse être compris un jour.

L'homme tel que nous le concevons aujourd'hui est appelé à disparaître. Non qu'un gigantesque fléau entraîne la mort de toute l'humanité, encore que des menaces subsistent sous la forme de nouvelles et terribles maladies. L'*Homo sapiens* va simplement tellement changer qu'il s'éteindra de façon naturelle, comme son ancêtre australopithèque, par le fait même de son évolution. Cette disparition sera le fruit de techniques surprenantes visant un homme plus accompli, mieux adapté à son destin universel. L'homme va vivre plus longtemps, rester jeune, efficace, pendant de très nombreuses années. Les enfants ne seront plus conçus de la même façon ; les animaux, les plantes, les machines et les clones viendront en aide à ce mutant en quête d'une éternité désormais envisageable. Ce sera sans nul doute passionnant et gratifiant. À condition que l'être humain prenne garde, sur le plan éthique, de ne pas dévoyer le progrès.

l'*Homo scientificus* Nous avons vu, jusqu'à présent, comment l'homme a évolué et s'est transformé, mais ses bonds vers l'avenir et son formidable développement n'avaient pas encore touché à la nature même de sa vie. Une transgression plus fondamentale nous est promise : la manipulation génétique de l'être humain. Il ne s'agit plus d'améliorer ou de développer ce qui existe, mais de créer des formes nouvelles du vivant. Ici apparaît l'*Homo scientificus*. Depuis que le génome a été décrypté, depuis que les manipulations génétiques conscientes et scientifiques ont commencé sur la plante et sur l'animal, depuis que les transferts géniques ont été tentés et réussis, le monde a changé. Ce monde prépare l'émergence de cet *Homo scientificus*, cet homme – mais sera-t-il encore un homme ? – qui construira un monde différent, qui ne s'arrêtera pas à notre planète mais qui englobera tous les univers. Cette évolution ne se fera pas en quelques années, ni en quelques dizaines d'années mais le grand tournant a été pris. L'évolution tant souhaitée par certains, tant redoutée et refusée par d'autres, est inéluctable.

Oui, l'*Homo sapiens* est voué à disparaître. Ce n'est pas lui qui partira à la découverte de l'univers infini. Certes, il continuera à explorer la proche banlieue de la Terre, colonisant la Lune, allant jeter un coup d'œil sur la planète Mars, mais pas plus loin et pas longtemps. Il cédera alors la place et l'avenir à l'*Homo scientificus*. Comme souvent, les intérêts des uns ne seront pas forcément ceux des autres. Y aura-t-il conflit ? Certainement. Mais quand ? Le plus intéressant c'est que l'un a été le fils de Dieu, tandis que l'autre sera fils de l'homme. Ce sera en fin de compte le fils de l'homme qui gagnera et ira explorer le territoire de Dieu.

L'*Homo scientificus*, fils de l'homme, est en train d'apparaître sous diverses formes mélangeant à des degrés divers l'homme, la plante et l'animal. C'est en jouant avec les Lego que sont les brins d'ADN que les mélanges auront lieu, ont déjà eu lieu. Mais cet homme sera aussi le fils de l'électronique et de l'ordinateur, ses capacités seront amplifiées par des ordinateurs « embarqués » dans son propre organisme. Parfois même ce seront des êtres mécaniques, des cyborgs, à qui on aura pu donner la faculté de penser. La limite entre la machine et l'homme telle que nous l'imaginons actuellement sera bien difficile à cerner…

note

1. Bernard Debré est professeur de médecine, chef du service d'urologie de l'hôpital Cochin à Paris.

Et maintenant, modifier l'homme

Après avoir modifié les animaux et les plantes, voici le but suprême : modifier l'homme.
Le choix des gènes ! L'eugénisme auquel on pense aujourd'hui, et que l'on dénonce, est une plaisanterie à côté des capacités que l'homme va se donner pour ses fils. […]

Le génome est actuellement séquencé. Le deuxième temps de la recherche sera d'individualiser les gènes importants et de savoir ce pour quoi ils codent. Tels gènes codent pour le cœur ou pour le foie, tels autres pour la vue ou pour l'ouïe ; certains codent pour la mémoire, certains forment l'intelligence ou des capacités d'apprentissage. Le travail sur ces gènes est immense, mais il sera aidé par l'étude déjà commencée chez l'animal. N'oublions pas l'émouvante et ambiguë similitude entre les gènes humains et les gènes animaux (et même ceux des plantes). L'homme et certains singes possèdent quatre-vingt-dix-huit pour cent de patrimoine génétique commun. Mais avant de devenir l'égal de l'homme, il faut une fois encore que le singe le serve, en laboratoire, comme le rat ou la mouche drosophile.
Lorsque sera connu le rôle de chaque gène, leur sélection sera bien tentante. Et au nom de quoi l'interdirait-on ? D'ailleurs, voici qu'est annoncé, par des sociétés de jeux sur ordinateur, celui qui fera fureur en 2010 : une plante, l'arabette, assez commune dans nos alpages, n'a que cinq chromosomes et vingt-cinq mille gènes. Toutes ces informations seront mises sur un ordinateur puissant et l'internaute – car ce jeu sera mis sur le Net – pourra modifier tel ou tel gène, afin de voir la plante évoluer selon sa fantaisie. Plus ou moins grande, plus ou moins touffue, on pourra même changer la couleur des fleurs… Bien entendu, la plante n'existera pas puisque tout sera virtuel, il s'agira d'un programme informatique avec vingt-cinq mille sous-programmes traduisant chacun l'un de ses vingt-cinq mille gènes. Mais ce jeu n'en sera pas moins édifiant.

Pour créer ce programme, il faudra d'abord répertorier ses cent trente millions de paires de bases, puis individualiser les gènes ; enfin, leurs fonctions seront établies. Une fois ce travail réalisé, le modèle informatique sera créé et utilisable par tous. Alors, le jeu pourra commencer. Plus besoin d'attendre plusieurs générations cultivées pour voir les effets d'une mutation. D'un simple clic, on pourra faire grandir ce plan en quelques secondes ; un autre clic, une base de gène codant pour le bleu est changée, et la plante donne des fleurs rouges… Ce jeu fera certainement fureur, d'autant qu'à cette même époque il y en aura d'autres. Déjà, on annonce le jeu du ver de terre virtuel, puis celui de la mouche, avant d'aboutir à celui d'un être humain totalement virtuel… Sera-t-il modulable et mutable à volonté ?

grille de lecture

1. Comment Bernard Debré qualifie-t-il les changements futurs ?
2. À quoi s'oppose la notion de changement ?
3. B. Debré croit-il en Dieu ? Quelle phrase permet d'en douter ?
4. Pourquoi et comment l'*Homo sapiens* va-t-il disparaître ?
5. B. Debré pense-t-il que l'homme ne sera peut-être pas toujours mortel ? Citez la phrase qui répond à cette question.
6. Est-il possible ou probable, d'après l'auteur, que l'*Homo sapiens* se transforme en *Homo scientificus* ?
7. Restera-t-il toujours une différence profonde entre l'homme et la machine ? Quelle phrase donne la réponse à cette question ?
8. Allons-nous vers la fin de l'eugénisme ? Sera-t-il différent de celui du XXe siècle ? En quoi ?
9. B. Debré pense-t-il qu'il ne faut pas sélectionner les gènes pour concevoir un individu ? Citez la phrase qui donne sa pensée.
10. À l'aide de quelle technique pourra-t-on programmer un individu ?
11. Pensez-vous que ce livre annonce « le meilleur des mondes » ou une catastrophe pour l'humanité ?

expression orale

1. Relevez dans l'ensemble du texte :
a. Ce qui vous paraît possible ou probable ;
b. Ce qui vous paraît impossible ;
c. Ce qui vous paraît dangereux ;
d. Ce qui vous paraît souhaitable.

2. Comparez vos points de vue en grand groupe et donnez vos raisons.

3. Organisez un débat : comment voyez-vous l'avenir ?
« Quel monde voulez-vous pour l'avenir ? » Chacun donnera ses arguments pour justifier ce qui lui paraît souhaitable et possible et sur ce qui lui paraît dangereux. On pourra opposer des contre-arguments.

expression écrite

On peut rédiger deux types de textes selon les besoins :
- un texte oral (écrit oralisé) destiné à rendre compte du débat qui a eu lieu dans la classe ;
- un texte écrit, personnel, qui pourrait paraître dans un journal de classe ou sur un site Internet, qui serait un texte critique, positif ou négatif, des prédictions de B. Debré. Si vous n'êtes pas d'accord avec lui, vous exprimez vos réserves et concluez en disant ce qui serait pour vous le meilleur monde possible, du point de vue biologique, social et éthique.

étude linguistique

Grammaire et syntaxe

• « Nos découvertes, pour sensationnelles qu'elles soient, ne tuent pas le divin ».
Paraphrase : Bien que nos découvertes soient sensationnelles, elles ne tuent pas le divin.
Modèle structurel :
Nom (GN) + virgule + **pour** + adjectif + **que** (subjonctif) + virgule + phrase principale

• Le « divin », le « beau », le « mal », le « vrai », le « juste » sont des adjectifs abstraits employés comme substantifs, ils sont toujours au masculin.

• « Si tant est qu'il puisse être compris un jour »
Paraphrase : Il n'est pas certain qu'on puisse le comprendre un jour. La formule est invariable.

• « Non qu'un gigantesque fléau entraîne la mort de l'humanité »
Paraphrase : non pas parce que...
Phrase causale qui donne l'explication de la phrase précédente : l'homme ne va pas disparaître parce qu'un fléau entraînera la mort de l'humanité, mais... par le fait même de son évolution.

• « encore que des menaces subsistent »
Paraphrase : bien que, et pourtant, cependant.
Phrase concessive.

• « en quête d'une éternité désormais envisageable »
Paraphrase : qu'on peut, à partir de maintenant, envisager

• « ce jeu fera fureur, d'autant qu'à cette même époque il y en aura d'autres »
fera fureur = aura beaucoup de succès
d'autant que... = attendu que..., étant donné que
d'autant plus que... = et il y a une raison de plus, c'est que...

Lexique

Notez les expressions liées à l'informatique et à la biologie :
- *les gènes codent pour...*
- *d'un simple clic, on pourra...*
- *le génome est actuellement séquencé*
- *le patrimoine génétique*
- *établir les fonctions*
- *voir les effets d'une mutation*
- *le programme informatique*
- *répertorier les paires de base*
- *individualiser les gènes.*

Mondialisation : allons-nous vers un monde unique ?

Emmanuel Fournier
« Mondialisation : allons-nous vers un monde unique ? »
Sciences Humaines, Hors série « Questions de notre temps », septembre 2001

La mondialisation a beaucoup fait parler d'elle durant la décennie qui vient de s'écouler. Diverses mutations ont en effet marqué les années 90, et au premier chef l'effondrement du bloc soviétique, qui ont accrédité l'idée que, par-delà les divisions, étatiques et autres, la planète était désormais soudée par l'appartenance à un espace mondial unique.

La mondialisation, un processus pluriséculaire

On ne saurait nier l'importance du chemin parcouru au cours de ces années ; le monde n'a sans doute jamais été aussi intégré qu'aujourd'hui tant les liens entre les peuples, économiques bien sûr, mais également politiques et culturels, sont devenus étroits. Mais s'il est compréhensible et justifié que la mondialisation soit au cœur des préoccupations, l'inflation verbale dont elle fait l'objet a peut-être fait oublier que le mot désignait un processus fort ancien.

La mondialisation, fondamentalement, peut être définie comme un processus d'inclusion dans un même ensemble d'entités distinctes, politiques, géographiques et autres. Que l'on garde cette définition à l'esprit, et l'on se convainc aisément que les années 90 n'ont fait que parachever un phénomène séculaire. On peut relever tout au long de l'histoire des siècles passés des dynamiques qui, additionnées, ont contribué à unifier des espaces auparavant cloisonnés et à rapprocher des peuples qui ne se connaissaient pas.

Prenons l'exemple des grandes découvertes, à la fin du XVe siècle. Quel sujet plus étranger, en apparence, à l'univers de la mondialisation ? Et pourtant… Les grandes découvertes, en un sens, ouvrent la voie au processus de décloisonnement universel qu'est la mondialisation. Les mêmes observations peuvent être faites concernant la révolution industrielle, la révolution des transports, ou encore la formation puis le démantèlement des empires coloniaux. Il s'agit dans chacun de ces cas de jalons importants de l'histoire de la mondialisation.

La révolution industrielle accroît considérablement le volume des productions et il faut faire face aux crises de surproduction. Les sociétés développées n'ont plus à craindre la pénurie mais la surabondance. De nouveaux espaces doivent être ouverts. La colonisation apparaît alors comme une arme indispensable dans la course qui s'engage entre les Européens. Le processus entamé se poursuit, les peuples ne peuvent plus vivre en complète autarcie. Leur destin est désormais lié.

Le risque du libre-échange et la naissance des multinationales globales

Aujourd'hui la mondialisation connaît un nouveau souffle, portée par l'explosion des flux de toutes sortes, commerciaux et financiers, mais également flux de communication et d'information.

La promotion des marchés financiers trouve sa source dans un événement fondateur : la dissolution du régime des parités fixes entre les monnaies (accords de Bretton Woods[1], juillet 1944) au profit d'un système de changes flottants (accords de Kingston, janvier 1976). Depuis ce jour, ce ne sont plus les États qui définissent le cours des monnaies, mais les marchés financiers. Alors les mouvements de capitaux s'accélèrent, portés par la déréglementation des marchés, les échanges de produits manufacturés sont multipliés par 26. On assiste à une croissance spectaculaire due à l'ouverture aux échanges d'économies longtemps repliées sur elles-mêmes.

C'est de ce contexte qu'émergent des entreprises d'un nouveau type : les multinationales globales. On désigne sous ce nom des entreprises ayant une vision planétaire de leurs activités, de la conception à la commercialisation en passant par la production. Leur vision est planétaire en ce sens que pour ces entreprises, la question des distances géographiques est secondaire. L'important est de vendre, où que ce soit, et de produire à moindre coût, où que ce soit également. Ces entreprises ne se contentent pas de vendre dans le monde entier ; elles produisent dans le monde entier, délocalisant les activités nécessitant une main-d'œuvre importante vers les pays où les coûts salariaux sont faibles, et les activités à forte intensité énergétique vers des pays où l'énergie est bon marché…

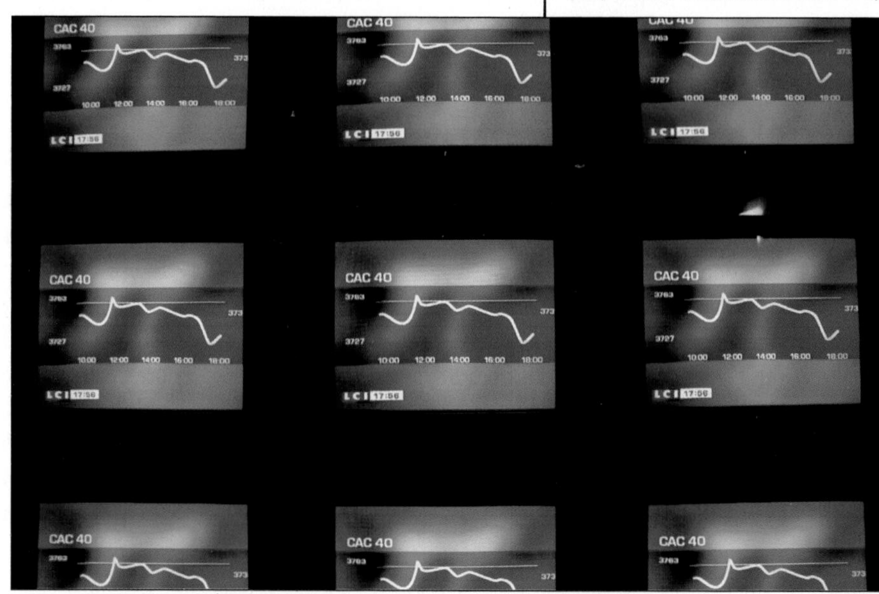

Écran de bourse CAC 40 (LCI, chaîne d'information de TF1).

De tels projets coûtent cher. Si ces entreprises d'un nouveau type se sont développées surtout à partir de la seconde moitié des années 80, c'est parce qu'elles ont très largement profité de la déréglementation des marchés financiers, qui ont permis de mobiliser les sommes colossales que nécessitaient leurs projets de développement. L'heure était donc propice. Peur de la nouveauté ? Toujours est-il que les multinationales véhiculent l'image d'entreprises sans nationalité, traversant les frontières au nez et à la barbe d'États désormais impuissants pour résister à leurs méfaits... Il y a deux versants dans ce type de discours : les États auraient trouvé leur maître ; ce maître serait un tyran impitoyable, faisant et défaisant les emplois à son gré, au mépris des hommes qu'il plie sous ses coups... D'une part, les clés du pouvoir seraient désormais entre les mains des multinationales, d'autre part, cette passation de pouvoir aurait un coût social considérable. Comme souvent, ce type de représentations mêle une bonne part de fantasmes à une observation univoque de la réalité. Il suffit pour s'en convaincre de revenir à quelques faits.

Deux thèses opposées

La thèse la plus fréquemment discutée par les économistes est celle de Robert Reich. Pour ce dernier, la segmentation du processus de production et la sous-traitance ont atteint un niveau tel qu'il est devenu tout simplement impossible aujourd'hui de parler de nationalité à propos des firmes et des produits qu'elles commercialisent. Une firme dont les produits sont un assemblage d'activités réparties à l'échelle de la planète ne peut plus avoir qu'un drapeau : le sien.

Cette approche est loin de faire l'unanimité. Parmi les auteurs qui s'inscrivent en faux contre les thèses de R. Reich, on citera, parmi les Anglo-Saxons, Susan Berger, Ronald Dore, Paul Hirst et Graham Thompson. Parmi les Français, une place spéciale doit être accordée à Elie Cohen[2]. Que disent ces auteurs ? Tout d'abord que les multinationales réellement globales sont encore peu nombreuses ; il ne faut donc pas exagérer l'ampleur du phénomène. D'autre part, qu'elles ne sont pas sans foi ni loi : elles se soumettent aux législations en vigueur dans les pays où elles s'implantent – ce qui tend par ailleurs à relativiser l'idée selon laquelle elles seraient sans nationalité, étant dépourvues de tout ancrage géographique.

Sommet du G8 le 10 juin 2004 à Sea Island (Géorgie, États-Unis).

À tout cela peut-être ajouté un argument de bon sens : voudraient-elles braver la législation, ces firmes globales n'en auraient pas les moyens. L'État a le pouvoir de faire la loi parce que l'opinion publique le lui reconnaît, il est là dans son rôle légitime. Quelle légitimité aurait une multinationale, aux yeux de l'opinion publique, en prétendant se soustraire à la loi ? Il ne faut donc pas se tromper de cible. Quelque chose a changé dans les rapports que les États entretiennent avec les investisseurs privés. Encore faut-il bien identifier ce qui a réellement changé.

La logique de l'État et celle des entreprises

L'État n'est plus, comme c'était encore le cas au début des années 70, en position de force pour imposer ses vues aux investisseurs. Pour éviter la fuite des investisseurs, des concessions doivent être faites. Les entreprises cherchant à s'installer sont attirées par une main-d'œuvre qualifiée, par des infrastructures de transport et de services efficaces, par la présence de centres de recherches dynamiques, par tout ce qui est susceptible de servir efficacement l'implantation des nouvelles activités. La logique de l'entreprise n'est pas celle de l'État qui voudrait promouvoir la mise en valeur du territoire tout entier. Or, on constate que ce sont principalement les grandes métropoles qui sortent renforcées de la mondialisation. Des archipels de richesse se forment tandis que les périphéries s'enlisent. La raison en est simple. Les mutations récentes de l'économie imposent aux entreprises de pouvoir faire face à des conjonctures toujours changeantes. L'activité peut à tout moment être réorientée. Il est toujours plus facile et plus rapide de se retourner quand sur place se trouvent disponibles main-d'œuvre qualifiée, infrastructures et administrations nécessaires à tout redéploiement d'activité. On est donc dans une situation où c'est la logique de l'entreprise qui prévaut.

Les multinationales déstabilisent les monnaies nationales, mais des mécanismes de solidarité existent.

Les multinationales, comme tous les gros porteurs – fonds de pension, divers fonds d'investissements... – sont également suspectes en raison de leur poids sur les marchés financiers. Elles sont régulièrement accusées d'avoir des effets déstabilisants pour les monnaies nationales. En effet, une des caractéristiques des firmes globales est d'être à la fois industrielle, tertiaire, et financière. Elles ont donc les moyens – et elles y recourent généreusement – d'influer sur les taux de change et d'intérêt. ☞

Régulièrement, la spéculation fait trébucher les monnaies, et régulièrement des voix s'élèvent pour réclamer la refonte du système monétaire international. En vain. Nous ne sommes plus en 1929[3]. Depuis se sont mis en place des mécanismes de solidarité planétaire. Ainsi, lorsqu'en 1982, une crise financière contraint le Mexique à suspendre ses paiements, un programme d'aide est rapidement mis sur pied. La dette est rééchelonnée ; des crédits exceptionnels sont accordés par le FMI sous réserve que soient mises en place des politiques d'ajustement structurel permettant au Mexique de mieux faire face à la compétition internationale. [...]

Des mesures ponctuelles sont donc prises, mais le système n'est toujours pas remis en question.

Diverses explications sont avancées pour justifier ce statu quo. Pour R. Boyer, si le système tarde à se réformer, c'est parce que le monde est tripolaire. Trois ensembles peuvent prétendre influer sur l'organisation du système financier international : les États-Unis, l'Europe et le Japon. Mais aucun n'est en mesure d'imposer ses vues sur une question qui de toute façon divise.

notes

1. accords de Bretton Woods
Au cours des trois premières semaines de juillet 1944, les délégués de 45 États se sont réunis dans le cadre de la Conférence monétaire et financière des Nations Unies, qui s'est tenue à Bretton Woods au New Hampshire. L'objet de cette conférence était de discuter de la reconstruction de l'Europe d'après-guerre et de divers problèmes monétaires, dont l'instabilité des taux de change et les pratiques commerciales protectionnistes.
Dans les années 1930, la plupart des grandes économies mondiales affichaient des taux de change instables. En outre, plusieurs pays avaient adopté des politiques commerciales restrictives. En 1943, les États-Unis et la Grande-Bretagne ont demandé la création d'un organisme mondial pour veiller à la stabilité des taux de change et à la relance du commerce international. En 1944, il était devenu primordial d'organiser la reconstruction de l'Europe pour éviter les problèmes d'après-guerre de celle de 1914-1918.
Les délégués présents se sont entendus – grâce à l'accord de Bretton Woods – sur l'instauration d'un système monétaire international d'après-guerre reposant sur la convertibilité des devises, la stabilité des taux de change et le libre-échange. Pour atteindre ces objectifs, on a fondé deux organismes : le Fonds monétaire international (FMI) et la Banque internationale pour la reconstruction et le développement, ou Banque mondiale.

2. Élie Cohen
Économiste, professeur à l'université de Paris-Dauphine.

3. En 1929, à New York, le marché boursier s'écroula, c'est ce que l'on appela « le krach boursier » de 1929.

Grille de lecture

La mondialisation, un processus pluriséculaire

1. Relevez la définition de la mondialisation.
2. Quels événements ont ouvert la voie à la mondialisation ?
3. Quelle formule l'auteur emploie-t-il pour désigner l'abondance des propos actuels sur un phénomène mal connu : la mondialisation ?

Le règne du libre-échange et la naissance des multinationales

Lexique spécialisé :

le flux
les parités fixes
le système de change flottant
la déréglementation
la croissance

1. Donnez la définition d'une entreprise multinationale.
2. Caractérisez son mode de fonctionnement.
3. Quelle image les multinationales ont-elles aux yeux du public ?
4. Que pense l'auteur de cette image ?

Deux thèses opposées

1. Quelle phrase caractérise en le résumant le point de vue de Robert Reich sur les multinationales ?
2. Par quels arguments les autres auteurs caractérisent-ils le pouvoir des multinationales ?

La logique de l'État et celle des entreprises

1. En quoi les deux logiques sont-elles fondamentalement différentes ?
2. Qui sort gagnant de la mondialisation ?

Les multinationales déstabilisent les monnaies...

1. Par quel moyen les multinationales déstabilisent-elles les monnaies ?
2. Pourquoi les mesures de refonte du système monétaire international ne sont-elles pas prises ?

Lexique

gros porteur
fonds de pension
taux de change, d'intérêt
refonte du système monétaire
rééchelonner la dette
le FMI : Fonds monétaire international
mettre sur pied un programme d'aide

Le culte d'Internet, une nouvelle religion ?

Philippe Breton
Le culte de l'Internet, une menace pour le lien social
La Découverte et Syros, Paris 2000

Internet, un nouveau culte

Un univers de croyances

Le culte de l'Internet s'appuie sur un certain nombre de croyances, souvent fortement réductrices car elles ramènent tout, au bout du compte, à un facteur unique. Le point de départ et le centre d'irradiation de ces croyances sont la vision d'un monde dont la seule réalité, la seule vérité, serait l'information.

Le terme « information » est d'une redoutable plasticité. Pour ceux qui l'emploient dans ce contexte, il est l'équivalent du message, de la communication, de la forme ou du modèle. Voir l'information derrière l'apparence des choses et des êtres, ce serait en voir la réalité, valoriser l'information, ce serait en dégager la vérité. Réalité et vérité se mêlent : nous sommes bien dans le domaine de la croyance. L'information est à la fois ce que l'on met en œuvre concrètement quand on communique et le but ultime à atteindre.

[...] La nouvelle religiosité vise à la construction d'une nouvelle société, à la mise en place d'un nouveau lien social, dont la finalité serait en quelque sorte d'être un culte rendu à la communication. La société mondiale de l'information peut se définir comme un monde ainsi « transparent à lui-même », qui ferait enfin reculer la violence et constituerait l'idéal ultime de civilisation. Cette notion de « transparence » est essentielle. C'est bien autour d'elle que s'articule la nouvelle religiosité que nous cherchons à caractériser ici.

Un idéal de transparence

L'idéal de transparence constitue en quelque sorte la vision cosmologique du nouveau culte, ce vers quoi l'on tend, l'objet même de la promesse, la nouvelle Jérusalem à laquelle aspirent les « planétaires ». Cette notion de transparence est consubstantielle au culte de l'information. Elle en constitue la traduction immédiate. Elle a des implications à la fois pratiques et spirituelles : elle conditionne l'activité concrète de ceux qui mettent en œuvre les techniques en même temps l'idéal d'un monde lumineux, sans tâche, sans entropie. La transparence est, au sein de cette nouvelle mystique, un état que l'on cherche à atteindre. La transparence renvoie à un idéal de lumière, d'harmonie, d'extase. Elle donne l'impression de « passer de l'autre côté du miroir ».

Les appuis de la nouvelle religiosité

Comment ce point de vue fondamentaliste, cette véritable mystique de l'information, de la communication, du message et de la transparence sociale se sont-ils diffusés si rapidement et si massivement dans notre société ? La première raison de ce succès tient au fait que la nouvelle religiosité prend appui – en même temps qu'elle contribue à son développement – sur ce qui apparaît, de l'avis général, comme un bon outil.

Internet est en effet une innovation, dans le domaine des techniques de communication, qui s'inscrit dans le prolongement de ces grands moments que furent l'invention de l'écriture et celle de l'imprimerie. Bien qu'ils ne soient dénués de rigidité et de limites sévères à leur emploi, l'informatique et les réseaux sont des outils puissants, appréciés par tous, à l'exception des technophobes les plus radicaux, qui font de leur opposition une question de principe. Sans Internet, les nouvelles croyances auraient évidemment le plus grand mal à se diffuser. L'existence d'Internet et l'orientation que les nouveaux mystiques de l'information réussissent à lui donner constituent donc la toile de fond du succès de leurs croyances. Mais là n'est pas la seule raison.

Le culte de l'Internet apparaît comme un « bricolage » plus vaste qui prend appui, en les traduisant, sur des éléments issus d'autres univers de valeur, religieux, culturels ou politiques. Ils sont à la fois son environnement et ses supports de diffusion. La jonction inédite qui s'est opérée récemment avec le libéralisme en même temps qu'avec l'héritage récent de la « contre-culture » n'est pas sans effet sur ses succès actuels. Le contexte de crise et de mutation des grandes valeurs de l'humanisme et du monothéisme, les secousses et les ruptures en profondeur que connaît le lien social constituent un arrière-plan favorable à l'acceptabilité de ces nouvelles croyances. Il faut ajouter à cela que les militants d'Internet jouent sur tous les registres de la persuasion, mais aussi sur certaines formes de propagande, notamment en direction de la jeunesse.

analyse

La métaphore de la religion est présente dès le titre : vous relèverez dans le texte les mots et expressions qui la construisent.
Vous vous attacherez à en repérer la logique de présentation en en recherchant le plan.

« Gare au culte d'Internet : entretien avec Philippe Breton »
Propos recueillis par Sylvain Allemand
Sciences Humaines, Hors série n° 32, mars-avril-mai 2001

Entretien avec Philippe Breton

Philippe Breton est sociologue au CNRS (Laboratoire de sociologie de la culture européenne, Strasbourg), il vient de publier* Le culte de l'Internet. Une menace pour le lien social ? *La Découverte, 2000

***Sciences Humaines :* En quoi peut-on parler de culte à propos d'Internet ?**

Philippe Breton : En lisant un certain nombre de textes consacrés à cette nouvelle technologie, j'ai été surpris par la récurrence des références religieuses. C'est manifeste dans les ouvrages comme *World Philosophie* de Pierre Lévy[1], ou *La Planète des esprits* de Philippe Quéau[2], qui en appelle ni plus ni moins à un nouveau Luther. La métaphore du culte s'est d'autant plus imposée que cette religiosité est associée à des pratiques qui, sans être comparables aux rites religieux, n'en intéressent pas moins l'anthropologue. Je pense en particulier à la valorisation de la communication permanente indirecte ou interactive. Au nom de la transparence, communiquer devient une obligation morale. Avec Internet, une nouvelle étape est franchie, comme en témoigne l'exemple caricatural mais significatif de ces internautes qui se mettent à vivre au vu et au su de tous en installant chez eux des caméras. Nous n'avons rien à cacher, semblent-ils dire, et du fait que nous montrons tout ce que nous faisons, nous avons une attitude morale.

Comme vous le montrez, ce culte puise dans des traditions anciennes.

Dans les discours des plus fréquents défenseurs d'Internet, on retrouve en effet toutes sortes de traditions : la culture zen, le New Age particulièrement prégnant en Californie... Mais le culte de l'Internet puise aussi dans les espoirs fondés dès les années 40 sur la naissance de l'informatique. Chez l'informaticien et mathématicien Norbert Wiener[3], on trouve déjà l'idée que la communication est une valeur positive : elle permet de lutter contre le désordre et l'entropie qui incarne à ses yeux, je cite, « le mal et le diable »... D'une certaine façon, c'est ce futur des années 40 qui nous est encore proposé avec Internet.

Également très prisé dans le milieu Internet, le jésuite Teilhard de Chardin[4], auquel on doit la notion de noosphère, qui est aux idées ce que la biosphère est à la vie. Selon lui, ce ne sont plus les institutions religieuses et politiques qui permettront à l'avenir de franchir une nouvelle étape dans l'évolution de l'humanité, mais les nouvelles techniques de communication. En permettant de détacher les esprits de la matérialité, celles-ci devraient contribuer à les « collectiviser ».

Ces thèmes de la société de la communication et de la noosphère n'ont cessé de gagner en influence au sein de la société. Des auteurs comme Daniel Bell ou Marshall Mc Luhan ont contribué à les populariser avec la même religiosité. Qu'exprime la société de l'information ou le village global, si ce n'est l'aspiration à mieux relier les hommes pour une nouvelle fraternité ?

Au XIXe siècle, l'électricité avait déjà été l'objet d'un culte, mais pas aussi intense. Des idéologies concurrentes proposaient alors une pléthore[5] de futurs. Sans doute le désenchantement qui semble caractériser les sociétés modernes explique-t-il la facilité avec laquelle se diffuse le culte d'Internet. Dans une société marquée par la crise du lien social, la promesse de plus de communication et de convivialité ne peut recevoir qu'un écho favorable.

En focalisant sur les discours, ne sous-estimez-vous pas les transformations concrètes ?

Je ne suis pas contre Internet. Je pense que les discours trop enflammés nous empêchent d'en voir les vraies potentialités. Le problème du discours technophile, c'est qu'il assène l'idée que par nature, Internet va transformer notre existence. Or, aucune technique ne peut elle-même nous apporter quoi que ce soit.

Si je me livre à ce travail critique, c'est pour que les techniques trouvent leur vraie place dans notre société comme outils et non comme finalité première. En somme, je plaide pour une laïcisation de notre approche des techniques, quelles qu'elles soient.

compréhension

1. À quelles traditions se rattache le culte d'Internet ?
2. Quel est le mot-clé qui résume la position de Philippe Breton face à ce culte ?

notes

1. Pierre Lévy, philosophe français : *Les Nouveaux Outils de la pensée* (éd. avec Pierre Chambat), Descartes, Paris, 1992 ; *Pour une anthropologie du cyberspace*, La Découverte, Paris, 1994.

2. Philippe Quéau, polytechnicien français : *Éloge de la simulation. De la vie des images à la synthèse des images*, Éditions Champ-Vallon, 1986 ; *Le Virtuel, vertus et vertiges*, Champ-Vallon.

3. Norbert Wiener (1894-1964), mathématicien américain : *Cybernetics* (1948).

4. Teilhard de Chardin (1881-1955)
Géologue, paléontologue, prêtre jésuite, Pierre Teilhard de Chardin a été avant tout un inlassable chercheur. Il est l'un des premiers à avoir proposé une synthèse de l'histoire de l'Univers telle qu'elle nous est généralement expliquée aujourd'hui par la communauté scientifique. Sa vision, présentée entre autres dans *Le Phénomène humain*, est conçue autour du thème central de l'évolution. Il a notamment développé le concept de « noosphère », enveloppe pensante autour de la terre, et explicité le phénomène de planétisation auquel nous assistons.

5. Une pléthore de... : une abondance de...

Alexis de Tocqueville
De la démocratie en Amérique (t. 2)

Une nouvelle religion : la foi dans l'opinion publique

La liberté de penser serait-elle menacée par le pouvoir des majorités ? Alexis de Tocqueville, philosophe et penseur français du XIXe siècle nous apporte une réflexion ancienne, et pourtant moderne, sur cette question. Les techniques modernes de communication, sondages d'opinion, Internet, qui donnent la parole à des millions de personnes dans le monde entier tendent à faire circuler les pensées de tous, dont on peut dégager des tendances majoritaires qui parfois tendent à s'imposer. Une pensée partagée par le plus grand nombre est-elle pour autant une pensée juste ? Tocqueville avait prévu ce phénomène. Voici ce qu'il en pense.

Manifestation contre le sommet du G8 à Évian (juin 2003).

Lorsque les conditions sont inégales et les hommes dissemblables, il y a quelques individus très éclairés, très savants, très puissants par leur intelligence, et une multitude très ignorante et fort bornée. Les gens qui vivent dans les temps d'aristocratie sont donc naturellement portés à prendre pour guide de leurs opinions la raison supérieure d'un homme ou d'une classe, tandis qu'ils sont peu disposés à reconnaître l'infaillibilité de la masse.

Le contraire arrive dans les siècles d'égalité.

À mesure que les citoyens deviennent plus égaux et plus semblables, le penchant de chacun à croire aveuglément un certain homme ou une certaine classe diminue. La disposition à en croire la masse augmente, et c'est de plus en plus l'opinion qui mène le monde.

Non seulement l'opinion commune est le seul guide qui reste à la raison individuelle chez les peuples démocratiques ; mais elle a chez ces peuples une puissance infiniment plus grande que chez nul autre. Dans les temps d'égalité, les hommes n'ont aucune foi les uns dans les autres, à cause de leur similitude ; mais cette même similitude leur donne une confiance presque illimitée dans le jugement du public ; car il ne leur paraît pas vraisemblable qu'ayant tous des lumières pareilles, la vérité ne se rencontre pas du côté du plus grand nombre. […]

Le public a donc chez les peuples démocratiques une puissance singulière dont les nations aristocratiques ne pouvaient pas même concevoir l'idée. Il ne persuade pas ses croyances, il les impose et les fait pénétrer dans les âmes par une sorte de pression immense de l'esprit de tous sur l'intelligence de chacun. […]

Quelles que soient les lois politiques qui régissent les hommes dans les siècles d'égalité, l'on peut prévoir que la foi dans l'opinion commune y deviendra une sorte de religion dont la majorité sera le prophète.

Ainsi l'autorité intellectuelle sera différente, mais elle ne sera pas moindre ; et, loin de croire qu'elle doive disparaître, j'augure qu'elle deviendrait aisément trop grande et qu'il pourrait se faire qu'elle renfermât enfin l'action de la raison individuelle dans des limites plus étroites qu'il ne convient à la grandeur et au bonheur de l'espèce humaine.

Je vois clairement dans l'égalité deux tendances : l'une qui porte l'esprit de chaque homme vers des pensées nouvelles, et l'autre qui le réduirait volontiers à ne plus penser. Et j'aperçois comment, sous l'empire de certaines lois, la démocratie éteindrait la liberté intellectuelle que l'état social démocratique favorise, de telle sorte qu'après avoir brisé toutes les entraves que lui imposaient jadis des classes ou des hommes, l'esprit humain s'enchaînerait étroitement aux volontés générales du grand nombre.

Si, à la place de toutes les puissances diverses qui gênaient ou retardaient outre mesure l'essor de la raison individuelle, les peuples démocratiques substituaient le pouvoir absolu d'une majorité, le mal n'aurait fait que changer de caractère. Les hommes n'auraient point trouvé le moyen de vivre indépendants ; ils auraient seulement découvert, chose difficile, une nouvelle physionomie de la servitude. Il y a là, je ne saurais trop le redire, de quoi faire réfléchir profondément ceux qui voient dans la liberté de l'intelligence une chose sainte, et qui ne haïssent point seulement le despote, mais le despotisme. Pour moi, quand je sens la main du pouvoir qui s'appesantit sur mon front, il m'importe peu de savoir qui m'opprime, et je ne suis pas mieux disposé à passer ma tête dans le joug, parce qu'un million de bras me le présentent.

grille de lecture

1. Qui guide l'opinion publique dans les sociétés aristocratiques ? et dans les siècles d'égalité ?
2. Comment naît la foi dans l'opinion publique ?
3. Relevez la contradiction qu'apporte la démocratie selon l'auteur ?
4. D'après lui, les hommes recherchent-ils la liberté intellectuelle ?
5. Quelle est la raison principale pour laquelle un peuple démocrate a confiance dans l'opinion publique ? Comprenez-vous cette raison ?
6. En résumé quel danger existe-t-il pour la pensée dans les temps d'aristocratie et dans les temps d'égalité ?
7. N'y a-t-il pas un paradoxe dans l'énoncé suivant qui voit deux tendances dans l'égalité :
   - « l'une qui porte l'esprit de chaque homme vers des pensées nouvelles »
   - « l'autre qui le réduit à ne plus penser »
8. Quelle métaphore indique le point de vue de l'auteur sur la liberté de penser ?
9. Pensez-vous que l'opinion publique a en général raison ou cherchez-vous la vérité dans votre raison individuelle ?
10. La liberté de l'intelligence vous paraît-elle aussi importante que l'égalité entre les hommes ?

étude linguistique

• Observez l'expression de la **notion de tendance vers** :

ils sont portés à prendre pour guide...
ils sont peu disposés à reconnaître...
le penchant de chacun à croire...
la disposition à en croire la masse...
une tendance qui porte l'esprit vers...

• **à mesure que** sert à relier deux prédicats de type **causal** en évolution parallèle ou inverse.
Observez les phrases suivantes :
- Évolution inverse
  - *À mesure que les citoyens deviennent plus égaux, le penchant à croire aveuglément un certain homme diminue.*
  - *Plus les citoyens deviennent égaux, moins ils ont tendance à croire...*
  - *Les citoyens sont d'autant moins disposés à croire un individu d'une classe supérieure qu'ils sont devenus plus égaux.*
- Évolution parallèle
  - *Plus les citoyens deviennent égaux, plus ils sont disposés à croire la masse.*
  - *Les citoyens sont d'autant plus disposés à croire la masse qu'ils deviennent plus égaux et plus semblables.*

• On peut exprimer un simple **rapport de cause à conséquence** (sans évolution parallèle) de la manière suivante :
C'est parce que « les citoyens deviennent plus égaux que leur penchant à croire aveuglément un certain homme diminue. »

• « de plus en plus », « de moins en moins » servent à **indiquer une évolution**.
- *C'est de plus en plus l'opinion qui mène le monde.*
- *Les électeurs votent de moins en moins.*
- *La liberté de penser est de plus en plus restreinte.*
- *L'espérance de vie est de plus en plus grande.*

• « quelles que soient les lois politiques qui régissent les hommes... » = *Même si les lois politiques sont très différentes (diverses), ou malgré la diversité des lois politiques... on peut prévoir que la foi dans l'opinion commune deviendra une sorte de religion.*

Cette construction signifie que même si on envisage toutes les possibilités, le résultat est toujours le même.

Observez le fonctionnement de cette structure :
- *Quels que soient les efforts que je fais, je n'arrive pas à résoudre ce problème.*
- *Quelle que soit la difficulté de la tâche, il réussit toujours.*

L'adjectif relatif s'accorde avec le substantif sur lequel il porte.

• « loin de croire qu'elle doive disparaître, j'augure (je prédis)... » signifie : Je ne crois pas du tout qu'elle disparaîtra, mais au contraire.

Cette expression s'emploie avec des verbes qui indiquent l'opinion ou le jugement :
« J'étais loin d'imaginer qu'il puisse se comporter ainsi » ou : « J'étais loin de m'attendre à un tel comportement ».

• « Il pourrait se faire qu'elle renfermât l'action de la raison individuelle dans des limites plus étroites... »

Exprime une possibilité future, et est suivi ici du subjonctif imparfait.
Avec le temps présent dans la principale, ou utilise le subjonctif présent : « Il peut se faire qu'il y ait des erreurs dans les calculs ».

Débat

Pour préparer un débat qui vous permette d'exprimer votre point de vue, vous pouvez écrire un court texte sur le sujet suivant :
« Quels sont, d'après vous, les points faibles du système démocratique et quelles solutions voyez-vous pour y remédier ? »
Ces points faibles peuvent, naturellement, être différents de ceux que Tocqueville avait ressentis.

Gérard Mermet
Francoscopie
2003

Le Saviez-vous ?

La souris, meilleure amie de l'homme

On compte désormais davantage de « souris » d'ordinateur en France que de chiens ou de chats. 36 % des foyers sont équipés d'un ordinateur, donc dans la très grande majorité des cas d'une souris, alors que seuls 28 % ont un chien, 26 % un chat. La souris est donc devenue le meilleur ami de l'homme, son indispensable allié dans le rapport souvent conflictuel avec la machine informatique.
Cet étrange objet placé sur un tapis et relié à l'ordinateur autorise selon les termes consacrés une utilisation « conviviale » et « ergonomique ». Il transforme un mouvement effectué sur un support horizontal (le tapis) en déplacement vertical sur l'écran. Les deux « oreilles » permettent de cliquer pour commander certaines fonctions. Les destins de la souris d'ordinateur et de la télécommande de télévision, familièrement baptisée « zapette », sont parallèles. Toutes deux sont des extensions du corps, qui obéissent littéralement au doigt et à l'œil. Elles sont au service de la mobilité immobile, de la réalité virtuelle, du temps transcendé, de l'espace dominé. Lorsqu'elles seront intégrées au corps, ces deux prothèses affirmeront la domination de l'homme sur les objets qui l'entourent. Elles illustreront la mutation de l'*Homo sapiens* en *Homo-zappens*.

Tout ce que vous avez toujours voulu savoir sur Internet...

Sondages divers

(Sauf indication contraire, les chiffres se réfèrent à fin 2001)

Parmi les personnes connectées à Internet à leur domicile ou sur leur lieu de travail 62 % sont des hommes (avril 2002). 33 % ont entre 35 et 49 ans, 25 % entre 25 et 34 ans, 2 % 65 ans et plus. 48 % ont fait des études supérieures. 40 % gagnent plus de 3 000 euros par mois.

27 % des Parisiens sont connectés à Internet contre seulement 13 % des provinciaux.

Le nombre moyen de sessions est de 22 par mois, pour une durée de 10 heures 20.

39 % des actifs bénéficiant de la semaine de 35 heures se connectent au moins une fois par mois, contre 30 % des actifs en moyenne nationale.

75 % des internautes apprécient d'abord l'accès à l'information, 44 % le gain de temps, 27 % les distractions, 26 % la possibilité de nouer des contacts.

La moitié des internautes utilisent le courrier électronique, un tiers naviguent sur des sites, 13 % téléchargent des fichiers, 5 % dialoguent dans des forums.

30 % des internautes, soit deux millions de personnes, participent à des forums (juin 2001). 31 % espèrent y rencontrer des gens partageant leurs centres d'intérêt (22 % seulement des Allemands, 17 % des Britanniques).

75 % des 12-16 ans se sont déjà fait des amis sur Internet.

76 millions d'e-mails publicitaires ont été envoyés en France en décembre 2001.

44 % des 18-24 ans avouent ne pas se préoccuper de la syntaxe lorsqu'ils communiquent sur Internet.

76 % des internautes déclarent ne pas répondre ou mentir lorsqu'on leur demande de remplir des questionnaires de qualification en ligne. Le mot Internet évoque quelque chose de positif pour 71 % des Français, contre 23 %. [...]

50 % des internautes disent ne pas trouver facilement ce qu'ils cherchent sur les sites en matière d'information de toute nature.

Activités

1. Faites le commentaire oral de ce qui est dit sur la souris.

2. Interprétez les statistiques données sur Internet.

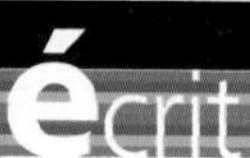

bilan

écrit

Quiz sur l'ensemble des textes de l'unité

1. Les touristes spatiaux ressentiront-ils les mêmes effets de la pesanteur que sur terre ?

2. D'après Bernard Debré, la transgression
 a. permet-elle ou
 b. empêche-t-elle le changement ?

3. Quel adjectif convient le mieux pour traduire la pensée de Bernard Debré ? Le changement est-il :
 a. souhaitable ?
 b. révolutionnaire ?
 c. inquiétant ?

4. La déréglementation des marchés a entraîné :
 a. la croissance des pays sous-développés.
 b. celle des pays développés.
 c. la croissance générale.

5. Dites ce qui empêche la réforme du système monétaire international :
 a. c'est le fait que les États-Unis, l'Europe et le Japon sont des hyper-puissances.
 b. c'est parce qu'ils ne sont pas d'accord entre eux.

6. Selon Tocqueville, le pouvoir absolu d'une majorité est un progrès pour la démocratie ?

7. Pour Philippe Breton, l'idéal de transparence est-il un bienfait pour la société nouvelle ?

8. Qu'envisagent les informaticiens comme nouvelles prothèses humaines ?

9. D'après les textes de la rubrique « Le saviez-vous ? », les utilisateurs d'Internet deviendront-ils plus intelligents ?

Oral

Compréhension

 **1. Vrai (V) ou faux (F) ?**

1. Les nouvelles technologies annoncent une révolution de l'humanité.
2. L'homme du XXe siècle est libéré de l'obligation de mémoriser.
3. L'ordinateur ne nous aide ni à réfléchir ni à imaginer.
4. Michel Serres fait confiance à l'homme.
5. Les nouveaux objets informatiques aident l'homme.
6. L'homme du XXIe siècle sera un inventeur.
7. Le numérique n'est pas comparable à l'imprimerie.
8. On assiste à une accélération des progrès techniques.
9. On entre dans la troisième révolution industrielle.
10. Nous sommes au début d'une nouvelle époque de l'humanité.
11. Les industriels et les techniciens travaillent pour rendre Internet plus accessible à tous.
12. La conclusion du conférencier sur le numérique est plutôt pessimiste.

2. Résumez en une phrase la vision optimiste de Michel Serres.

Transcriptions des bilans oraux

UNITÉ 1, p. 24

Conversation

Béatrice – On parlait d'art tout à l'heure... y a l'art culinaire... L'art culinaire il est pas fait pour rester... il est fait pour être mangé et digéré... Donc les gens vont passer des heures à faire des courses à préparer euh... des sauces extraordinaires... et à préparer des assiettes divinement décorées... ça va être mangé en trois minutes... quelquefois par des sagouins qui vont même pas s'apercevoir que c'est bon et très *(Mara rit)* recherché et c'est digéré et point barre... et c'est ce que j'aime, c'est ce côté éphémère.

Mara – Je trouve que ta métaphore est assez extraordinaire.

Jean-Pierre – Éphémère du théâtre...

M – Oui c'est tout à fait ça...

B – C'est fait, y a un petit moment où tout le monde est heureux... c'est le moment où l'assiette arrive... où la personne goûte... où le cuisinier est heureux.

M – Très bien, mmmhmh...

B – Voilà c'est une espèce d'alchimie... il faut les spectateurs... il faut la pièce, il faut euh... et puis après c'est fini... tout le monde rentre chez soi... et puis ils allèrent tous à la plage... *(Mara rit)*

UNITÉ 2, p. 38

Les bâtisseurs d'Europe
« La gestion du temps en Europe », France Inter, 2 mars 2002
Noëlle Bréham et Édouard Lecerf
© INA

Comparaisons entre Américains, Européens et Japonais à propos de la gestion du temps

Noëlle Bréham – Alors en dehors du travail, comment occupons-nous notre temps libre ? Édouard Le Cerf est directeur général adjoint de l'Institut de sondages IPSOS et il nous fait part du résultat de l'enquête comparative entre Européens, Japonais et Américains.

Édouard Lecerf – On s'aperçoit aujourd'hui que, que l'on habite en Europe, au Japon, aux États-Unis, on passe ou on déclare le même temps passé à faire des tâches très communes : on passe le même temps à se rendre à son travail, environ trente minutes... on passe le même temps à lire... on dit qu'on passe à peu près une heure à lire chaque jour, ce qui est peut-être un peu plus que la réalité... on passe à peu près le même temps à regarder la télévision, à peu près le même temps à faire les courses. Ça, ce sont des choses qui sont finalement... avec les vraies différences culturelles qu'il y a entre ces... ces pays ou ces continents... des choses qui, aujourd'hui, sont similaires. Et puis, il y a encore de vraies différences, des différences culturelles... les différences culturelles, on les retrouve par exemple sur euh... le temps passé à faire du sport. Les Japonais disent pratiquer beaucoup plus le sport... alors peut-être que la pratique du sport, effectivement est mieux intégrée dans les entreprises, est plus complètement intégrée dans une journée de travail et donc leur permet de dire qu'ils y passent plus de temps. Ils passent plus de temps aussi les Japonais nous disent-ils à... faire leur toilette... on est à peu près à 40 minutes aux États-Unis et en Europe... on est à près d'une heure au Japon... Mais là aussi, impact culturel : le bain, le fait de prendre son bain, ensemble en famille etc... est quelque chose qui est toujours très important et qui est marqué... ce qui explique cette différence dans la déclaration... Et puis il y a d'autres différences par exemple sur le fait de s'occuper des enfants : les Américains ont sans doute à la fois le sentiment et la réalité de s'occuper toujours de leurs enfants...

UNITÉ 3, p. 52

Conversation

Béatrice – Tu as des très bonnes chaînes de télévision qui te donnent la même chose... qui sont faits par des professionnels euh et qui coûtent moins cher parce qu'en plus ce qu'il faut pas oublier c'est qu'on est libre *(voix superposées)* mais on est libre de dépenser beaucoup de sous pour aller se...

Mara – Oui mais là c'est différent tu es acteur, oui mais toi tu es acteur, tu rentres dans le euh dans le processus et tu fais... tu vas vers ce vers quoi tu veux aller... c'est quand même assez extraordinaire...

Patrick – Exactement. Par par rapport à la télé... la télé c'est vrai qu'on appuie sur un bouton et puis euh on on prend...

M – Tu es récepteur.

P – On est récepteur, on prend ce qu'on nous donne... alors que... Internet c'est euh, on va chercher ce qu'on a envie de chercher quoi et ce dont on a besoin. Et c'est vrai que Internet, moi je trouve que c'est une... c'est une encyclopédie euh immense qui est à portée de la main quoi, à portée de clic... et qu'on pourrait pas avoir chez soi, c'est-à-dire ça dépasse les 25 volumes ou je sais pas combien y en a de l'encyclopédie *Universalis*... c'est-à-dire c'est immense... immense... c'est énorme. On a ça à portée de la main, on va chercher l'information.

Jean-Pierre – Peut être que c'est trop justement tu vois parce que après le problème c'est le problème du choix.

P – C'est beaucoup, c'est énorme.

JP – En fait le gros problème c'est comment trouver cette information... quand tu te poses des questions la grande intelligence c'est de savoir, c'est de savoir poser la bonne question pour pouvoir trouver la réponse sur Internet mais si tu ne sais pas poser la bonne question, il est impossible de trouver la réponse.

M – Mais sans parler d'Internet, regarde au niveau tout simple de l'outil informatique... euh moi je me souviens qu'avant d'avoir l'ordinateur... euh, je te dis pas ce que j'avais comme monceau de paperasses chez moi... de classeurs... de papiers classés... etc. et là euh c'est extraordinaire, j'ai plus tout ça, c'est... ça se fait en deux clics, je rentre un dossier dans un dossier, j'ai besoin de telle chose je vais la chercher tout de suite, en deux secondes c'est imprimé... et là par exemple en ce moment j'écris... eh bien à l'époque où j'avais pas cet outil informatique... euh c'était quand même quelque chose, j'avais une machine à écrire euh quand il y avait une erreur il fallait prendre le Corrector... fallait faire ci... fallait faire ça... ou alors les machines qui corrigeaient automatiquement... mais tu pouvais pas déplacer tout un groupe de mots pour aller le mettre à tel endroit etc... Moi je travaille beaucoup plus vite... et c'est vraiment extraordinaire... T'es libre de... tout d'un coup de déplacer tout un bloc de texte... de le mettre ailleurs... de, c'est quand même euh.

B – Et on aura plus ces admirables livres... *(Mara rit)* euh ou documents en tous cas... où les ratures de Victor Hugo étaient encore du Victor Hugo.

JP – Oui.

M – Oui mais Béatrice, moi je suis d'accord avec Patrick, qu'il faut avoir les deux.

B – J'aime les lettres, j'aime l'écriture de George Sand. Bon George Sand écrirait maintenant... je suis persuadée qu'elle écrirait...

UNITÉ 4, p. 64

À voix nue
« Grands entretiens d'hier et d'aujourd'hui »,
France Culture, 18 janvier 2001
Production : Alexis Maillard
Réalisation : Viviane Noël
Avec Christian Lacroix
© INA

Alexis Maillard – En mars 88, vous créez votre prêt-à-porter, à ce moment-là, quelle est la place de la haute couture par rapport au prêt-à-porter pour vous, est-ce que c'est un laboratoire... la haute couture ? Est-ce que c'est un... une façon de vendre une image... ou... ?

Christian Lacroix – La haute couture, pour moi elle n'est pas du tout un musée, ça, c'est sûr mais c'est tout à fait très bien que dans des groupes comme le nôtre ou que dans des maisons comme celle-là, il y ait la possibilité de faire perdurer le savoir-faire de première comme celui de ma première flou[1] qui s'appelle Janine et qui a commencé en 43 et – ce n'est pas du tout être goujat que de le dire – chez Fath[2] et ce qu'elle a, cette femme quand on travaille ensemble, que je lui donne mes dessins et qu'on cherche comment leur donner réalité, elle a un savoir fou dans les mains donc ça, ça coûte très cher... et c'est bien que ça existe encore... bon... mais il faut que ce soit – et ce qui me manquait ailleurs là où j'étais avant... que ce soit prolongé... il ne faut pas créer de frustrations... Moi j'en ai et ça me fatigue et ça m'irrite quand on me croise dans la rue et qu'on me dit très gentiment : « Ah ! j'aime beaucoup ce que vous faites mais c'est inabordable ! »... alors « j'aime beaucoup ce que vous faites...alors je dis « Pourquoi vous ne le portez pas ! »... je ne suis pas très agressif normalement mais c'est gentil... « Mais c'est trop cher »... mais peut-être que nous avons mal communiqué sur les lignes que nous avons... on est pas là pour faire de la promo... mais disons qu' il y a cette couture qui est pour moi l'occasion de m'exprimer d'une manière complètement... non pas gratuite mais... totale et radicale... parce ce que rien n'y est impossible et après les images que j'aurai engrangées pour faire ces espèces de scrapbooks ou de dossiers que j'utilise pour communiquer avec mes assistants... elles vont après générer une fois simplifiées une fois mises au point industriellement... même si on ne peut pas faire de la haute couture dans une usine... elles vont essaimer et nourrir les autres équipes, les autres lignes... c'est le point de départ de tout, la haute couture pour moi ici, que ce soit pour faire un bol en porcelaine ou n'importe quoi d'autre...

notes

1. « ma première flou » est le nom donné à la couturière spécialisée dans la couture des robes à l'unité (le CAP « couture flou » est un examen des métiers de la couture).

2. Jacques Fath crée sa maison de haute couture en 1944, faubourg Saint-Honoré à Paris.

UNITÉ 5, p. 78

Surpris par la nuit
« Jean Leymarie interprète de la peinture »,
France Culture, 5 juin 2002
Production : Alain Veinstein
Avec Jean Leymarie, Alain Veinstein, Paule Chavasse

Séquence 1

Jean Leymarie – Un artiste, c'est quelqu'un qui ne vit pas dans l'histoire, qui vit dans le mythe. Chez Picasso c'est évident, tous les mythes méditerranéens sont présents, absolument tous... Les artistes ne veulent pas se situer dans l'histoire, ils ne veulent pas, ils veulent échapper d'une part à la chronologie et à la classification historique, ils se réclament, en effet de l'intemporel, ils se réclament des mythes.

Alain Veinstein – Bien qu'il y ait chez Picasso par exemple une réaction très très forte à l'événement.

JL – Ah mais cela, ça n'empêche pas, ça n'empêche pas de vivre, de réagir à l'événement... [...]

JL – Tout l'art moderne c'est aussi la redécouverte de tous les musées imaginaires, de toutes les cultures antérieures et plus précisément des cultures primitives qui sont le contraire de la modernité. Tous les grands créateurs, que ce soit des artistes des peintres, des sculpteurs ou des poètes, ont réagi contre la modernité justement et ils se sont servi des cultures primitives... parce que notre modernité, c'est une civilisation machiniste et matérialiste en grande partie et une civilisation qui croit qu'il y a progrès... je veux dire que le cubisme, c'est plus fort que Cézanne etc. que l'abstrait, c'est plus fort que le cubisme... enfin des considérations absolument idiotes...

Séquence 2 : À propos de Giacometti

Paule Chavasse – Quelle est l'image dominante que vous gardez de lui ?

JL – C'est difficile de répondre, enfin je n'ose pas dire que j'étais son ami, j'étais son interlocuteur et je l'ai connu dès son retour de Suisse à la fin de la guerre et je l'ai vu jusqu'à la veille de sa mort. J'ai l'impression de n'avoir vraiment existé sur tous les plans que durant mon dialogue avec lui, c'est lui qui m'a appris à voir, j'ai visité quantités d'expositions avec lui et un petit peu tout ce que je faisais, enfin tout ce que je visitais, était relié à son atelier qui était pour moi une sorte de sanctuaire si j'ose dire, bien que ce fut un endroit apparemment misérable et démuni, et en même temps, tout le sens que j'attachais à l'art aussi bien à l'art de tous les temps, qu'à l'art contemporain, ça se situait en fonction de lui.

PC – Et comment expliquez-vous cela ? Vous dites : « il vous a appris à voir », il avait l'intention de vous montrer quelque chose ?

JL – Non...

PC – Ou bien il a eu une influence par rayonnement...

JL – Non parce que comme la plupart des gens, je ne sais pas voir... il n'y a que les peintres qui sachent voir... et en bavardant avec lui des heures interminables jusqu'à l'aube... ce qu'il aimait par-dessus tout... par exemple ce qu'il m'a appris à voir c'est le frémissement des petits arbres du quartier d'Alésia à l'aube... mais pendant les soirées où l'on bavardait, il dessinait sans arrêt continuellement, il regardait sans arrêt... et alors j'apprenais à voir tout ce qu'il y avait autour de nous et cela, c'est quelque chose d'incomparable mais je me rappelle très bien d'un moment, d'ailleurs, où... lorsque nous étions au Louvre vers 47 ou vers 48... le monde a basculé pour lui... c'est-à-dire que je... je prends la sculpture égyptienne qu'il aimait par-dessus tout... et alors, à un moment donné... les gens qui circulaient dans les salles étaient pour lui plus vivants, plus importants, que les sculptures... ce qui est la meilleure façon de rendre hommage à l'art et à la vie qui pour lui étaient inséparables.

UNITÉ 6, p. 92

À voix nue
« Amin Maalouf », France Culture, 7 janvier 2003
Production : Catherine Pont-Humbert

Catherine Pont-Humbert – Votre départ du Liban en 1976 et puis votre condition d'immigré depuis n'est sans doute pas étrangère, Amin Maalouf[1], au fait que vous ayiez réfléchi à la question de l'identité, notamment dans un texte qui s'intitule *Les Identités meurtrières* et qui est paru en 1998 où vous réfléchissez sur ces différences identitaires qui conduisent souvent à l'intolérance, à des tensions, et au fond, cette notion d'identité qui est aussi ancienne que la philosophie, on se dit qu'aujourd'hui elle est fondamentale et qu'elle est probablement au cœur des questions que nous pose la mondialisation par exemple.

Amin Maalouf – Je crois que la question fondamentale pour le minoritaire que je suis... c'est la question de sa place dans le monde... J'ai envie de sentir pour moi-même et pour mes semblables que nous avons une place dans le monde, que le fait d'appartenir à un groupe minoritaire n'est pas un facteur de discrimination que l'on doit subir tout au long de sa vie.
Et je crois que le fait d'être né au Liban donne une conscience profonde de ce problème. Et il est vrai que, aujourd'hui, ce problème ne se pose pas uniquement au sein de sociétés un peu complexes, un peu atypiques, comme la société libanaise, je pense qu'il se pose dans

le monde entier. Je pense que… avec les progrès techniques qui ont fait que le monde devient ce « village » dont on parle tellement… cela a pour conséquence de rapprocher les gens physiquement, alors qu'ils ne sont pas véritablement proches dans leur sentiment d'appartenance.
Il faut les faire vivre ensemble malgré tout, malgré toutes les différences, malgré toutes les trajectoires différentes, malgré toute la pesanteur historique et… quand parfois on me parle du Liban en tant que mosaïque de communautés, j'ai envie de répondre : mais le monde entier est une mosaïque de communautés, et même si, au Liban, on est dans le cadre d'un seul pays, en un sens, dans le monde entier, on est de plus en plus dans le cadre d'une même entité.
On a besoin de… d'apprendre à gérer ces différences, on a besoin d'apprendre à gérer ces problèmes de coexistence. C'est vrai, dans chaque pays, et c'est vrai, au niveau mondial.

note
1. Amin Maalouf, écrivain libanais vivant en France, auteur du livre *Les Identités meurtrières* paru en 1998 aux éditions Grasset.

UNITÉ 7, p. 110

Conversation

Séquence 1

Jean-Pierre – Une pièce de théâtre une fois qu'elle a été faite, elle a été faite, c'est fini elle n'existe plus, mais… mais…

Patrick – Alors…

JP – Excuse-moi…

P – Non, vas-y, je t'en prie…

JP – Mais, pourtant, il reste quand même quelque chose de magique dans le théâtre, c'est que moi, j'ai assisté à des… à des … à des représentations au TNP[1], ça s'appelait comme ça à l'époque avec Vilar. Et je me dis Vilar il faisait des… des …des représentations pour pour des scolaires et donc j'ai vu euh, *Mère Courage* [2], euh, *L'Irrésistible Ascension d'Arturo Ui* [2] euh… etc. etc. Et je me dis cet acteur-là, il a fait des représentations comme ça pour des scolaires. Et dans ce public-là, il y avait un petit garçon qui était moi et qui qui toute sa vie garde, mais c'est physique, quand… quand je retourne maintenant à Chaillot, je t'assure qu'en redescendant les marches j'ai cette sensation physique… oui… de ce petit garçon qui allait voir ces pièces de théâtre.

Béatrice – Faut dire qu'il y avait un souffle énorme.

JP – Et ça, c'est magique. C'est vrai que ça n'existe plus… mais il reste… comme ça… toute ma vie. J'ai ces représentations et je vis avec ces représentations.

B – Et c'est à toi, ça t'appartient à toi seul…

JP – Voilà…

Mara – Mmhm…Ce n'est pas quelque chose qui t'a été imposé par un réalisateur. C'est ta propre émotion.

JP – Oui, oui, y a quelque chose de magique.

notes
1. TNP : Jean Vilar (1912-1971), acteur, metteur en scène, devint en 1951 le directeur du TNP (Théâtre national populaire au palais de Chaillot, à Paris). Il proposa un programme de spectacles ambitieux devant un très large public, réalisant ainsi son idéal : réconcilier audience populaire et qualité du répertoire.
2. Pièces de Bertolt Brecht.

Séquence 2

B – Et puis, de toutes façons, moi, pourquoi j'aime le théâtre. Vous voulez que je vous dise pourquoi j'aime le théâtre ?

M – Oui, oui.

B – C'est parce que d'abord, en général, il y a des beaux textes.

M – Oui, enfin pas toujours hein ! *(Rires)*

B – Voilà, j'attendais, j'attendais, j'attendais… je dis ça parce que j'ai pas toujours joué de beaux textes… j'ai quelquefois essayé de les arranger mais… *(Rires)*

JP – Oui… oui.

M – Vous avez tous comme moi refusé de jouer dans certaines pièces…

B – Mais y'a surtout que, c'est une espèce de cri jeté et le lendemain, on peut faire autre chose… Ça n'est pas figé… On a toujours le droit de revenir, de reprendre, de s'améliorer, de faire plus, de faire moins, de faire mieux, de faire autre chose.

M – Mais ça aussi, c'est un aspect positif du théâtre.

UNITÉ 8, p. 124

Conversation

Mara – Et puis y'en a un autre… je sais pas si vous avez lu et vu… *la Cité de la joie*… et je trouve que c'est une belle réussite d'adaptation d'un livre au cinéma.

Jean-Pierre – Parce que moi j'ai eu exactement le contraire avec *l'Étranger* de Camus qui a été qui a été mis à l'écran je sais pas si vous l'avez vu, il a pas eu beaucoup de succès ce film. Donc, j'ai lu le livre qui est assez bon, c'est un livre qui accompagne ma vie euh euh y a tellement de différents degrés de lectures sur ce bouquin et sur ce personnage...

M – C'est très très très complet le livre comme outil, euh ça fait travailler l'imagination, ça fait travailler l'esprit de création, ça fait travailler parce que... de ce que tu prends dans le livre, de là... ton esprit va vagabonder... va aller...va envisager d'autres choses. Ca fait travailler la mémoire, ça... ça cultive ... Moi, je trouve que c'est quand même quelque chose de fantastique la lecture.

Patrick – Et est-ce que... est-ce que n'importe quel bouquin peut apporter ça justement... ou est-ce qu'il faut ou justement il faut se diriger plutôt vers des classiques... Balzac... Zola... ou des auteurs contemporains... ou alors est-ce qu'on peut prendre Harlequin[1], on peut prendre... *(voix superposées)*

JP – Ben, c'est un peu comme la musique...

M – Moi, je pense qu'il ne faut pas se faire violence dans la lecture... faut pas se faire violence... faut se faire plaisir.

Béatrice – C'est la différence entre le sandwich et un trois étoiles quoi... ça dépend des moments... ça dépend euh...

JP – Oui, mais enfin il y a une culture, il faut y aller doucement aussi hein...

B – Ça dépend du besoin... oui.

JP – Tu peux pas attaquer Proust immédiatement... Il faut être passé dans d'autres livres... pour arriver à accepter les longueurs de phrase... les métaphores... l'imaginaire... le style d'écriture... Enfin, il y a une initiation quand même à la lecture.

B – Oui et je pense que par rapport à ta propre vie, y'a des moments où tu vas pouvoir entrer dans un livre, une saga de 1 500 pages... euh euh avec une écriture un peu difficile... et beaucoup d'informations... et puis y a des jours où effectivement tu auras envie d'un petit roman policier très rapide ou d'un San Antonio[2]... qui va te divertir... tu vas faire une heure avec... et puis tu vas le poser dans un coin... tu l'auras oublié, mais tu auras passé un excellent moment voilà. Ça correspond à des besoins différents... à des moments différents.

notes

1. Harlequin : éditeur d'une collection de romans dits « de gare » populaires. L'intrigue romanesque est simplissime, histoires de cœur.
2. San Antonio : nom de plume de Frédéric Dard, écrivain (1921-2000) et auteur prolixe de romans policiers (plus de 200 !)

UNITÉ 9, p. 140

Conversation

Séquence 1

Jean-Pierre – Mara pourquoi tu voyages en fait ?

Mara – Quand je suis fatiguée, je pars me reposer... donc là, il faut pas se casser la tête... donc là c'est du clé en main... et quand je suis en forme... et que je veux tout d'un coup me dépayser et découvrir un pays etc... alors là, je pars, je suis l'aventurière, je suis même capable, tu vois, de partir avec... ce que j'ai déjà fait, au Mexique avec un sac à dos sans avoir même fait de réservation en me disant, allez hop on y va et on verra. Je vais vivre comme les gens là-bas et on se débrouillera. Et c'est des voyages aussi extraordinaires... ça.... C'est pour ça que tout à l'heure, je disais qu'est-ce que vous aimez faire comme voyages... parce qu'il y a différentes façons de voyager.

Patrick – Oui.

JP – Oui, oui enfin oui, le Club Med j'adore aussi... c'est... mais pour moi, c'est pas un voyage... c'est t'achètes du soleil... et t'achètes la mer, du soleil et du repos... mais tu voyages pas... tu vois ce que je veux dire ? je... c'est-à-dire que j'aille à Agadir ou euh... à Marrakech ou je sais pas moi.

M – Mais t'es quand même au Maroc, t'es plus en France, t'es au Maroc.

JP – Oui, mais t'es tellement déconnecté...

Séquence 2

M – Mais, ce que tu disais avant aussi Patrick aussi c'est un voyage... le simple fait de prendre un avion, d'aller dans un endroit... même si tu vas dans un hôtel et que tu restes dans ce même hôtel... mais tu vas sortir de l'hôtel... tu vas rencontrer des gens euh... une population de gens qui ne ne correspond pas du tout à celle avec laquelle tu vis habituellement... Tu vas faire des choses que tu fais pas forcément habituellement... tu vas aller dans des lieux nouveaux... complètement nouveaux pour toi euh... bon c'est déjà du voyage.

P – Mmmh...

JP – Oui mais t'as pas le même contact... moi je suis allée en Gambie... dans un club... et ben j'ai pas l'impression d'avoir euh appréhendé l'Afrique... tu vois. Pourtant je suis sorti du club... j'ai essayé, j'ai loué une voiture... mais y a une sorte de frustration... j'ai... j'ai... je me suis pas senti, automatiquement j'avais euh... j'étais touristique euh le touriste pardon... euh parce que j'avais une voiture, j'étais dans un club, je sais pas...

P – Oui parce qu'en fait... c'est un milieu un peu, c'est un milieu un peu artificiel, en fait, qui... qui est créé pour le touriste... pour qu'il soit bien, pour qu'il n'ait pas trop froid, pas trop chaud, pas trop faim, etc... c'est pas euh, c'est pas le coté euh je sais pas où je suis euh, je sais pas ou je vais rencontrer, là on est...

JP – Oui, y a pas le côté découverte ou découverte.

UNITÉ 10, p. 158

L'éloge du savoir
« Le nouvel ordre numérique »
Conférence de Laurent Cohen Tanugi, Université de tous les savoirs, France Culture, 19 octobre 2001
Réalisation : Malika Mezghach
© INA

Laurent Cohen Tanugi – Michel Serres entrevoit dans les technologies, dans les nouvelles technologies, la troisième révolution de l'humanité. Je le cite : « Nous sommes désormais libérés de l'écrasante obligation de toute activité mnémonique tout comme nous sommes libérés d'un certain nombre de rationalités opératoires. Toutes ces facultés : mémoire, raison opératoire, même imagination sont en train de descendre dans des objets.
Qu'allons-nous en échange gagner ? Quel homme sommes-nous en train de créer ?
Je précise que sa vision est optimiste. Il considère que la libération de toutes ces contraintes... historiques pour l'humanité est propice à de nouvelles créativités, à de nouvelles inventions. Qu'allons-nous donc inventer une fois que nous sommes libérés de toutes ces contraintes et que les objets font cela pour nous ?
Alors, pour conclure ce premier temps. – Est- ce que le numérique constitue une révolution comparable à la découverte de l'imprimerie ou un simple progrès technique ?
Est-ce qu'on a là une troisième révolution industrielle ou une simple accélération des évolutions en cours depuis le dernier demi-siècle ? Le débat reste ouvert.
Gardons cependant à l'esprit avant de chercher à le trancher que nous ne sommes qu'au commencement de l'ère numérique ; que l'Internet de deuxième génération, celui du haut débit, de la mobilité et de l'ubiquité qui occupe industriels et techniciens est encore devant nous.

1. LE GROUPE NOMINAL : caractérisation et désignation

1.1. Opposition caractériser / désigner

Le groupe nominal peut recouvrir deux « visions » linguistiques, c'est-à-dire deux intentions de communication :

- L'intention de **caractériser**, c'est-à-dire d'attribuer une qualité (ou un défaut). Par exemple, je peux dire en parlant du rugby :
  C'est ***un*** *monde d'hommes* (c'est-à-dire un monde masculin)
- L'intention de **désigner**, c'est-à-dire de préciser de quel « objet » je parle :
  Le monde ***du*** *rugby*

La structure « **le** + **de** + article » me permet de **désigner** le monde particulier dont je parle. Je peux parler aussi du monde du sport, du monde des affaires, du monde des artistes, etc.

L'article défini est aussi appelé « déictique », d'un mot grec qui signifie « désigner ».

Il faut donc noter les différences suivantes :

Caractériser :	**un** **une** **des**	+ nom	+ **de**	+ nom	Valeur générique
Désigner :	**le** **la** **les**	+ nom	+ **du** **de la** **des**	+ nom	Valeur déictique

Remarque. Le nom à la base du groupe nominal peut résulter de la transformation d'un verbe en nom. On appelle ce phénomène la **nominalisation** :

La chair triomphe. → *le triomphe de la chair*
Les sociétés évoluent. → *l'évolution des sociétés*

La notion de désignation s'applique également à ce type de groupe nominal : de quel triomphe s'agit-il ? De quelle évolution s'agit-il ?

• **Observez**

Les exemples ci-dessous sont tirés du texte d'Émile Zola (p. 74) :

Caractériser	Désigner
Adam d'une ligne si noble	*La création du monde*
Cette Ève, aux flancs solides	*La justice de Dieu (nom propre)*
Cette Ève, d'une grâce fière	*L'exaltation du corps humain*
Cette Ève, d'une splendeur de torse	*L'ouragan de la création*
Des yeux de langueur	*L'infini de l'invisible*
Notre âme de moderne	*La grâce de la passion*
Un air de dédain	*La haine de la santé*
	Le maître de la clarté

1.2. Les différents procédés de caractérisation

a. Caractériser en utilisant la préposition *à* :

On peut utiliser la proposition ***à***

- **avec l'article défini** :
  Une femme ***à la*** *bouche sensuelle,* ***aux*** *yeux profonds*
  Une tarte ***aux*** *pommes*
- **sans article défini** :
  Un tissu ***à*** *fleurs, une chambre* ***à*** *deux lits*

Dans ce cas ***à*** signifie « avec », ou « qui possède », « qui a ».

La préposition ***à*** s'emploie sans article avant un verbe à l'infinitif, ou quand il y a eu suppression d'un verbe dont le sens reste sous-jacent :

Un fer à repasser
Un couteau à pain (à couper le pain)
Une tête à gifles (destinée à recevoir des gifles)

Dans ce cas ***à*** signifie « pour », « destiné à ».

• **b. Autres procédés de caractérisation** :
Dans la description littéraire surtout, de nombreux procédés sont utilisés. Voir pages 74-75.
Rappelons quelques-uns de ces procédés :
• La comparaison :
ferme comme des fruits
pareilles à des bouchères géantes
• L'intensité : **si... que ; tel... que ; quel, quelle... !**
*Une douleur **si** profonde (...) **qu'**il n'en est pas de plus insondable.*
*Un souci **tel** de la grâce **qu'**elles en sont parfois maniérées.*
***Quelle** exaltation du corps humain !*
• L'accumulation de groupes nominaux descriptifs, juxtaposés, sans coordination, introduits par une exclamation :
Ah !... cet Adam superbe, d'une ligne si noble (...) la main tendue (...), geste admirable, espace sacré... etc.

1.3. La désignation et ses emplois

Désigner, ou utiliser **l'article défini**.
• L'article défini, nous l'avons dit, sert à désigner. Il s'applique aussi bien aux mots concrets qu'aux mots abstraits :

Mots concrets	Mots abstraits
– *la table* (qui est devant moi) ou *la Table* (en général) dans le groupe *les arts de la Table* – *le sel* (qui est devant moi) ou la métaphore du sel dans : *le sel de la Terre*	– *la paix* – *la beauté* – *la santé* – *le bonheur*

• Dans un groupe nominal qui vise à désigner un type d'« objet » (choses ou personnes), on retrouve l'article après la préposition « de » :
la paix du monde — *le bonheur des jeunes mariés*
la beauté de la vie — *la santé des Français*

• Mais il n'est pas toujours aisé de savoir si on doit utiliser l'article ou non. Il peut être intéressant de réfléchir sur un exemple :
Dans une conversation, on peut discuter des privilèges en général : *posséder plusieurs maisons, prendre l'avion chaque fois qu'on en a envie, avoir beaucoup de temps libre*, etc.
– On peut désigner l'ensemble de ces privilèges comme étant **les privilèges des gens riches** (ou **des riches**).
– On peut aussi s'arrêter sur un privilège qu'on estime être celui qui n'appartient qu'aux riches, par exemple : *avoir une piscine privée*, et dire : *ça, c'est un privilège de riches*. Dans ce cas on a caractérisé un type de privilège.
La langue française reconnaît ces deux intentions de communication différentes en supprimant l'article défini lorsqu'il s'agit de caractériser.

1.4. La transitivité dans les compléments de nom

a. Observez la transitivité à l'intérieur du complément du nom.
Lorsque le substantif de base du groupe nominal est formé à partir d'un verbe transitif : « garder », « élever », « vendre »..., le nom qui suit et qui sert à caractériser ce substantif de base est en rapport de complément d'objet direct : *on garde un musée, des immeubles, on élève des animaux, on vend des voitures*, etc. Même si ce complément d'objet est pluriel, l'article défini pluriel n'est jamais présent dans le groupe nominal.
On dit : *un gardien **d'**immeubles, un éleveur **de** chiens, un vendeur **de** voitures.*

b. Observez les compléments de nom suivants pour vérifier si vous avez compris la règle :
un couteau de table
un éleveur de chiens
un produit de beauté
un agent de police
les manières de table
une folie de mouvement

des attitudes de héros
des corps d'hommes
un travail de femme

les arts de la table
le charme de la beauté
la folie des hommes
le sacrifice du héros
la beauté des corps
le travail des femmes

Si vous n'avez pas compris, peut-être pouvez-vous formuler la règle d'une manière qui fonctionne bien ou mieux pour vous.
• Observation :
La **caractérisation du nom**, en français, se déroule **de gauche à droite**. Ce n'est pas le cas dans toutes les langues :
Le club des éleveurs de chiens guides d'aveugles de Roanne.
Les excès de zèle du préfet de police de la ville de...

1.5. Autres cas de complémentation du nom

a. Le complément de l'adjectif ou du participe passé

C'est aussi un mode de caractérisation :
– *Devant sa petite table blanche, **éclaboussée de** soleil...* (Ph. Delerm, p. 18)
[expression de l'agent]
– (les bouches de Botticelli), ***énigmatiques en*** *leurs plis sinueux.* (p. 74)
[en = avec]
– *Le look a probablement été le mot le plus mortel, **inventé par** la décennie.* (Ch. Lacroix, p. 56)
[expression de l'agent]
– *Une famille aisée, artiste, éprise **de** musique et **d'**ouverture sur le monde.* (Y. Reza, p. 103)
[relation de transitivité]

b. La caractérisation par une proposition, complétant un nom ou un adjectif

*La création la plus prodigieuse **dont** un artiste eût jamais accouché !*
*Une douleur **si** profonde **qu'**il n'en est pas au monde de plus insondable !*
*Un souci **tel** de la grâce **qu'**elles en sont parfois maniérées.*
(Émile Zola, p. 74)

2. LA MISE EN RELIEF

2.1. Définition

La mise en relief

La mise en relief est un procédé fondamental pour assurer une bonne communication, orale ou écrite. Nous garderons ce terme pour désigner ce qui est parfois appelé en linguistique « topicalisation », « focalisation ».
Par **mise en relief**, nous désignons la manière d'attirer l'attention sur un des aspects de base de l'énoncé :
– le **thème** ou le sujet : ce dont on va parler ;
– le **prédicat** (le verbe) : ce qu'on va en dire ;
– le ou les **circonstants** : le temps, le lieu ou la manière qui accompagnent la prédication (mise en prédicat d'un thème).

Exemple :
Thème : *L'éducation des enfants*
Prédicat : *est l'objet de controverses parmi les spécialistes*
Circonstant : *depuis une dizaine d'années.*

2.2. Les procédés de mise en relief

a. La place

Placé en tête d'énoncé et suivi d'une pause, l'un ou l'autre des éléments peut être mis en valeur.
1. *L'éducation des enfants fait certes l'objet de controverses depuis un certain temps.*
2. *Les spécialistes ne sont pas tous d'accord sur l'éducation des enfants, depuis une dizaine d'années.*
3. *Depuis une dizaine d'années, on constate des divergences parmi les psychiatres en ce qui concerne l'éducation des enfants.*
On voit que, dans chacune de ces phrases, l'intention de communication est légèrement différente et dépend du moment où cette phrase est insérée dans une discussion ou dans la continuité d'un texte. Le discours permet d'exprimer ces différentes intentions.

Phrase 1 : peut suivre une partie de texte, ou un énoncé, où il était question du comportement des enfants qui résultait d'un type d'éducation incriminé.

Phrase 2 : cette phrase peut s'insérer dans une discussion qui préconise une certaine école psychiatrique pour montrer qu'elle n'est pas la seule.

Phrase 3 : cette phrase montre que les divergences sur l'éducation sont plutôt récentes.

La mise en tête d'une partie de l'énoncé peut donc être conditionnée par la place de l'énoncé dans le déroulement d'une argumentation ou d'une discussion. Mais dans un texte en continu, on constate que le scripteur met en tête ce qui lui paraît le plus important.

b. Les moyens linguistiques

• Les procédés d'**extraction** : ***Ce*** + relatif... + ***c'est***... ***Ce qui / ce que / ce dont / ce à quoi...***

Ce dont *on est sûr,* ***c'est*** *que personne n'est d'accord sur ce sujet.*
Ce qu'il *est important de souligner* ***c'est*** *le désaccord total...*
Ce qui *a réduit le temps de travail,* ***c'est*** *le progrès de la productivité.*
Ce qui *a changé,* ***c'est*** *l'idée qu'il suffit d'apprendre un métier.*

• Les procédés de **modalisation**

*Il **est certain** que l'éducation des enfants peut avoir un **fort** impact sur la crise de l'adolescence.*
***Certains prétendent** que l'éducation des enfants a un impact sur la crise d'adolescence.*

Ces procédés sont nombreux et sont à relever dans les discours oraux et écrits.

*Il est **absurde** de dénoncer le capitalisme et les marchés, mais il serait **souhaitable** de retrouver le sens des relations entre les hommes.*

• **À l'oral**, le prédicat peut être placé avant les procédés de modalisation :

Dénoncer le capitalisme et les marchés, c'est absurde, par contre retrouver le sens des relations entre les hommes, c'est ça qu'il faudrait faire.

D'une manière générale, à l'oral lors d'une discussion à plusieurs personnes, on utilise une syntaxe « segmentée », c'est un moyen de mieux transmettre l'information :

Dans ce cas là, oui, je suis d'accord, mais dans les autres cas, non !

• **À l'oral**, on peut également mettre en relief une modalité pour lui donner plus d'importance :

***Moi, ce que** je trouve de plus intéressant dans ce film, c'est l'utilisation de la couleur.*
***Moi, ce qui** me paraît important c'est l'idée que...*

2.3. Autres procédés

a. La mise en tête d'un élément de l'énoncé, accompagné d'un procédé répétitif, peut avoir un intérêt **stylistique** certain :

Avec ses vices et ses vertus, avec ses gros mensonges et sa générosité, avec sa bêtise et son mouvement, Internet est un délicieux chahut poétique.
Riche et varié, rempli de paradoxe, Internet est rempli d'humeurs contradictoires. (Ch. Couture, p. 41)

b. On peut également mettre en relief une **relation logique** :

***Ce n'**est **pas** parce que Johnny Cleg est blanc **qu'**il est occidental.*

c. ou un **élément circonstanciel** :

***Devant un public attentif**, un animateur élégant, presque raffiné, recevait quatre couples.*
***Aujourd'hui**, pour nourrir les audiences, la télévision n'a plus besoin de ces pratiques policières.*

d. Dans le discours **descriptif**, on met souvent en tête les circonstances, ce qui revient à planter le décor pour mieux situer l'action. Rappelons le début de la célèbre fable de La Fontaine, « Le Coche et la Mouche » :

Dans un chemin montant, sablonneux, malaisé
Et de tous les côtés au soleil exposé,
Six forts chevaux tiraient un coche.

e. Autres exemples de mise en relief, extraits des textes de Campus 4 :

Créer, c'est le propre de l'artiste. (H. Matisse, p. 71)
D'une certaine façon c'est ce futur des années 40 qui nous est encore proposé avec Internet. (Ph. Breton, p. 154)
Le problème du discours technophile, c'est qu'il assène l'idée que par nature Internet va transformer notre existence. (Ph. Breton, p. 154)
Au début des années 70 cependant une réaction salutaire se produit. (Pain et Histoire, p. 17)
Ce que j'aime dans la rue, ce sont les rares individualités qu'elle propose. (Ch. Lacroix, p. 56)
Ce qui compte en mode, je trouve, c'est de s'inventer. (Sonia Rykiel, p. 54)
Ce que je fais, ce n'est que la discipline d'une vie où aucun jour n'est férié. (Pascal Quignard, p. 105)

3. LA PROPOSITION INCISE

3.1. Définition

On peut désigner par ce nom une phrase adjectivale ou un groupe nominal à l'intérieur d'une phrase principale à laquelle ils apportent une information complémentaire descriptive, explicative ou modalisante. Ils sont en quelque sorte mis en dehors de la syntaxe de cette phrase, c'est pourquoi on utilise le terme « incise ».

• **Observez :**

– *Le joueur, furieux d'avoir été sifflé, se mit à insulter l'arbitre.*
– *Les hommes auraient seulement découvert, chose difficile, une nouvelle physionomie de la servitude.* (A. de Tocqueville, p. 155)

En français, la phrase incise est très utilisée dans la description littéraire car elle permet de caractériser sans recourir à une syntaxe complexe, puisqu'elle se déroule en propositions indépendantes dont la succession dresse un tableau apportant des informations diverses de manière synthétique.

• **Observez** cette description de Raphaël Confiant :

Cet homme-là, Mario Lorimer [...], insoucieux des âmes en peine qui, furieuses de n'avoir pas trouvé le repos et pressées de fuir la lueur du jour, s'en prenaient à l'univers entier, insoucieux des bêtes-longues qui serpentaient dans les halliers, leur langue fourchue prête à frapper, cet homme-là mérite honneur et respect. (p. 118)

Sans utiliser ce procédé avec autant de dextérité que R. Confiant, on peut néanmoins s'y exercer en partant de notations brèves, simples, qu'on aligne d'abord avant de les insérer les unes dans les autres. Ces notations, dans le texte de R. Confiant, sont les suivantes :

– *Cet homme, c'est Mario Lorimer.*
Mario Lorimer est insoucieux des âmes en peine.
Les âmes en peine sont furieuses parce que...
Les âmes en peine sont pressées de fuir...
Elles s'en prennent à l'univers entier
Mario Lorimer est insoucieux des bêtes-longues...
Les bêtes-longues ont une langue fourchue prête à frapper
– *Mario L. mérite le respect.*

On observe donc dans ce texte deux phrases incises principales commençant par « insoucieux » et deux autres incises à l'intérieur de ces incises : la première commençant par « furieuses » et la seconde par « leur langue fourchue ».

3.2. Les procédés linguistiques

Les procédés linguistiques permettent l'intégration de l'incise dans un ensemble en une seule phrase. Ce sont essentiellement :

a. La **transformation** de verbes en adjectifs ou participes passés, suivis d'un complément :
insoucieux de... furieux de... pressé de fuir...

b. L'utilisation du **pronom relatif** :
• Proposition adjectivale : *les bêtes-longues* ***qui*** *serpentaient dans les halliers.*

Ou :

• Moyen d'introduire une explication : *les âmes en peine* ***qui****, furieuses de...*
Dans cette dernière phrase, l'explication qui suit le relatif est elle-même dans une incise, c'est pourquoi elle est séparée du ***qui*** par une virgule.

• La **mise en apposition** d'un groupe nominal décrivant une attitude, précédé d'un déterminant (article défini ou possessif) et suivi ou non d'un complément verbal :
..., leur langue fourchue prête à frapper,...
..., le bec ouvert, le doigt tendu,...

• La mise en apposition d'un groupe nominal exprimant un point de vue (une modalisation) s'utilise sans article :
..., chose difficile, ... (A. de Tocqueville, p. 155)

b. La proposition incise dans les discours **expositifs** ou **argumentatifs**.
• Elle se rencontre aussi dans ces discours, mais de manière moins systématique, car ce qui importe c'est le déroulement des idées et l'enchaînement logique de la démonstration.
Mais on peut constater dans l'exemple suivant, qu'elle peut avoir une valeur expressive :
... tant les liens entre les peuples, ***économiques bien sûr, mais aussi politiques et culturels****, sont devenus étroits.*
(A. de Tocqueville, p. 155)

• Elle permet ici d'une manière simple de mettre en valeur et de hiérarchiser la nature des liens. Comme on le voit dans cette phrase (*chose difficile*), elle est aussi un moyen de faire un « clin d'œil » au lecteur, en donnant son point de vue sur un sujet.

4. COMPARAISON, QUANTIFICATION, INTENSITÉ

Un certain nombre de termes liés à la quantité sont très utilisés pour relier entre eux ces tois aspects sémantiques.
Voici les plus usuels :

autant (de)... que (de)	**plus... moins...**
d'autant plus que...	**de plus en plus**
d'autant que...	**plus... plus...**
etc.	

Il est intéressant de reclasser ces termes sous certaines rubriques notionnelles de manière à en comprendre l'utilisation.

4.1. La comparaison quantitative

autant de... que de... :	*La période dans laquelle on vit est faite* ***d'autant de*** *froid* ***que de*** *chaud, de violence* ***que de*** *doux.*
plus de... que de... :	*Dans cette région, il y a* ***plus de*** *RMistes* ***que de*** *chômeurs.*
moins de... que de... :	*Dans ce secteur, il y a* ***moins d'****offres d'emplois* ***que de*** *demandes.*

L'égalité dans l'opposition :
Autant *Pierre est entreprenant,* ***autant*** *son frère est timide.*
Paraphrase : *L'un est aussi entreprenant, « fonceur », que l'autre est réservé, timide.*

4.2. L'intensité progressive, positive et négative

– *Les relations sont de* ***plus en plus*** *directes entre les citoyens consommateurs et leurs interlocuteurs et prestataires.*
– ***Plus*** *je vous vois,* ***plus*** *je vous aime.*
– ***Plus*** *je réfléchis,* ***moins*** *je pense que c'est une bonne idée.*
– ***Plus*** *nous sommes sensibles à la critique,* ***moins*** *il faut le laisser paraître.*

4.3. L'intensification de la cause

– ***À force de*** *patience, il finira par réussir.*
– *Si j'ai fini par problématiser la philosophie de la musique, c'est* ***à force de*** *m'entendre demander (...) pourquoi je consacrais des livres à des musiciens.* (V. Jankélévitch, p. 72)
– *La chaleur était suffocante,* ***d'autant plus qu'****on ne sentait pas le vent de la mer.*
– *Je n'avais pas envie de prendre la parole,* ***d'autant plus que*** *je n'avais rien préparé.*

5. LA CAUSE ET LA CONSÉQUENCE

Les notions de **cause** et de **conséquence** mettent en rapport deux évènements, l'un étant la cause de l'autre. On peut donc envisager de regarder une même suite d'évènements soit du point de vue de la cause, soit du point de vue de la conséquence.
Par exemple :

Fumer provoque le cancer du poumon.
Le cancer du poumon est dû à la cigarette.

5.1. Les moyens d'expression de la cause et de conséquence

a. Les moyens classiques pour introduire les relatives de cause et de conséquence : l'énoncé qui suit introduit la cause (colonne de gauche), et la conséquence (colonne de droite).

Cause	Conséquence
parce que étant donné que/comme à cause de être dû à être causé par être provoqué par la raison en est	alors ... alors d'où entraîner causer provoquer c'est la raison pour laquelle... ceci explique... c'est pourquoi

b. Autres moyens

Cause	Conséquence
être le fruit de s'expliquer par... être inscrit dans...	conduire à engendrer générer contribuer à être facteur de avoir pour conséquence

Certaines locutions ou mots lient explicitement la cause et la conséquence :
c'est pourquoi...*, ... c'est* ***la raison pour laquelle...****, ceci* ***explique*** *cela...*

Malgré leur sens causal, ils **introduisent la conséquence**, la cause étant placée avant. Le pronom neutre « ce » fait référence à cette cause ainsi que le mot « expliquer » qui se réfère à ce qui précède.

Les investisseurs recherchent des infrastructures, ***c'est pourquoi*** *ils s'implantent dans les grandes métropoles.*
Ils délocalisent vers les pays où les coûts salariaux sont faibles. Ceci ***explique*** *la montée du chômage dans les pays où ils sont implantés.*

Le sens passif de **s'expliquer par...** fait que ce verbe ne peut être suivi que de l'expression de la cause, alors qu'**expliquer** introduit la conséquence.
De même ***la raison en est la suivante*** ne peut qu'introduire la cause, et ***c'est la raison pour laquelle*** la conséquence.

• **Observez deux logiques :**
– la logique causale ou explicative ;
– la logique qui met l'accent sur la conséquence.

Un exemple de réécritures :

Texte de base

« Les investisseurs s'implantent dans les grandes métropoles. Ils y trouvent les infrastructures nécessaires à leurs activités. Ces métropoles se développent au détriment du reste du territoire. Elles deviennent des îlots de richesse. Les multinationales, qui cherchent à vendre à moindre coût dans le monde entier, délocalisent leurs activités vers les pays où les coûts salariaux sont faibles et l'énergie bon marché. Le chômage augmente. L'État voudrait que le territoire entier se développe et que le chômage diminue, mais il a besoin des investisseurs. Il doit faire des concessions. »

Première réécriture **Logique causale ou explicative**	Deuxième réécriture La logique met l'accent sur la conséquence : elle vise à montrer l'enchaînement des faits.
Si les grandes métropoles sont plus développées que le reste du pays, **c'est parce qu'**elles / **cela est dû au fait qu'**elles sont choisies par les investisseurs qui y trouvent les infrastructures nécessaires à leurs activités. Mais les multinationales, qui ont une vision planétaire de leur entreprise, veulent vendre à moindre coût dans le monde entier **c'est pourquoi** / **c'est la raison pour laquelle** elles délocalisent les activités nécessitant une main-d'œuvre importante vers les pays où les coûts salariaux sont faibles et l'énergie bon marché. Cette situation **explique** la montée du chômage dans certains pays et l'impuissance de l'État qui, pour éviter la fuite des investisseurs, doit faire des concessions.	**Étant donné que** les investisseurs recherchent les infrastructures nécessaires à leurs activités, ils choisissent les grandes métropoles, **ce qui apporte** à celles-ci développement et richesse, au détriment du reste du territoire. Mais les multinationales, dont la vision est planétaire, recherchent une main-d'œuvre bon marché, **donc** elles délocalisent leurs activités, **provoquant** / **entraînant ainsi** la montée du chômage dans les pays où elles sont implantées. **Le résultat** est que l'État, qui a besoin des investisseurs, se trouve dans l'obligation de faire des concessions.

Dans l'usage, le scripteur alterne les deux visions : celle de la cause et celle de la conséquence.

6. LA RELATION DE CONCESSION

6.1. Définition

On appelle ainsi la relation entre deux énoncés dont l'un constitue une « exception » à la règle qui est sous-jacente à l'autre.

a. Par exemple :

Nos découvertes, ***pour*** *sensationnelles* ***qu'****elles* ***soient****, ne tuent pas le divin.* (B. Debré, p. 147)

La règle sous-jacente : les découvertes scientifiques, qui expliquent le monde sur un mode rationnel, devraient entraîner la disparition de l'idée de Dieu : le monde n'a pas été créé par un être supérieur, puisqu'il peut s'expliquer.
Or, on constate que les découvertes scientifiques sont sensationnelles, et malgré cela les hommes croient toujours en Dieu.

b. Autre exemple :

Quelles que soient *les lois politiques […] on peut prévoir que la foi dans l'opinion publique deviendra une sorte de religion.* (A. de Tocqueville, p. 155)

La règle sous-jacente : les lois auxquelles les citoyens doivent obéir orientent leur pensée. Mais, même si on envisage tous les types de lois dans les démocraties futures, les hommes auront toujours une confiance totale en l'opinion publique.

Pour désigner cette classe de conjonctions, on dit parfois « opposition – concession », signifiant que les énoncés sont en rapport de contradiction : on n'obtient pas le résultat attendu.

c. Les procédés qui mettent en évidence la relation de concession sont différents à l'oral et à l'écrit.

- À l'oral : *On a bavardé en classe, et* ***pourtant*** *on n'a pas été punies !*
  Je l'avais prévenu que c'était dangereux, et ***malgré cela*** *il y est allé !*
  Même si *on me l'interdit, je le ferai* ***quand même*** *!*
- À l'écrit : La syntaxe est complexe et les conjonctions sont variées :

Les plus simples	Les plus élaborées
bien que, quoique (+ subjonctif) malgré + nom en dépit de + nom	si + adjectif + que (subjonctif), verbe quelque + adjectif/nom + que (subjonctif), verbe pour +adjectif + que (subjonctif), nom + verbe *Ou* nom, pour + adj. + que (subjonctif), verbe quel que (être au subjonctif) + nom

N.B. L'adjectif **quel** s'accorde avec le nom auquel il se rapporte (voir les exemples ci-dessous).

- **Observez :**

– *Bien que ce soit une vieille voiture, elle marche encore très bien.*
– *Malgré sa douleur, il ne s'est jamais plaint.*
– *Si important que soit ce travail, je n'y consacrerai pas tout mon temps.*
– *Quelque souci que vous ayez, faites-lui en part, il vous aidera.*
– *Le peuple, pour ravi qu'il soit de sa libération, aurait à subir de dures épreuves.* (Ch. de Gaulle)
– *Je plaide pour une laïcisation de notre approche des techniques, quelles qu'elles soient.* (Ph. Breton, p. 154)
– *Quelle que fût la cause de sa profonde mélancolie, Octave semblait misanthrope avant l'âge.* (Stendhal)

– *Cette religiosité est associée à des pratiques qui, sans être comparables aux rites religieux, n'en intéressent pas moins l'anthropologue.* (Ph. Breton, p. 154)

N.B. : Cette dernière construction, assez complexe, peut se paraphraser ainsi :
Les techniques, bien qu'elles ne soient pas comparables aux rites religieux, intéressent les anthropologues.

• Retenez la fameuse citation de Molière dans *Tartuffe* :
*Ah ! **Pour** être dévot, je n'en suis **pas moins** homme.*

Ou celle de Corneille, dans *Sertorius* :
*Ah ! **Pour** être Romain, je n'en suis **pas moins** homme.*

Phrases que l'on peut paraphraser par :
Bien que je sois dévot/Romain, je suis tout de même un homme.

6.2. Un exemple de réécriture

Texte neutre	Texte marqué par un rapport de concession
Dans les sociétés où les lois sont nombreuses et diverses, et où les autorités veillent au respect des lois, on constate de nos jours une augmentation de la délinquance. Pour remédier à cet état de choses, on met en place des politiques de prévention et de répression et on accorde des moyens financiers. Mais ces politiques n'apportent pas les résultats attendus. Les autorités font preuve d'optimisme dans les discours officiels, mais la confiance du public diminue.	Quels que soient le nombre et la diversité des lois dans les sociétés actuelles, ainsi que le soin apporté à faire respecter ces lois, la délinquance a tendance à augmenter. Pour y remédier, les autorités mettent en place des politiques de prévention et de répression, et accordent des moyens financiers. Malgré l'importance des moyens et le soin apporté à la mise en place des politiques, les résultats ne sont pas au rendez-vous. Et, bien que les autorités fassent preuve d'optimisme dans leur discours, la confiance du public diminue.

7. LA PRESCRIPTION

7.1. Définition

En linguistique, la fonction de prescription recouvre le domaine fonctionnel de l'ordre, du conseil, de la recommandation, c'est-à-dire de la mise en rapport de l'objectif à atteindre et des moyens pour y parvenir :
Pour obtenir A, il faut faire B.

Ce sont les modalités de la phrase qui différencient l'ordre, le conseil, la recommandation :
L'ordre ou la nécessité : *Pour obtenir ce poste, vous devrez obligatoirement faire un stage d'une année.*
Le conseil : *Si vous voulez obtenir le niveau, vous avez intérêt à vous inscrire à cette école préparatoire.*
La recommandation : *Il est très difficile de réussir cet examen sans une préparation sérieuse. Il faudra vous inscrire à cette école.*

• À l'écrit, dans un texte expositif, la prescription consiste souvent à décrire un état futur, souhaitable ou réalisable, et à montrer comment on *peut*, on *pourra*, ou on *pourrait* y parvenir.
On peut donc observer deux grandes modalités de la prescription :
– La prescription **simple** qui passe par des formulations équivalentes à : *il **faut** (faudra), on **doit** (devra)*, c'est-à-dire l'indicatif présent ou futur.
– La prescription **atténuée** : *on **pourrait**, on **devrait**, il **faudrait***, c'est-à-dire le conditionnel présent.
Le conditionnel modalise l'aspect impératif du futur en montrant que c'est souhaitable, tandis que le futur simple marque la nécessité.

7.2. Observez

Les phrases ci-dessous sont extraites du texte de D. Schnapper.

Prescription simple	Prescription atténuée
*Les salariés **devront** redéfinir leur poste de travail.* *Il **faut** apprendre à pouvoir apprendre d'autres métiers.* *Cet apprentissage **doit** devenir une étape normale.* *Il **faut** réapprendre les valeurs humanitaires.*	*Le rapport **suggère** de...* *Le salarié **pourrait** être mobile.* *Il **se verrait** garantir une nouvelle forme de sécurité de l'emploi.* *Il **pourrait** gérer sa carrière.* *Ce **serait** une sorte de révolution culturelle que de passer [...] à la valorisation des relations entre les hommes.*

• La prescription peut être accompagnée d'une justification :

Justification	Prescription
La réduction du temps de travail n'était une réussite que lorsqu'elle accompagnait l'amélioration de la productivité.	*C'est **ainsi** qu'on **pourra** réduire le temps de travail dans l'avenir, ce n'est pas **en** répartiss**ant** la pauvreté.*

Crédits photographiques : p. 9 Photononstop/Camille Moirenc, avec l'aimable autorisation de M. Boucher de « L'Auberge de Cassagne », Le Pontet 84, reprise en p. 3 et 10 ; p. 12 « Le Grand Véfour », Réa/Benoît Decout, reprise en p. 11 ; p.13 Sucré Salé/Image Shop ; p. 16 Hoa Qui/Catherine Bibollet ; p. 17 Collection Roger-Viollet ; p. 18 Hoa Qui/Age/Raymond Forbes ; p. 19 AKG-Images ; p. 24 Sucré Salé/Ryman Cabannes ; p. 25 AKG-Images/Dodenhoff, reprise en p. 3 et 27 ; p. 26 Gamma/Étienne de Malglaive ; p. 28 Photononstop/Jacques Loic ; p. 29 Réa/Reporters/Pascal Broze, reprise en p. 26 ; p. 31 Agk-Images/British Library, Londres ; p. 32 Akg-Images ; p. 38 Réa/Benoit Decout ; p. 39 Hoa Qui/Bank Yokohama, reprise en p. 3, 40, 52 ; p. 41 Réa/Ian Hanning ; p. 42 © Charlélie Couture ; p. 45 Urba Images Server/Jean-Claude Pattacini ; p. 47 Gamma/Keystone ; p. 48 Photononstop/Mauritius ; p. 51 Hoa Qui/Age/Enrique Algarra ; p. 53 Sipa/Lydie, reprise en p. 3 et 58 ; p. 55 *haut* Sipa/Boisiere, reprise en p. 54 ; *bas* Sipa/Epa/Tiago Petinga, reprise en p. 54 ; p. 56 Sipa/Olympia/Romaniello ; p. 59 Collection Roger-Viollet ; p. 60 Sipa/AP/François Mori ; p. 64 © Christian Lacroix ; p. 65 Corbis Kipa/Sergio Gaudenti, reprise en p. 3, 66 et 77 ; p. 68 G.Dagli Orti, reprise en p. 67 ; p. 70 Musée Picasso, Antibes ; p. 71 Akg-Images/Gilles Mermet ; p. 72 Gamma/Louis Monier ; p. 73 CNAM/MNAM Dist. RMN/Georges Meguerditchian ; p.74 Akg-Images/Erich Lessing ; p. 75 The Bridgeman Art Library/Peter Willi ; p. 78 Akg-Images/Joseph Martin ; p. 79 Réa/Ludovic, reprise en p. 3 ; p. 82 *gauche* Sipa/Lecarpentier ; *droite* Photononstop/Giovanni Siméone ; p. 85 © « Agrippine et l'Ancêtre » Claire Bretécher 1998, licensed by Hyphen s.a Paris ; p. 86 Réa/Reporters/Droeshaut, reprise p. 81 ; p. 88 *gauche* France2/Gilles Schrempp ; *droite* Sipa/Hounsfield, reprise en p. 80 ; p. 89 Photononstop/Banana ; p. 92 Gamma/Marc Deville ; p. 93 Gettyiamges/Stone/Christie Brooke, reprise en p. 3 et 94 ; p. 95 Gettyimages/The Image Bank/Ghislain et Marie David de Lossy ; p. 96, 97 et 98 ChristopheL ; p. 102 et 103 Maxppp/P.Victor ; p. 104 et 105 ChristopheL ; p. 106 ChristopheL ; p. 110 *gauche* ChristopheL ; *droite* Corbis/John Springer Collection ; p. 111 Réa/Gilles Leimdorfer, reprise en p. 3, 113, 124 ; p. 112 Gamma/Reglain-Gaillarde ; p. 113 Gamma/Ulf Andersen ; p. 114 Opale/Lian Hong ; p. 117 Opale /Philippe Matsas ; p. 118 Photononstop/Jean-Paul Garcin, reprise en p. 112 ; p. 120 Réa/Ian Hanning ; p. 121 Réa/Gilles Leimdorfer ; p. 125 Corbis/Chris Lisle, reprise en p. 3 et 127 ; p. 128 Corbis/Jutta Klee, reprise en p. 126 ; p. 130 Corbis/Kulla-Owaki ; p. 131 Corbis/Farell Grehan ; p. 132 Hoa Qui/Alain Parinet ; p. 135 *haut* Hoa Qui/Alain Perousse ; *bas* Afp/Leila Gorchev ; p. 136 Agence Vandystadt/Didier Givois ; p. 140 Gamma/Franck Crusiaux ; p. 141 Hoa Qui/Wotjek Buss, reprise en p. 3, 142, et 158 ; p. 143 Hoa Qui/Bank Yokohama ; p. 145 Bsip/Joubert, reprise en p. 144 ; p. 146 H. Müller, © EADS-Space Transportation ; p. 148 Réa/Jean Claude Thuillier ; p. 150 Réa/Denis ; p. 151 Réa/Ludovic ; p. 153 Photononstop/Age ; p. 154 Réa/Reporters/Pascal Broze ; p. 155 Corbis/In Visu/Antoine Serra.

Couverture : Imagebank/GETTY One

N° d'éditeur : 10139912 - Janvier 2007
Imprimé en Espagne par Gráficas Estella